CW01645523

© Perrin, 1997 et 2006 pour la présente édition
ISBN : 978-2-262-02397-3

tempus est une collection des éditions Perrin.

AVANT-PROPOS

La guerre de Trente Ans, longtemps négligée par les historiens français, a fait l'objet au cours des dernières années d'un regain d'intérêt. Depuis la publication en 1949 de l'ouvrage de Georges Pagès devenu un classique sur ce sujet, les travaux et études sur la guerre de Trente Ans se sont multipliés. Les pages remarquables de Victor-Lucien Tapié et de Georges Livet, ainsi que la monumentale trilogie d'Henri Sacchi publiée en 1991, nous ont rendu plus familier cet immense cataclysme qui, dans la première moitié du XVIIe siècle, mit à feu et à sang une grande partie de l'Europe et provoqua des pertes démographiques comparables à celles qu'en son temps avait causées la trop fameuse « Grande Peste ». Tous ces ouvrages, à l'exception peut-être de celui de Georges Livet, ont en commun d'avoir privilégié l'action politique et diplomatique de Richelieu ainsi que la participation militaire de la France à ce conflit. Il est vrai que, pour les Français, Corbie, Lens ou Rocroi sont des noms beaucoup plus familiers que Breitenfeld, Nordlingen ou Wittstock ! Une vision plus globale et plus « européenne » de la guerre de Trente Ans nous a été fournie grâce à la publication de la traduction en langue française d'un ouvrage collectif d'historiens anglo-saxons sous la direction de Geoffrey Parker. Mais cet ouvrage, très documenté, est quelque peu hermétique et d'un accès difficile, voire déroutant, pour un lecteur non spécialiste.

Notre objectif se veut modeste. Il s'agit pour nous d'apporter au lecteur profane, à l'« honnête homme » désireux de connaître dans ses grandes lignes une des périodes les plus tragiques de l'histoire de l'Europe moderne, une vision d'ensemble, claire et aussi globale que possible de cette guerre de Trente Ans.

Ce conflit, religieux dans ses origines — et en ce sens c'est le prolongement des guerres de religion du XVIe siècle —, est parti du cœur de l'Europe centrale, de cette Bohême où s'étaient manifestés dès le XVe siècle, avec Jean Hus, les signes précurseurs de la Réforme ; puis il s'est progressivement transformé en un conflit politique dégénérant en un affrontement armé entre l'empereur Ferdinand II et une partie des princes territoriaux de l'Empire, un conflit dont l'un des enjeux, le principal sans doute, était l'exercice du pouvoir suprême dans l'Empire. Le fait que les adversaires de Ferdinand II étaient des princes protestants a fourni aux souverains protestants d'Europe du Nord, le roi de Danemark Christian IV d'abord, le roi de Suède Gustave-Adolphe ensuite, un excellent prétexte pour intervenir dans les affaires allemandes et pour en tirer de substantiels avantages territoriaux en Allemagne du Nord. Longtemps, la France s'est tenue à l'écart de cette guerre allemande, même si Richelieu a soutenu financièrement les adversaires de l'empereur. Richelieu redoutait que, si l'empereur triomphait, celui-ci serait alors en mesure d'apporter son soutien militaire à l'Espagne, elle-même en guerre depuis 1621 avec ses anciens sujets révoltés des Provinces-Unies, traditionnellement soutenus par la France. Aux yeux de Richelieu, l'Espagne constituait une menace permanente pour les intérêts français. Aussi, après la victoire des Impériaux sur les Suédois en 1634 à Nordlingen, Richelieu choisit de passer à la « guerre ouverte ». Tout en renforçant ses alliances avec la Suède et ses alliés protestants d'Allemagne, Richelieu prit prétexte de l'arrestation, par les Espagnols, de l'Electeur de Trèves, protégé de la France, pour déclarer la guerre au roi d'Espagne en 1635, provoquant l'année suivante la rupture et la guerre avec l'empereur. À partir de 1635, c'est le conflit franco-espagnol qui a surtout retenu l'attention des historiens, et pourtant, le monde allemand est loin d'avoir retrouvé la paix. En réalité, depuis 1635, il y a deux guerres parallèles qui parfois se chevauchent et s'interfèrent, l'une qui est le prolongement du conflit qui a débuté en Bohême en 1618 et qui concerne essentiellement le Saint Empire et auquel met fin en 1648 la paix de Westphalie, l'autre qui est la reprise du sempiternel conflit franco-espagnol, une guerre plus « classique » qui ne s'achève qu'en 1659 avec la paix des Pyrénées.

C'est une vue globale de ce conflit aux multiples rebondissements que nous voulons donner au lecteur, de cette guerre terriblement dévastatrice et meurtrière qui a marqué pour des siècles certaines régions de l'Europe et à l'issue de laquelle se sont dessinés les contours d'une nouvelle géographie politique européenne qui a perduré jusqu'à la Révolution française[1].

---

1. Étant donné que nombre de localités d'Europe centrale et orientale ont changé d'appellation au gré des vicissitudes de l'Histoire, nous nous sommes donné pour règle de désigner les localités par le nom qu'elles portaient au moment des événements auxquels il est fait référence. Le nom actuel sera donné entre parenthèses. Une exception toutefois à cette règle : certains noms de lieux ont été francisés ; ils seront cités sous leur forme francisée tout au long de l'ouvrage.

1

L'EUROPE CENTRALE AU DÉBUT DU XVIIe SIÈCLE

L'espace qui s'étend d'ouest en est de la Meuse et du Rhin aux Carpates, et du nord au sud de la mer du Nord et de la Baltique jusqu'à l'Adriatique est depuis le premier tiers du XVIe siècle « une aire cyclonique, attireuse de tempêtes et où se précipitent les forces voisines[1] ». C'est là qu'en 1618 devait commencer sous le nom de *guerre de Trente Ans* la plus grande catastrophe démographique qu'ait connue le monde allemand au cours de son histoire.

L'Europe centrale, la *Mitteleuropa* des politologues allemands, constitue un milieu géographique bien particulier. Ce qui l'oppose à l'Europe de l'Ouest, c'est son caractère continental. Le seul contact direct avec des littoraux en général peu hospitaliers se fait par les grands fleuves qui la parcourent du sud au nord — le Rhin, la Weser, l'Elbe, l'Oder et la Vistule — aux débouchés desquels les ports hanséatiques de Brême, Hambourg, Lübeck, Stettin et Dantzig assurent les communications avec les mondes britannique et scandinave ; ou bien qui la parcourent d'ouest en est comme le Danube, lien millénaire entre le monde germanique, la Hongrie et les Balkans alors ottomans. Malgré l'existence d'une triple façade maritime aux dimensions d'ailleurs modestes sur la mer du Nord, la Baltique et l'Adriatique, les mers ne jouent au XVIIe siècle qu'un rôle modeste dans la vie de la Mitteleuropa, et cette situation a perduré jusqu'à la fin du XIXe siècle. Outre cette continentalité qui l'oppose à l'Europe de l'Ouest, l'Europe centrale se

1. H. Hauser, *La Prépondérance espagnole 1559-1660*, Paris, 1948, p. 257.

distingue de la partie occidentale de notre continent, et encore plus de sa partie orientale, par un compartimentage physique poussé à l'extrême, propice à l'émiettement politique. On y rencontre des chaînes de montagnes jeunes comme les Alpes ou leur prolongement carpatique, véritable frontière entre l'Europe centrale d'une part et les mondes balkanique, russe et méditerranéen d'autre part ; des massifs anciens couverts de forêts et dont le sous-sol est riche en métaux, cernant une multitude de bassins intérieurs fertiles ; des vastes plaines ouvertes sur l'extérieur comme la plaine germano-polonaise, ou entourées de montagnes protectrices comme la plaine de Hongrie. Et tous ces grands fleuves, présents partout, traits d'union entre tous ces pays, voies de pénétration pour les biens temporels comme pour les biens spirituels, mais qui ont aussi une importance capitale sur le plan stratégique, puisque c'est par les vallées de ces fleuves que se sont déplacés tout au long de l'Histoire les envahisseurs ou les armées qui se portèrent à leur rencontre.

Cette Europe centrale au début du XVIIe siècle est une des régions les plus peuplées de l'Europe. On estime qu'à cette époque la population de l'Empire — le Saint Empire romain germanique — est de l'ordre de 19 à 20 millions d'habitants, à un moment où la France avait autour de 15-16 millions d'habitants et l'ensemble des Etats italiens 13 millions. La Pologne et la Hongrie, qui appartiennent à cette Mitteleuropa, avaient alors respectivement 3,5 et 2 millions d'habitants. L'immense majorité de la population de l'Europe centrale vit dans les bourgs et les villages de campagnes inégalement peuplées ; la densité est plus élevée dans les plaines et bassins intérieurs de la partie médiane de l'Europe centrale (Saxe, Silésie, Rhénanie, Palatinat) que dans la plaine septentrionale ou dans la zone alpine. Les villes d'Europe centrale ont encore des dimensions modestes par rapport à celles de l'Europe du Nord-Ouest ou d'Italie.

Avec ses cinquante mille habitants, la ville la plus peuplée d'Europe centrale est Vienne, la capitale de la Basse-Autriche. La ville, située sur la rive droite du Danube qui la met en relation avec le monde germanique et avec le monde ottoman et balkanique, s'est beaucoup développée au cours du XVe siècle. D'importantes voies terrestres unissent Vienne à la Pologne et aux pays de la Baltique par Brünn (Brno) et la porte de Moravie, et à l'Italie du Nord et au monde méditerranéen par les cols du Semmering et du Tarvis. De ce fait, Vienne constitue un important lieu d'échanges où la bourgeoisie d'affaires tente de s'affirmer comme une force politique face au pouvoir archiducal. Son université fondée en 1365 attire de nombreux étudiants allemands, hongrois et italiens.

La seconde ville d'Europe centrale est Prague dont la population atteint presque celle de Vienne. Depuis qu'en 1582 l'empereur Rodolphe II en a fait sa résidence permanente, Prague fait figure de capitale de l'Empire. Ville universitaire depuis 1348, Prague était devenue, grâce à l'empereur Charles IV (1346-1378), un grand centre culturel et artistique. La vieille ville *(stare mestó)* et la colline du Hradschin, avec le palais royal et la cathédrale Saint-Guy, symboles du pouvoir temporel et du pouvoir spirituel, dominent le cours imposant de la Vltava (Moldau) qui les séparent de la ville nouvelle *(nové mestó)*, où se concentrent la vie intellectuelle et les activités commerciales et artisanales. Depuis le milieu du XIVe siècle, un pont monumental en pierre, le pont Charles, unit les deux parties de la capitale de la Bohême.

Les autres villes de l'Empire sont de dimensions plus modestes. La plus peuplée demeure Cologne avec un peu plus de quarante mille habitants : la ville, bien située sur le Rhin au carrefour de plusieurs grandes routes commerciales, a profité de ses fonctions de capitale d'un Electorat et de ville hanséatique pour s'affirmer comme la grande métropole de Rhénanie. Une autre ville de la Hanse, Hambourg, au débouché de l'Elbe qui la met en communication avec tout l'arrière-pays saxon et la Bohême, a une population voisine de celle de Cologne. Assez loin derrière viennent Leipzig avec vingt-cinq mille habitants, Lübeck, une autre ville hanséatique, avec vingt-deux mille habitants, Augsbourg et Nuremberg, une quinzaine de milliers d'habitants chacune. Des villes qui seront appelées plus tard à un grand développement comme Berlin, Francfort-sur-le-Main ou Munich atteignent ou dépassent de peu les dix mille habitants.

Sur la plus grande partie de cette Europe centrale domine une vaste construction politique, l'Empire, le Saint Empire romain germanique — *Das heiliges Römisches Reich deutschen Nation* —, héritier officiellement de l'Empire romain d'Occident et reconstitué en 962 à l'initiative de la papauté au profit du roi de Germanie, Othon le Grand. À l'origine, le Saint Empire débordait largement les limites géographiques de l'Europe centrale, puisqu'il incluait l'ensemble des Pays-Bas, la Bourgogne, le royaume d'Arles, c'est-à-dire la Provence, l'Italie du Nord et une grande partie de l'Italie centrale. Progressivement, les territoires méridionaux de l'Empire, c'est-à-dire l'Italie, se sont séparés *de facto* de l'Empire, tout comme les cantons suisses émancipés depuis le XVe siècle ou le royaume d'Arles progressivement incorporé au royaume de France, tout comme le nord des Pays-Bas qui a arraché son indépendance sous le nom de Provinces-Unies à l'issue de la Trêve de Douze Ans conclue avec l'Espagne le 6 avril 1609.

Au début du XVIIe siècle, l'Empire, c'est avant tout le monde germanique, l'ancien royaume de Germanie du traité de Verdun et l'Autriche — mais les terres du Nord-Est colonisées par les chevaliers Teutoniques et devenues en 1525 le duché de Prusse, n'en font pas partie ; l'Empire, c'est aussi des pays non germanophones comme le royaume de Bohême et ses dépendances (Moravie et Silésie), comme le duché de Lorraine, comme la Franche-Comté, le comté de Montbéliard, l'évêché de Bâle-Porrentruy et la Savoie, dernières possessions impériales de l'ancien royaume d'Arles-Bourgogne.

★

À la tête du Saint Empire se trouve l'empereur. Depuis la Bulle d'Or de 1356, l'empereur est élu par les sept princes électeurs *(Kurfürsten)* : trois d'entre eux sont des princes d'Eglise, les archevêques de Mayence, Cologne et Trèves, quatre sont des princes laïcs, le roi de Bohême, le comte Palatin du Rhin, le duc de Saxe et le margrave de Brandebourg. En général, le vote a lieu à l'unanimité, mais, en principe, la majorité suffit. Depuis 1438 et l'élection d'Albert II (1438-1439), l'empereur est toujours élu dans la famille des Habsbourg ; dès lors, la dignité impériale théoriquement élective est devenue de fait héréditaire. La tradition s'est établie rapidement de faire élire le futur empereur du vivant de son père ; le successeur ainsi élu portait le titre de « roi des Romains ». À la mort du souverain en titre, le roi des Romains devait se rendre à Rome pour y recevoir du pape la couronne impériale. Charles Quint fut le dernier empereur à recevoir du pape les insignes impériaux en 1530, non à Rome mais à Bologne. Depuis 1562, l'« empereur élu des Romains » *(electus Romanorum imperator* en latin, *erwählter römischer Kaiser* en allemand), élu à Francfort-sur-le-Main, est désormais sacré dans cette même ville par l'archevêque de Mayence, aussitôt après l'élection.

En dépit du titre honorifique d'« avocat et chef temporel de la chrétienté », héritage de la conception médiévale de l'unité du monde chrétien, les pouvoirs de l'empereur sont fort limités. Il dispose des *jura sacra* qui lui permettent de pourvoir certains bénéfices ecclésiastiques, des *jura gratialia* par lesquels il peut accorder des lettres de noblesse et des privilèges, et des *jura feudalia* liés à sa fonction de suzerain suprême de l'Empire par lesquels il renouvelle à chaque succession l'investiture des fiefs immédiats de l'Empire — c'est-à-dire des fiefs dépendants directement de l'empereur — avec la perception des droits et taxes de mutation. Pour toutes les autres prérogatives du pouvoir, l'empereur ne dispose que des *jura comitalia* ; il ne les exerce qu'en accord avec les « comices », c'est-à-dire la Diète.

Aux côtés de l'empereur siègent trois organes centraux de gouvernement, la Chancellerie, le Tribunal d'Empire et le Conseil aulique. La Chancellerie d'Empire *(Reichshofkanzlei)* est l'organe essentiel de l'administration impériale ; elle s'occupe de la rédaction et de la publication de tous les actes écrits du pouvoir. À sa tête se trouve l'archichancelier *(Erzkanzler)* qui est de droit l'archevêque de Mayence ; il est assisté d'un vice-chancelier représentant l'empereur. Trois autres prélats, les archevêques de Cologne, de Trèves et de Besançon, ont en charge respectivement les chancelleries des royaumes d'Italie, d'Arles et de Bourgogne, mais, depuis l'émancipation de ces trois royaumes, les fonctions de ces chanceliers sont purement honorifiques.

Le Tribunal d'Empire ou Chambre impériale *(Reichskammergericht)*, institué à la demande de l'empereur Maximilien Ier lors de la Diète de Worms en 1495, siège à Spire depuis 1527. Sa compétence est de juger souverainement de toutes les contestations et conflits entre les États qui jouissent de l'immédiateté d'Empire[1] et de servir de cour d'appel pour toutes les causes civiles jugées en Allemagne par les tribunaux territoriaux. Le président du Tribunal d'Empire est nommé par l'empereur et les conseillers sont désignés par les princes.

Le Conseil aulique *(Reichshofrat)* créé en 1501 par Maximilien Ier est un tribunal d'État présidé par l'empereur assisté d'un collège de dix-huit conseillers, et parfois davantage. Ce Conseil, qui siège à la Cour, exerce au nom de l'empereur tous les droits impériaux, investit les comtes et barons du Saint Empire ; en tant qu'instance judiciaire, il juge en dernier ressort toutes les causes féodales qui ont pour objet un fief, ainsi que toutes celles qui concernent les affaires italiennes. Les États peuvent faire appel des arrêts du Conseil aulique devant la Diète uniquement dans le cas où ces arrêts font l'objet d'une réclamation commune à tout l'Empire.

Le pouvoir législatif dans le Saint Empire appartient à la Diète d'Empire *(Reichstag)* qui, depuis le milieu du XIIIe siècle, se compose de trois collèges, celui des électeurs, celui des princes et celui des villes impériales. Dans le collège des électeurs *(Kurfürstenrat)*, chaque électeur dispose d'une voix. Le collège des princes *(Fürstenrat)* regroupe quelque trois cents membres divisés en trois classes. Au sommet se trouvent les princes ecclésiastiques, archevêques, évêques, abbés des grandes abbayes, maîtres des ordres militaires qui disposent chacun d'une voix ; dans la classe intermédiaire siègent les ducs et les landgraves qui règnent souvent sur des territoires étendus (Bavière, Hesse-Kassel, Wurtemberg, etc.), qui eux aussi, disposent d'une voix individuelle ; enfin, la troisième classe regroupe les comtes, barons, et burgraves qui, malgré leurs possessions territoriales réduites, dépendent directement de l'empereur, et qui votent dans le cadre de curies ou bancs disposant chacun d'une voix. Dans tous les États détenus par ces princes laïcs ou ecclésiastiques, la société est, comme dans toute l'Europe de cette époque, divisée en ordres *(Stände)* généralement au nombre de trois, l'Eglise, la noblesse et les bourgeois des villes ; parfois comme au Tyrol, un quatrième

---

1. L'immédiateté est le privilège pour un prince ou pour une ville de ne dépendre d'aucune autre autorité que celle de l'empereur.

ordre assure la représentation des paysans propriétaires. Les représentants des ordres se réunissent de temps à autre à l'occasion de la tenue des *Landtage* dont la fonction principale est de voter l'impôt.

La troisième composante de la Diète d'Empire est le collège des villes impériales *(Reichstädte)*. À la différence des villes qui dépendent d'un seigneur *(Landstädte)*, les villes impériales, parfois appelées « villes libres d'Empire » *(Freie Reichstädte)* jouissent du privilège d'immédiateté ; elles constituent de véritables petites républiques indépendantes administrées par un sénat de notables. Le nombre des villes libres impériales a varié selon les époques ; au début du XVIIe siècle, il est de l'ordre d'une cinquantaine. Certaines de ces villes appartiennent à la ligue hanséatique dont le rôle n'est plus aussi actif qu'aux XIVe et XVe siècles ; c'est le cas de Brême, de Hambourg, de Lübeck, de Wismar, de Stettin. D'autres, les plus nombreuses, se situent le long ou aux abords immédiats de l'axe rhénan : c'est le cas d'Aix-la-Chapelle, de Cologne, de Mayence, de Francfort-sur-le-Main, de Spire, de Worms, de Strasbourg, de Colmar. Un dernier groupe se trouve en Souabe et en Franconie avec Ulm, Rottweil et Nuremberg. Ces villes sont pour la plupart enclavées à l'intérieur d'États territoriaux laïcs ou ecclésiastiques [1]. En dehors de leurs murailles, certaines de ces villes administrent un territoire plus ou moins étendu et exercent leur autorité sur des paysans : c'est le cas de Nuremberg ou de Rothenburg-ob-der Tauber en Franconie. Certaines villes libres impériales se réduisent à un simple bourg rural rassemblant quelques centaines d'habitants : ainsi en Franconie, Windsheim, ville libre impériale depuis le début du XIVe siècle, n'a guère plus de huit cents habitants au début du XVIIe siècle. Les représentants des villes impériales à la Diète d'Empire sont regroupés en « bancs » qui disposent chacun d'une voix collective.

Longtemps, les Diètes n'ont pas eu de siège permanent, mais, depuis le XVIe siècle, elles se sont tenues toujours dans une ville libre impériale d'Allemagne du Sud, à Augsbourg

---

1. Ainsi, le territoire de la ville libre de Lübeck est composé de six morceaux distincts enclavés à l'intérieur des duchés de Lauenbourg et de Mecklembourg - Strelitz ; seule, la ville proprement dite est ouverte sur l'extérieur grâce à son port sur la Baltique au débouché de la Stecknitz.

ou à Ratisbonne qui s'imposa finalement comme siège de la Diète au cours du XVIIe siècle. L'empereur comme les membres de la Diète peuvent présenter des textes. Les collèges de la Diète délibèrent séparément, puis un texte commun est élaboré. On vote ensuite sur le texte proposé dans chacun des collèges à la majorité des voix, puis la Diète en séance plénière doit ratifier le texte à l'unanimité des trois collèges. Une fois voté le texte proposé devenu ainsi « Recés impérial » *(Reichsabschied)*, il est soumis à la ratification de l'empereur. Les compétences de la Diète s'étendent à la levée des impôts et taxes, à la déclaration de guerre et à la ratification des traités de paix.

Au début du XVIe siècle, le pouvoir impérial a tenté de mettre en place des institutions régionales. Depuis 1512, le Saint Empire a été divisé en dix cercles *(Kreise)* dont la fonction est essentiellement militaire. C'est en effet dans le cadre du cercle que s'organise la défense de la région. Ces cercles correspondent aux grands ensembles régionaux de l'Empire : Autriche, Bavière, Souabe, Franconie, Basse-Saxe, Haute-Saxe, Bas-Rhin, Haut-Rhin, Bourgogne (Pays-Bas et Franche-Comté) et Westphalie. Chaque cercle est dirigé par un Directeur qui préside l'assemblée de cercle *(Kreistag)* formée des représentants des chevaliers et des villes, et des princes convoquants.

⋆

Depuis le XVe siècle, le pouvoir impérial a été singulièrement affaibli. Les tentatives de retour à la monarchie universelle à l'époque de Charles Quint furent sans lendemain en raison de la grave crise politique et religieuse qui suivit la réforme de Luther. Le pouvoir impérial aux mains d'un souverain profondément catholique dut se résigner à officialiser l'existence de l'hérésie luthérienne au sein de l'Empire. Dès lors commença le déclin de la dignité impériale face au pouvoir grandissant des princes territoriaux. D'autant plus que des querelles familiales ne tardèrent pas à opposer entre eux les héritiers directs de Maximilien II (1564-1576), à savoir ses fils Rodolphe II (1576-1612) et Mathias (1612-1619), et son neveu Ferdinand de Styrie, le futur empereur Ferdinand II.

Outre la dignité impériale qui leur procure seulement prestige et primauté d'honneur dans le Saint Empire, les Habsbourg, en revanche, exercent une autorité pleine et entière sur les possessions héréditaires de ce que l'on commence déjà à appeler à cette époque la Maison d'Autriche.

Au début du XVIIe siècle en effet, la famille des Habsbourg se trouve à la tête d'un vaste complexe territorial patiemment constitué à la suite d'une habile politique de mariages et d'alliances qui, en moins de cinq siècles, a transformé une famille de petits seigneurs d'Argovie en l'une des familles princières les plus puissantes de l'Europe centro-danubienne. Au début du XVIe siècle, les Habsbourg avaient même réussi à placer sous leur autorité l'héritage espagnol. Pendant près de quarante ans, Charles Quint, héritier par son père des possessions héréditaires d'Autriche et par sa mère de l'Espagne et du Portugal, sembla vouloir réaliser à son profit le vieux rêve médiéval de monarchie universelle. L'abdication de Charles Quint en 1556 mit fin à ces illusions. Le fils du vieil empereur, Philippe II, reçut de son père la totalité de l'héritage espagnol tandis que le frère de Charles Quint, Ferdinand Ier (1556-1564), outre la couronne impériale, se vit attribuer l'ensemble des possessions autrichiennes. Désormais, il y eut deux branches distinctes dans la famille des Habsbourg, la branche espagnole et la branche autrichienne, mais, par des mariages fréquents entre les membres des deux branches collatérales, une certaine unité se maintint au sein de la famille.

Le patrimoine des Habsbourg d'Autriche était loin d'être négligeable. Par testament, l'empereur Ferdinand Ier avait partagé les possessions héréditaires entre ses trois fils, qui chacun transmirent leur part à leur héritier. Cette situation se perpétua jusqu'en 1619 en ce qui concerne la Basse-Autriche et l'Autriche intérieure et jusqu'en 1665 pour l'Autriche antérieure. Ce qui reconstitua l'unité des possessions héréditaires d'Autriche.

Les trois composantes des possessions héréditaires d'Autriche étaient les suivantes. Au nord, de part et d'autre du Danube, de Passau jusqu'à la frontière hongroise, s'étendait la *Basse-Autriche*, bien personnel du fils aîné de Ferdinand Ier, l'empereur Maximilien II, puis des fils de ce dernier, les empereurs Rodolphe II et Mathias : la Basse-

Autriche, dont la capitale était Vienne, correspondait aux actuels *Länder* de Basse et Haute-Autriche. Le deuxième ensemble territorial créé par le testament de Ferdinand Ier était l'*Autriche intérieure* qui comprenait la Styrie, la Carinthie, la Carniole, le comté de Göritz (Gorizia) et le port de Trieste. La résidence du prince souverain, l'archiduc Charles, frère de Maximilien II, puis de son héritier, l'archiduc Ferdinand, était Graz, capitale de la Styrie. Le troisième élément du partage de 1564 était l'*Autriche antérieure (Vorderösterreich)* formée du comté de Tyrol, de l'évêché de Trente, du Voralberg et de divers territoires disséminés à travers toute l'Allemagne du Sud-Ouest, à savoir le margraviat de Burgau, le comté de Hohenbourg, le Breisgau, la Haute-Alsace et le Sundgau. Sur cette Autriche antérieure dont la capitale était Innsbruck régnèrent successivement le troisième fils de Ferdinand Ier, l'archiduc Ferdinand puis ses descendants jusqu'à ce que la dernière héritière, Claudia-Felicitas, épouse en 1665 l'empereur Léopold Ier, ce qui rétablit alors l'unité de toutes les possessions héréditaires d'Autriche.

À ces possessions autrichiennes toutes germanophones, à l'exception de l'évêché de Trente et de Trieste où l'on parlait l'italien, et de la Carniole où l'on parlait slovène, s'ajoutait depuis 1526 l'héritage du roi de Bohême et de Hongrie, Louis II Jagellon. Celui-ci, en effet, mort lors de la bataille de Mohács le 29 août 1526 en tentant d'arrêter l'armée de Soliman le Magnifique, était depuis 1521 le beau-frère de l'archiduc Ferdinand, frère de Charles Quint, le futur empereur Ferdinand Ier. La veuve de Louis II, Marie d'Autriche, reprenant la tradition familiale des Habsbourg, manœuvra habilement pour intégrer les possessions de son défunt mari dans le patrimoine habsbourgeois. Dès le 23 octobre 1526, la Diète de Bohême désigna Ferdinand comme roi de Bohême, ce qui faisait de lui le maître non seulement de la Bohême proprement dite, mais aussi de la Moravie, de la Silésie et de la Lusace. La succession en Hongrie s'avéra plus compliquée car la Diète avait désigné comme roi un noble transylvain, János Szapolyai, mais une nouvelle Diète réunie à Pozsony (Presbourg[1]) le 17 décembre 1526 élut roi de Hongrie l'archiduc

1. Aujourd'hui Bratislava (Slovaquie).

Ferdinand, estimant que celui-ci serait plus efficace pour défendre le pays contre les Turcs ; toutefois, Ferdinand dut s'engager à respecter les privilèges des Ordres définis par la Bulle d'Or de 1222. Peu après, la Diète croate réunie à Cetin le 1er janvier 1528 reconnut à son tour Ferdinand de Habsbourg comme souverain de Croatie en vertu de l'union personnelle qui liait le pays à la Hongrie depuis la fin du XIe siècle.

Pour la Maison d'Autriche, les conséquences de la bataille de Mohács furent doubles. D'un côté, les Habsbourg avaient ajouté à leurs possessions héréditaires le royaume de Bohême et ses dépendances, ainsi qu'un royaume de Hongrie singulièrement réduit sur le plan territorial en raison de la conquête turque. Au début du XVIIe siècle, les Habsbourg ne tenaient en effet que l'ouest et le nord du pays — la Hongrie dite « royale » — ; le centre, lui, était occupé par les Turcs ; quant à la Transylvanie, elle s'était constituée dès 1526 en principauté théoriquement indépendante, mais vassale de fait de l'Empire ottoman, tout en conservant des liens ténus avec la Hongrie royale et ses souverains Habsbourg. Mais, d'un autre côté, en tant que roi de Hongrie, les Habsbourg se trouvaient désormais impliqués dans la guerre turque, d'autant plus que l'Empire ottoman était décidé à pousser toujours plus loin vers l'ouest les limites de sa domination.

*

À ces divisions politiques et administratives, passablement compliquées pour un esprit cartésien, s'ajoute la division religieuse. C'est en effet ici en Europe centrale que, déjà, au début du XVe siècle en Bohême avec Jean Hus, et surtout un siècle plus tard en Saxe avec Martin Luther, a débuté le grand mouvement de contestation au sein de l'Église qui allait mettre fin à l'unité du monde chrétien d'Occident.

Tout a commencé en 1517 lorsque le moine augustin Martin Luther, tourmenté par le problème du salut, dénonça dans ses « quatre-vingt-quinze thèses » sur *la vertu des indulgences* adressées à l'archevêque de Mayence la pratique de la vente des indulgences, estimant que le pape trompait ceux qui, sur la foi de celles-ci, croyaient obtenir le salut de leur âme après leur mort. Pour Luther, seule la foi c'est-à-dire la confiance en la bonté de Dieu pouvait assurer le salut de l'homme. Les idées de Luther sur la justification par la foi et son désir de réformer l'Église en s'appuyant sur les seuls textes bibliques, ses critiques virulentes contre la papauté, trouvèrent une large audience dans toutes les classes de la société allemande, d'une société profondément religieuse par ailleurs. Dès 1520, ses attaques de plus en plus violentes contre la papauté provoquèrent la rupture avec Rome. Dès lors, Luther se mit en devoir d'organiser une Église réformée conforme aux enseignements de la Bible. Devant les troubles provoqués dans tout l'Empire par les écrits de Luther, Charles Quint, conscient de ses responsabilités en tant que prince chrétien et empereur, avait convoqué le moine contestataire devant la Diète de Worms en 1521. Luther refusa de se rétracter et défendit avec fougue son point de vue. Mis au ban de l'Empire, il fut sauvé par l'Électeur de Saxe qui le prit sous sa protection en l'installant au château de Wartburg. Les idées de Luther propagées à travers toute l'Allemagne dans de nombreux écrits — dont la diffusion fut facilitée par la récente invention de l'imprimerie et par le fait qu'ils étaient rédigés en langue vulgaire et non en latin — rallièrent à elles un public de plus en plus nombreux puis débordèrent le monde allemand pour toucher les pays scandinaves, la Bohême et la Hongrie. Des nobles, des bourgeois, des paysans, mais aussi des évêques, des prêtres, des moines et des religieuses, adhérèrent en masse aux idées du réformateur. La Réforme toucha aussi les pays francophones où un jeune théologien, Jean Calvin, s'en fit le propagandiste en France puis à Genève, tout en lui donnant une forme plus radicale. Et, depuis Genève, les idées de Calvin gagnèrent la Suisse, les pays rhénans et les Pays-Bas.

Pour Charles Quint, la Réforme était un défi qu'il ne pouvait supporter. Mais la guerre avec la France de François Ier et d'Henri II, la lutte contre les Turcs sur le front hongrois et en Méditerranée mobilisaient toutes ses forces. En outre, un nombre grandissant de princes allemands, dont l'Électeur de Saxe et le landgrave de Hesse-Kassel, beaucoup de villes libres impériales comme Nuremberg, Ulm, Strasbourg ou Francfort s'étaient ralliés à la Réforme et étaient prêts à s'entendre avec le roi de France pour garantir les « libertés germaniques » menacées par le pouvoir impérial. Charles Quint, occupé par les affaires espagnoles et pris par le conflit qui l'opposait à la France des Valois, laissa à son frère Ferdinand le soin de trouver une solution au conflit religieux qui divisait l'Empire.

Ferdinand, roi de Bohême et de Hongrie depuis 1526, et roi des Romains — donc héritier présomptif de la couronne impériale — depuis 1531, était mieux accepté que son frère par les princes protestants allemands. Il parvint en 1552 à conclure avec l'Électeur de Saxe les préliminaires de Passau, prélude à une paix religieuse dans l'Empire. L'abdication de Charles Quint au début de 1555 et l'élévation de Ferdinand à la dignité impériale permirent de transformer les préliminaires de Passau en un compromis accepté par tous et entériné par la Diète sous le nom de paix d'Augsbourg.

La paix d'Augsbourg officialisa l'existence des Églises dites de la confession d'Augsbourg, c'est-à-dire les seules églises luthériennes à l'exclusion de toutes les autres églises réformées. Dans chaque territoire, le prince est seul à décider du choix religieux de ses sujets, ce qui fut résumé dans la formule latine *cujus regio ejus religio*. Le fait de vivre sous un prince luthérien impliquait pour ses sujets l'adhésion à la foi de leur souverain ; ceux qui appartenaient à une autre religion avaient toujours la possibilité d'émigrer, à moins que le prince, qui avait toute latitude de légiférer en matière religieuse, acceptât l'existence dans ses États d'autres croyances que les siennes. Il n'était donc pas question de tolérance ni de liberté religieuse individuelle. Seuls les princes avaient le droit de choisir leur religion et éventuellement d'en changer. Restait le délicat problème des biens d'Église sécularisés par les princes ecclésiastiques ou les abbés lorsqu'ils étaient passés à la Réforme. La paix d'Augsbourg stipulait sur ce point que toutes les sécularisations effectuées avant 1552 étaient validées, mais que, dans l'avenir, lorsqu'un évêque ou un abbé se convertirait à la Réforme, il ne pourrait plus séculariser le temporel de sa charge qui resterait à l'Église catholique, et se contenterait de l'administrer. La sécularisation des biens d'Église était donc figée dans l'état de 1552.

La paix d'Augsbourg que la papauté refusa de reconnaître n'était qu'un compromis circonstanciel qui ne régla pas tous les problèmes. D'abord, les sécularisations se poursuivirent après 1555, provoquant chaque fois les protestations du parti catholique suivies de plaintes devant les instances judiciaires de l'Empire. De plus, de nouvelles sources de conflits apparurent lorsque, à la suite du décès d'un prince, la succession tombait aux mains d'un héritier appartenant à une autre confession. Enfin, à partir de 1555, le calvinisme avait progressé sensiblement en Allemagne rhénane, surtout après qu'en 1559 l'Électeur Palatin Frédéric III eut abandonné le luthéranisme introduit en 1546 dans ses États par ses prédécesseurs pour adopter la religion de Calvin. Dès lors, l'université de Heidelberg devint un foyer actif de la propagande calviniste en Allemagne : c'est là qu'en 1563 fut publié le *Catéchisme d'Heidelberg*. Le calvinisme fut adopté ensuite par le landgrave de Hesse-Kassel en 1609 puis par le margrave de Brandebourg en 1613. Or, la paix d'Augsbourg ne concernait que le luthéranisme, si bien que, du moins en théorie, les princes devenus calvinistes étaient hors la loi.

De son côté, l'Église catholique ne resta pas inactive. La papauté, consciente de la nécessité d'une réforme en profondeur de l'Église, avait provoqué en accord avec Charles Quint la tenue d'un concile qui se réunit à Trente, en terre impériale. Le concile de Trente (1545-1563) définit d'abord clairement le dogme catholique face à l'hérésie protestante et jeta les bases d'une reconstruction de l'Église. Appuyée par les Jésuites, l'Église se lança dans une opération de reconquête du « terrain perdu » qui fut qualifiée de « Contre-Réforme ».

Pour conforter les catholiques dans leur foi et enrayer d'éventuels progrès de la Réforme, les Jésuites commencèrent par organiser des missions de prédication dans les pays demeurés catholiques, puis ils étendirent leur action à l'ensemble de l'Empire et aux États qui en dépendaient, comme la Hongrie et la Transylvanie. La prédication accompagnée de processions et de cérémonies fastueuses visait surtout à la conversion des humbles. Mais, pour rallier les élites, les Jésuites multiplièrent la création de collèges et d'établissements d'enseignement. Dès 1556, ils ouvraient à Prague, en pleine terre de contestation religieuse où la tradition hussite et la réforme luthérienne avaient quasiment éliminé le catholicisme, un collège, le Clementinum, qui rivalisa bientôt avec l'Université Charles tenue par les protestants. Au même moment fut fondé à Ingolstadt, en Bavière, un collège fréquenté par la noblesse et les princes des familles régnantes. D'autres collèges furent créés à Cologne, Munich, Graz, Innsbruck et dans la plupart des villes allemandes. Mais aussi à Brünn (Brno) et Olmütz (Olomouc) en Moravie, à Nagyszombat (Tyrnau/Trnava) en Hongrie royale, à Kolozsvár (Klausenburg/Cluj) en Transylvanie.

Dès 1580, on put constater les premiers résultats de la Contre-Réforme. Les évêques de certaines villes comme Brême, Osnabrück, Paderborn, Wurzbourg étaient revenus au catholicisme ; il en était de même de la moitié des curés du diocèse de Wurzbourg. On put observer des évolutions analogues dans de nombreuses régions de l'Empire. Dans les possessions héréditaires des Habsbourg, les résultats furent d'autant plus spectaculaires que la Contre-Réforme fut appuyée par le pouvoir politique. Dès 1595, le protestantisme avait totalement disparu du Tyrol. En Styrie, c'est l'archiduc Ferdinand, élève des Jésuites d'Ingolstadt, qui, à partir de 1596, s'est efforcé d'extirper radicalement l'hérésie de ses États : en moins de dix ans, le luthéranisme en fut éliminé et les luthériens demeurés fidèles à leur foi durent prendre le chemin de l'exil. En Hongrie royale, la reconquête catholique fut l'œuvre du cardinal Pierre Pázmány ; celui-ci, issu d'une famille protestante, se convertit dans sa jeunesse au catholicisme et entra dans l'ordre des Jésuites. Par ses écrits polémiques et par sa prédication, Pázmány parvint à faire revenir à la foi romaine de nombreuses familles de la noblesse hongroise.

Au début du XVIIe siècle, la situation religieuse de l'Europe centrale apparaît comme instable et sans cesse fluctuante. Depuis la paix d'Augsbourg, face à un luthéranisme solidement implanté en Allemagne du Nord (duché de Saxe, Saxe électorale, Holstein, Brunswick), en Allemagne moyenne (Hesse-Darmstadt, Wurtemberg) et dans de nombreuses villes libres impériales (Nuremberg, Francfort, etc.), le calvinisme a progressé en terre luthérienne (Hesse-Kassel, Palatinat électoral et Haut-Palatinat, grand-duché de Berg, Brandebourg). Quant au catholicisme, devenu de plus en plus offensif depuis le concile de Trente, il dispose de points d'appui solides en Allemagne du Sud, et notamment en Bavière et dans les possessions héréditaires des

Habsbourg. Mais la volonté de reconquête se heurta à la résistance de certains bastions protestants solidement établis, notamment en Bohême. C'est la résistance de la Bohême protestante face aux tentatives de Contre-Réforme active menées par l'empereur Ferdinand II qui allait rallumer sous le nom de *guerre de Trente Ans* le conflit religieux engagé dans l'Empire au début du XVIe siècle et pour lequel la paix d'Augsbourg n'avait été qu'une simple trêve.

2

LES ORIGINES DE LA GUERRE DE TRENTE ANS : LES SIGNES AVANT-COUREURS

La paix d'Augsbourg, comme nous venons de le constater, n'avait pas réglé, loin de là, tous les problèmes liés à la crise religieuse qui déchirait l'Empire depuis le début du XVIe siècle. Face aux princes catholiques — dont l'empereur —, confortés dans leur foi par le concile de Trente et prêts à en découdre pour imposer la Contre-Réforme partout où cela était juridiquement possible, les protestants étaient loin de former un front uni. Luthériens et calvinistes ne parvenaient pas mieux à s'entendre sur l'attitude à prendre face à l'empereur champion de la Contre-Réforme que sur les questions de dogme qui les divisaient, mais les uns comme les autres pouvaient parfois s'accorder pour défendre les sécularisations « sauvages » réalisées illégalement depuis 1552 face aux tentatives de récupération de celles-ci par l'Église catholique.

En effet, dans la plus parfaite illégalité par rapport aux dispositions de la paix d'Augsbourg, les sécularisations des biens d'Église s'étaient poursuivies çà et là. Tel ou tel prélat ou abbé, demeuré longtemps fidèle à l'Église romaine, n'hésitait pas parfois à passer à la Réforme pour s'emparer du temporel de la charge. Souvent, le chapitre entérinait le coup de force ; parfois il protestait et s'adressait aux plus hautes autorités juridiques de l'Empire, mais la longueur des procédures était dissuasive et l'on se contentait d'un *modus vivendi* acceptable pour les deux parties. À l'occasion des vacances dans les hautes charges de l'Église, on était souvent à la merci d'une sécularisation réalisée par le nouveau titulaire désigné d'autant plus que certains chapitres comportaient à la fois des chanoines catholiques et des chanoines protestants. Parfois, c'était le souverain protestant lui-même qui profitait de la vacance d'un siège épiscopal pour y désigner un administrateur provisoire, laïc et protestant[1].

*

La guerre dite « des évêques » qui opposa à Strasbourg le parti protestant au parti catholique après la mort du prince-évêque Jean de Mandersche, le 2 mai 1592, peut être considérée comme l'archétype de ces perpétuels conflits liés au temporel de l'Église, conflits qui alimentaient les passions religieuses dans l'Empire. À la mort du prince-évêque en effet, les chanoines protestants réunis à Strasbourg le 30 mai désignèrent comme « administrateur » de l'évêché le margrave Jean-Georges de Brandebourg, petit-fils du Prince-Électeur de Brandebourg, tandis que leurs confrères catholiques réunis à Saverne portèrent leur choix sur le cardinal Charles de Lorraine, déjà évêque de Metz. Pour mieux faire triompher son candidat, chaque parti recruta des mercenaires. La ville de Strasbourg, où les protestants étaient majoritaires et contrôlaient les institutions municipales, recruta des troupes sur place et dans les environs et mit la main sur différentes possessions de l'évêché. Quant à Charles de Lorraine, il recruta sur les terres du duché des mercenaires qui furent envoyés en Alsace. Ceux-ci se livrèrent à de telles déprédations et à un tel pillage que les autorités de Strasbourg s'adressèrent aussitôt au roi de France pour implorer son aide contre la « tyrannie barbarique » du duc de Lorraine. À ce moment-là, Henri IV n'était pas en mesure d'intervenir efficacement car toutes ses forces étaient occupées par les opérations militaires qu'il menait contre les Habsbourg d'Espagne. Le parti protestant de Strasbourg fit appel à ses alliés protestants, d'abord au prince Christian d'Anhalt, puis aux cantons suisses. En février 1593, les commissaires impériaux parvinrent à imposer aux deux parties un compromis en attendant que l'affaire soit réglée par la Diète d'Empire, seule compétente pour trancher en dernier ressort. Dans l'immédiat, les reve-

1. G. Livet, *La Guerre de Trente Ans*, Paris, 1963, p. 10.

nus de l'évêché de Strasbourg seraient partagés entre les deux candidats. Comme, entre-temps, la Diète d'Empire n'était pas parvenue à trouver une solution acceptable pour les deux parties, les protestants une nouvelle fois s'adressèrent au roi de France. Dans une déclaration publiée le 22 novembre 1595 au camp de Travecy, Henri IV se porta garant du maintien du *statu quo* à Strasbourg et promit son aide à la partie qui serait la première attaquée par l'autre.

Pendant quelque temps, l'Alsace retrouva la paix, mais, en 1602, les Lorrains et les Brandebourgeois reprirent leurs affrontements. Une fois encore, c'est Henri IV qui apparut comme le défenseur de la paix : par le traité de Haguenau du 22 novembre 1604 en effet, Charles de Lorraine fut reconnu comme seul prince-évêque de Strasbourg, mais au prix d'une importante compensation financière pour le candidat brandebourgeois et de quelques avantages consentis aux chanoines protestants. Le prince-évêque n'eut guère le temps de savourer sa victoire morale car il mourut peu après, non sans avoir fait désigner auparavant par le chapitre un coadjuteur avec droit de succession, en la personne de l'archiduc Léopold de Habsbourg, frère de Ferdinand de Styrie, le futur empereur Ferdinand II. L'archiduc Léopold, déjà évêque de Passau, entra en possession de l'évêché de Strasbourg en 1608[1].

La victoire du parti catholique à Strasbourg inquiéta quelque peu les protestants d'Allemagne du Sud, mais ils savaient cependant qu'ils pouvaient, le cas échéant, s'appuyer sur le roi de France dont la médiation avait permis le retour à la paix en Alsace.

*

Au moment même où le conflit lié à la « guerre des évêques » s'achevait, de nouvelles tensions interconfessionnelles se développèrent dans une cité de la vallée du Danube, Donauwörth. Cette petite ville, dont la population ne dépassait guère les quatre mille habitants et qui appartenait au Cercle de Souabe, était l'une des huit villes libres impériales dans lesquelles, depuis la paix d'Augsbourg, catholiques et luthériens jouissaient d'une égale tolérance

1. R. Reuss, *Histoire d'Alsace*, Paris, 1912, p. 84-89.

en raison de la présence en nombre à peu près équivalent de fidèles des deux confessions. Les luthériens, nombreux dans la bourgeoisie de Donauwörth, occupaient de ce fait une position dominante dans l'administration de la cité, ce qui incitait les catholiques, issus le plus souvent des milieux populaires, à faire preuve de prudence et de discrétion dans les manifestations extérieures de leur foi. Malgré la liberté religieuse officiellement garantie, les catholiques étaient traités à Donauwörth en citoyens de seconde zone.

Le 25 avril 1605 cependant, à l'occasion de la fête de la Saint-Marc, patron des catholiques de la cité, les catholiques avaient projeté d'organiser une procession solennelle dans les principales artères de la ville. Mal leur en prit, car leurs concitoyens luthériens, exaspérés par ce qu'ils avaient interprété comme une provocation, les attaquèrent d'abord verbalement, puis des prêtres et des fidèles furent molestés, certains sérieusement blessés, les bannières arrachées et piétinées, les saintes reliques jetées à terre. La procession de la Saint-Marc à Donauwörth et les incidents violents qu'elle suscita montra à quel point était fragile l'équilibre entre les communautés religieuses cinquante ans après la paix d'Augsbourg.

Deux mois après les violents incidents de la Saint-Marc, le père Laurent de Brindisi[1], un capucin entièrement dévoué à la Contre-Réforme et qui passait par Donauwörth pour gagner Prague où le pape l'avait envoyé en mission auprès de l'empereur Rodolphe, fut pris à parti et dut quitter la ville sous les insultes des luthériens fanatisés. Lorsque le père Laurent parvint enfin dans la capitale de la Bohême, une épidémie de peste y sévissait qui amena l'empereur et la Cour à quitter la ville. A Prague, le père Laurent, que rien n'arrêtait dans sa volonté de prêcher la vraie foi, évoqua à plusieurs reprises dans ses homélies le problème de la peste qui frappait si durement le pays bohême. Pour le père Laurent, l'épidémie était une punition de Dieu destinée à frapper ceux qui s'étaient montrés trop complaisants à l'égard des protestants, et il n'hésitait pas à le crier bien fort du haut des chaires des églises de Prague. Sermons ô

1. A. de Carmignano, « La part de Saint-Laurent de Brindes dans le Ban de Donauwörth 1607 » in *Revue d'Histoire ecclésiastique 1983*, LVIII, p. 460-486.

combien provocateurs dans ce royaume de Bohême où les protestants étaient largement majoritaires !

Après son passage à Prague, le père Laurent poursuivit son périple en Europe centrale par un séjour à la cour de Bavière où il fut chaleureusement accueilli par le duc Maximilien, dévoué corps et âme à la cause de la Contre-Réforme, et dont il sut gagner l'amitié en raison du réconfort moral qu'il put apporter à la duchesse atteinte de troubles psychiques. Le père Laurent parvint à persuader le duc de Bavière qu'une intervention était nécessaire à Donauwörth pour y imposer l'application intégrale des dispositions prévues par la paix d'Augsbourg en faveur des catholiques de la cité.

L'affaire en resta là jusqu'à ce que, en février 1607, le père Laurent rencontre une seconde fois l'empereur Rodolphe II. À la demande du capucin, l'empereur décida d'envoyer à Donauwörth deux commissaires impériaux afin d'assurer aux catholiques de la ville la possibilité de fêter comme il se doit la fête de Saint-Marc. Mais, lors des cérémonies du 25 avril 1607, les mêmes incidents que deux ans auparavant se reproduisirent. Des prêtres furent insultés et malmenés par les protestants et obligés de fuir ; quant aux commissaires impériaux, ils furent bloqués dans leur résidence et ne purent intervenir. Dans la relation écrite des événements qu'ils adressèrent à l'empereur, les commissaires firent état de la passivité des magistrats de la cité, tous luthériens, et de leur collusion avec les fauteurs de troubles lors des fêtes de la Saint-Marc. On se trouvait maintenant devant une situation nouvelle, celle d'un véritable défi à l'autorité impériale, et qu'il n'était pas question de tolérer plus longtemps. Dans une lettre adressée aux magistrats de Donauwörth au début d'août, l'empereur leur enjoignit d'accorder aux catholiques la liberté de culte comme le prévoyait la paix d'Augsbourg, faute de quoi la ville serait mise au ban de l'Empire.

La demande impériale resta lettre morte. Rodolphe II mit alors sa menace à exécution et chargea donc le duc Maximilien de Bavière de ramener à l'obéissance la cité rebelle. Après avoir levé à grands frais des troupes, le duc Maximilien prit possession de Donauwörth le 17 décembre 1607 et y rétablit solennellement le culte catholique.

L'intervention armée du duc de Bavière provoqua, il va

sans dire, une cause supplémentaire d'inquiétude chez les princes protestants des États voisins qui dénoncèrent le caractère illégal de l'action entreprise par Maximilien. En effet, Donauwörth n'appartenait pas au Cercle de Bavière mais au Cercle de Souabe. C'était donc au duc de Wurtemberg, prince luthérien, qu'aurait dû incomber l'exécution de la sanction impériale, en tant que directeur du Cercle de Souabe. Plus lourde de conséquences encore fut la décision prise en juin 1609 par l'empereur de céder Donauwörth à Maximilien à titre de remboursement pour les frais qu'il avait engagés lors de son intervention en 1607. Devenu maître de Donauwörth, le duc de Bavière se livra à de sévères représailles contre les luthériens ; le culte protestant fut désormais interdit, et ceux qui entendaient rester fidèles à leur croyance durent quitter la ville [1].

★

L'affaire de Donauwörth avait exaspéré les antagonismes entre princes protestants et princes catholiques. La Diète tenue à Ratisbonne à partir de janvier 1608 allait confirmer l'état de tension extrême qui régnait dans les deux camps.

L'empereur avait convoqué la Diète en vue d'obtenir d'elle une aide financière pour rembourser les dettes accumulées précédemment à l'occasion de la guerre dite de « quinze ans » (1593-1608) menée en Hongrie contre les Turcs et qui venait de s'achever. Les extrémistes protestants menés par l'Électeur palatin du Rhin profitèrent de la tenue de cette Diète pour présenter un certain nombre de revendications en vue d'améliorer la situation des protestants dans l'Empire, et plus particulièrement celle des calvinistes, exclus jusque-là des garanties données par la paix d'Augsbourg. Les représentants des princes luthériens modérés, une fois n'est pas coutume, appuyèrent les demandes de l'Électeur palatin, car l'affaire de Donauwörth les avait vivement inquiétés. L'attitude du représentant de l'empereur, l'archiduc Ferdinand de Styrie, connu pour son catholicisme intransigeant, ne fit rien pour calmer les esprits. Il rejeta avec dédain les demandes des princes protestants car il ne voulait en rien modifier le rapport des forces entre

1. G. Parker, *La Guerre de Trente Ans*, Paris, 1987, p. 72-75.

catholiques et protestants à la Diète, d'autant plus que ce rapport était favorable aux catholiques dans les deux principaux collèges, celui des Électeurs et celui des princes. Devant cette impasse, la plupart des représentants des États protestants quittèrent Ratisbonne. Peu après, le 3 mai 1608, Ferdinand de Styrie prononçait la dissolution de la Diète.

Après leur départ, les princes protestants se retrouvèrent le 12 mai près de Nordlingen en Souabe. Là, dans la salle capitulaire de l'ancienne abbaye sécularisée d'Auhausen, l'Électeur palatin du Rhin Frédéric V, le duc Philippe-Louis de Neubourg, le duc de Wurtemberg, les margraves d'Ansbach, de Kulmbach et de Bade-Durlach décidèrent de constituer l'*Union évangélique (Evangelische Union)* , une alliance défensive conclue pour dix ans dirigée essentiellement contre les menaces que la Bavière faisait courir pour le camp protestant. Les membres fondateurs de l'Union lancèrent aussitôt un appel à tous les princes protestants allemands pour qu'ils se joignent à eux mais refusèrent l'idée d'admettre en leur sein le roi de France ou tout autre souverain étranger. Au début de 1609, un certain nombre de villes libres impériales protestantes comme Strasbourg, Ulm et Nuremberg rejoignirent l'Union évangélique. L'Électeur de Brandebourg, le duc de Palatinat-Deux-Ponts et le landgrave de Hesse-Kassel rallièrent à leur tour l'Union en janvier 1610 ainsi que quelques autres villes libres impériales. En revanche, l'Électeur de Saxe, qui ne voulait en aucun cas s'allier à des princes calvinistes, n'entra jamais dans l'Union évangélique[1].

Le processus de rapprochement entre les princes protestants, concrétisé en 1608 par la formation de l'Union évangélique, avait été mis en route dès la fin du XVIe siècle avec la prolifération des conflits liés à la sécularisation rampante des biens d'Église ; l'affaire de Donauwörth l'avait accéléré, et le refus de Ferdinand de Styrie de modifier le *statu quo* religieux de l'Empire lors de la Diète de 1608 avait levé les derniers obstacles à la formation d'une alliance des États protestants face à un éventuel retour en force du catholicisme.

Un catholicisme qui lui aussi se sentait menacé par les progrès insidieux du protestantisme et des sécularisations

1. G. Pagès, *La Guerre de Trente Ans*, Paris, 1949, p. 53-54.

qu'il entraînait. Déjà, depuis longtemps dans le camp catholique, on avait échafaudé des projets d'alliance. Mais ce n'est qu'au lendemain de la constitution de l'Union évangélique que les projets se concrétisèrent. Le 10 juillet 1609, par le traité de Munich, fut formée une *Ligue pour la défense de la religion*, alliance défensive conclue pour neuf ans groupant autour du duc Maximilien de Bavière l'archevêque Léopold évêque de Passau et prince-archevêque de Strasbourg, la plupart des évêques et abbés d'Allemagne du Sud à l'exception du prince-évêque de Salzbourg ; peu après, les évêques de Spire, de Worms et de Bamberg entrèrent dans la Ligue catholique à laquelle adhérèrent également les trois Princes-Électeurs ecclésiastiques. Ainsi, la plupart des États catholiques de l'Empire, à l'exception de l'Autriche, furent membres de la Ligue qui bénéficia aussi du soutien — mais seulement moral — de l'Espagne de Philippe III et de la papauté. Plus tard en 1612, les nouveaux titulaires de l'archevêché de Salzbourg et de l'évêché d'Eichstätt rejoignirent à leur tour la Ligue[1].

Paradoxalement, ceux qui furent à l'origine de ces deux systèmes d'alliance antagonistes, le palatin Frédéric V et le duc Maximilien de Bavière, étaient issus de la même famille princière, les Wittelsbach, mais le premier était calviniste tandis que le second, son lointain parent, était un catholique fortement imprégné de l'esprit de la Contre-Réforme. On constate ainsi à quel point la Réforme pesait encore de tout son poids à tous les niveaux de la société allemande, un siècle après la protestation de Luther.

★

On était en droit de penser que, désormais, le moindre nouvel incident à connotation religieuse déclencherait un affrontement armé entre l'Union évangélique et la Ligue. Or, à ce moment-là justement, en Basse-Rhénanie, les conditions semblaient réunies pour provoquer un conflit. En effet, le problème de la succession de Juliers posé depuis la fin du XVIe siècle était entré dans une phase décisive. De quoi s'agissait-il au juste ?

Le duché de Juliers (Jülich) avait été fondé en 1356, et,

1. G. Parker, *La Guerre de Trente Ans*, *op. cit.*, p. 83 et ss.

par le jeu des héritages, s'était trouvé uni dès 1423 au petit duché de Berg. Ces deux territoires de Basse-Rhénanie aux dimensions modestes échurent en 1511 au duc de Clèves (Kleve), Jean III le Pacifique, qui exerçait également sa souveraineté sur les comtés de Mark et de Ravensberg. Cet ensemble territorial dont la population totale ne dépassait guère les cent mille habitants avait une importance stratégique non négligeable car il commandait la voie fluviale rhénane ainsi que les routes terrestres unissant les Pays-Bas espagnols et les Provinces-Unies à l'évêché de Munster et aux possessions de l'Archevêque-Electeur de Cologne. Si la population du duché de Juliers était presque exclusivement catholique, celle des autres principautés mentionnées précédemment était majoritairement protestante, avec à la fois des luthériens et des calvinistes, mais aussi avec la présence d'importantes minorités catholiques. Bien que le duc régnant depuis 1592, Jean-Guillaume, fût catholique, la coexistence entre les différentes communautés religieuses n'avait jamais provoqué d'affrontements car le duc, en accord avec les Diètes locales, avait garanti la liberté religieuse pour tous. Depuis l'avènement du duc Jean-Guillaume, le problème de sa succession était posé. Agé d'une trentaine d'années lorsqu'il monta sur le trône, le duc n'avait pas d'enfants et était de santé fragile. Sa femme, la duchesse Antoinette de Lorraine, voulait éviter à tout prix qu'à la mort de son mari la succession n'échût à un prince protestant ; aussi s'efforça-t-elle de rechercher des appuis du côté de ses voisins catholiques, les Espagnols présents aux Pays-Bas et l'Archevêque-Electeur de Cologne. Il y avait en effet un risque sérieux de voir la succession de Juliers tomber entre des mains protestantes. Selon le droit en usage dans le duché, la succession, en cas d'absence d'héritier direct, pouvait être transmise par les femmes des branches collatérales sans que celles-ci puissent elles-mêmes régner. Or, si le duc Jean-Guillaume n'avait pas d'enfant, en revanche il avait quatre sœurs dont deux d'entre elles, mariées à des princes protestants, avaient des héritiers mâles. L'aînée était mariée au duc de Brandebourg, l'Electeur Jean-Sigismond ; la cadette avait épousé le duc de Neubourg-Palatinat, Philippe-Louis, dont elle avait un fils, Wolfgang-Guillaume. Les deux héritiers potentiels étaient donc des princes luthériens. Longtemps, la rivalité entre la

Maison de Brandebourg et celle de Neubourg-Palatinat occulta le problème de fond concernant la succession de Juliers. Le duc de Neubourg affirmait que son fils Wolfgang-Guillaume, en tant qu'héritier mâle, était le premier dans l'ordre de la succession, mais il se montrait prêt à partager l'héritage avec le duc de Brandebourg. Mais d'autres princes affirmaient avoir également des droits sur l'héritage à venir, y compris l'empereur lui-même.

Lorsque, le 25 mars 1609, avec la mort du duc de Juliers, Jean-Guillaume, s'ouvrit la succession, rien de précis n'avait été décidé. Toutefois, les deux héritiers potentiels les mieux placés, l'Electeur de Brandebourg et le duc de Neubourg-Palatinat, se mirent d'accord pour prendre possession de l'héritage et l'administrer en commun, à titre de « princes possédants ». De son côté, l'empereur Rodolphe II prononça la mise sous séquestre de l'héritage à titre provisoire jusqu'à ce que la Chambre aulique de l'Empire se soit prononcée sur les droits des princes possédants, mais, en même temps, il chargea le prince-évêque de Strasbourg, l'archiduc Léopold, de prendre possession de la forteresse de Juliers et d'y établir une garnison, ce qui fut fait dans les semaines qui suivirent.

Quant à la veuve du duc défunt, Antoinette de Lorraine, elle demanda l'aide de Philippe III d'Espagne et de l'Archevêque-Electeur de Cologne. Avec l'entrée en lice de l'Espagne, puissance catholique solidement installée aux Pays-Bas et qui n'avait jamais renoncé à reconquérir les Provinces-Unies devenues indépendantes de fait en 1608, et avec la présence d'une garnison impériale à Juliers, la succession de Juliers était en passe de devenir une affaire internationale. L'évolution des événements n'allait pas tarder à le confirmer. Les princes protestants, membres de l'Union évangélique, à l'initiative de l'Électeur palatin Frédéric V, se tournèrent en effet vers Henri IV. Le roi de France, justement, avait vu d'un très mauvais œil l'installation d'une garnison impériale à Juliers et interpréta cette action comme un *casus belli*. La diplomatie française se mit en devoir de nouer des alliances avec tous ceux qui s'inquiétaient des ambitions impériales et espagnoles. Deux traités d'alliance furent signés par les représentants d'Henri IV ; l'un à Schwäbisch-Hall, le 12 avril 1610, avec l'Union évangélique par lequel la France se déclarait prête à soutenir les princes possédants et à défendre les « libertés germaniques » ; l'autre à Bruzolo, le 16 avril, avec le duc Charles-Emmanuel de Savoie et destiné à soutenir la Savoie dans sa lutte en Italie du Nord contre les Espagnols présents dans le duché de Milan.

Ainsi donc, la succession de Juliers prenait de plus en plus l'allure d'une crise internationale qui risquait de ranimer le sempiternel conflit entre la France et les Habsbourg, momentanément interrompu en 1598 par la paix de Vervins. On se trouvait ainsi à deux pas d'une nouvelle guerre européenne.

Du côté français, Sully préparait ouvertement une intervention militaire ; il mettait sur pied une armée destinée à intervenir sur le Rhin inférieur, en dépit de l'hostilité à la guerre du parti catholique et d'une opinion publique mécontente de l'augmentation des impôts. Henri IV songeait à partir lui-même à la tête de ses troupes en direction des Pays-Bas espagnols. A ces préoccupations d'ordre politique s'ajoutaient pour le roi de France des motivations d'ordre privé. En effet, Henri IV entendait récupérer aux Pays-Bas sa maîtresse Charlotte de Montmorency que son mari, le prince de Condé, avait conduite de force à Bruxelles, pour l'arracher aux caprices du roi [1]. Mais l'assassinat de Henri IV, le 14 mai 1610, mit fin à cette rocambolesque aventure militaro-amoureuse. Les nouveaux responsables du pouvoir à Paris, hostiles à l'idée de la reprise d'une guerre européenne, ébauchèrent une nouvelle orientation diplomatique marquée par une ouverture en direction de l'Espagne. Avec le traité de Fontainebleau du 20 avril 1611, la France et l'Espagne concluaient entre elles une alliance défensive pour dix ans ; la réconciliation entre les deux puissances rivales était concrétisée par le mariage prévu — et qui eut lieu en 1615 — entre le jeune roi Louis XIII et l'infante d'Espagne, Anne d'Autriche, fille de Philippe III. Toutefois, soucieux de respecter les engagements pris à Schwäbisch-Hall par Henri IV à l'égard de l'Union évangélique, la régente Marie de Médicis et le Conseil n'avaient pas hésité, dès le lendemain de la mort d'Henri IV, à envoyer depuis la Champagne l'armée du

1. R. Mousnier, « *L'âge classique* » in *Histoire de France*, ouvrage collectif sous la direction de M. Reinhard, t. I, p. 432, Paris, 1954.

maréchal de la Châtre afin de chasser de Juliers la garnison impériale qui s'y était installée au lendemain de la mort du duc Jean-Guillaume. L'affaire fut d'ailleurs promptement menée, et la garnison de Juliers capitula au mois d'août 1610 ; les troupes impériales furent remplacées par des troupes françaises qui y demeurèrent tout l'été.

Personne cependant ne voulait s'engager trop loin sur le chemin de la guerre. En Allemagne, ni l'Union évangélique, ni la Ligue catholique ne se sentaient à ce moment-là en mesure de supporter la charge d'opérations militaires coûteuses et aléatoires, et l'on s'achemina vers une solution de compromis dans l'affaire de la succession de Juliers. En octobre 1610, une trêve fut conclue entre les deux parties sur la base du maintien du *statu quo*. C'est ainsi que la première crise de Juliers se termina provisoirement, mais à l'avantage des protestants puisque les princes possédants, tous deux luthériens, demeuraient en place et continuaient à exercer leur autorité conjointe sur l'héritage de Juliers. La crise avait montré d'autre part que la France n'entendait pas se désintéresser des affaires allemandes, même si, depuis la mort d'Henri IV, elle semblait rechercher le rapprochement avec l'Espagne.

Par la suite, la succession de Juliers donna lieu à de nouveaux rebondissements. Cette fois encore, ce furent les problèmes religieux qui furent à l'origine de nouvelles tensions. En effet, au cours de l'année 1613, on assista à un double changement de religion chez les princes possédants de l'héritage de Juliers. En avril, ce fut l'Électeur Jean-Sigismond de Brandebourg qui abandonna le luthéranisme pour passer au calvinisme, puis, en juillet, ce fut le luthérien Wolfgang-Guillaume de Neubourg qui, lui, se convertit au catholicisme. Pour les sujets des princes possédants habitués à la tolérance religieuse depuis un demi-siècle, ce changement religieux au sommet de l'État provoqua quelques inquiétudes, mais, au niveau de l'Empire, les craintes furent encore plus grandes car on redouta un moment la reprise de nouveaux affrontements armés avec l'inévitable risque d'interventions étrangères. Toutefois, depuis l'avènement de l'empereur Mathias en janvier 1612, le chancelier Melchior Khlesl cherchait à désamorcer les conflits religieux entre États à l'intérieur de l'Empire et avait pour objectif lointain la dissolution de l'Union évangélique et de la Ligue catholique. Sans pouvoir réaliser cet objectif, le cardinal Khlesl réussit néanmoins à éviter le conflit qui se préparait entre les princes possédants devenus désormais ennemis sur le plan religieux. La situation paraissait explosive cependant. En mai 1614, l'Électeur de Brandebourg, inquiet d'une éventuelle alliance entre le duc de Neubourg et la Ligue catholique, fit venir des troupes des Provinces-Unies, pays calviniste ami du Brandebourg. Le duc de Neubourg riposta en faisant occuper Düsseldorf par ses troupes. L'Électeur de Brandebourg répliqua en chassant les troupes de Neubourg de Juliers. Au mois d'août, l'arrivée de troupes espagnoles des Flandres, appelées par le duc de Neubourg, fit encore monter d'un cran la tension déjà forte. Les deux parties recherchèrent de nouveaux alliés. L'Électeur de Brandebourg pouvait compter sur les Provinces-Unies, mais les Hollandais hésitaient à s'engager seuls ; or, ni le roi d'Angleterre Jacques Ier ni Marie de Médicis ne voulaient intervenir. L'empereur, de son côté, évitait de prendre parti, tandis que son chancelier poussait au compromis pour éviter la reprise des conflits religieux. Les princes possédants, eux aussi, étaient très réservés à la perspective d'une guerre. Aussi acceptèrent-ils de négocier comme le leur conseillaient les diplomates anglais et français. Les négociations aboutirent le 12 novembre 1614 à la conclusion du traité de Xanten.

Le traité de Xanten se traduisit par un partage de l'héritage de Juliers entre les princes possédants. L'Électeur de Brandebourg gardait Clèves et ses dépendances, c'est-à-dire les comtés de Mark et de Ravensberg où les protestants étaient majoritaires, tandis que le duc de Neubourg conservait les duchés de Juliers et de Berg à majorité catholique. Les deux copartageants s'entendirent à la demande des Diètes locales pour maintenir l'esprit de tolérance et de liberté religieuse qui avait toujours régné jusque-là dans ces territoires.

Ainsi s'achevait la longue crise née de la mort du duc de Juliers en 1609. La paix fut bien accueillie par la Ligue catholique, mais un certain nombre de membres de l'Union évangélique reprochèrent à la France et à l'Angleterre de ne pas avoir soutenu suffisamment les intérêts protestants lors de la crise de l'été 1614. L'Électeur de Brandebourg, déçu de la passivité de l'Union évangélique dans l'affaire de Juliers, s'en détacha en 1617.

*

Malgré la paix de Xanten, chaque camp restait vigilant. L'Union évangélique et la Ligue catholique demeuraient sur le pied de guerre. Les protestants s'inquiétaient des progrès de la Contre-Réforme malgré l'attitude modératrice du cardinal Khlesl. Les partisans de la « reconquête » catholique profitèrent du règlement de la succession de l'empereur Mathias pour reprendre leur influence. L'empereur Mathias (1612-1619) était âgé, malade et n'avait pas d'enfant. Dans le climat de tension extrême qui régnait alors dans l'Empire, le cardinal Khlesl voulait éviter que ne surgissent de nouvelles difficultés au moment où s'ouvrirait la succession de l'empereur. Aussi poussa-t-il Mathias à régler de son vivant sa propre succession. Mais l'empereur se montra fermement opposé à cette solution. Aussi, c'est en dehors de lui et sans son accord que les héritiers potentiels de Mathias décidèrent de l'avenir de l'Empire. Plusieurs membres de la famille des Habsbourg pouvaient prétendre à la succession. D'abord, les deux frères de l'empereur Mathias, l'archiduc Albert qui depuis 1598 était gouverneur des Pays-Bas espagnols et l'archiduc Maximilien, grand maître de l'ordre Teutonique depuis 1590, qui régnait sur le Tyrol, mais ni l'un ni l'autre n'aspirait à la succession ; ensuite, il y avait l'archiduc Ferdinand de Styrie qui avait en charge l'Autriche intérieure, et même éventuellement son frère l'archiduc Léopold, prince-évêque de Strasbourg ; enfin, le roi d'Espagne Philippe III pouvait théoriquement prétendre à la succession de Mathias. Très vite, les archiducs Albert, Maximilien et Léopold firent savoir leur renonciation à la succession. Le roi d'Espagne, peu enclin à vouloir reconstituer sous son autorité l'empire de Charles Quint, monnaya sa renonciation à la succession en échange de compensations territoriales et se rallia à la candidature de Ferdinand de Styrie. Le 20 mars 1617, le traité de Graz, négocié en secret par l'ambassadeur d'Espagne à Prague Oñate, assura la succession de Mathias à Ferdinand de Styrie en échange de la cession du Tyrol et des possessions habsbourgeoises d'Alsace à occuper lorsque Ferdinand deviendrait empereur. Les avantages territoriaux consentis au roi d'Espagne étaient d'une importance capitale pour le dispositif militaire espagnol. En effet, la possession du Tyrol avec le col du Brenner et de l'Alsace donnait aux Espagnols le contrôle de la route militaire unissant le Milanais d'une part et la Franche-Comté espagnole d'autre part aux Pays-Bas espagnols par la vallée du Haut-Rhin, la Lorraine et le Luxembourg.

Il ne restait plus maintenant qu'à faire entériner la désignation de Ferdinand de Styrie par les parties intéressées. *A priori*, l'affaire n'était pas gagnée d'avance, loin de là. Aux yeux de beaucoup de princes protestants, Ferdinand symbolisait l'esprit de la Contre-Réforme dans ce qu'elle avait de plus intransigeant, et la brutalité avec laquelle l'archiduc avait extirpé le protestantisme à Graz n'était pas faite pour les rassurer. Pourtant, contrairement à toute attente, la reconnaissance de l'archiduc Ferdinand comme successeur désigné du vieil empereur Mathias fut relativement facile à obtenir. Du côté de l'empereur lui-même, l'affaire fut promptement réglée, et Mathias, affaibli par la maladie, se rallia aussitôt aux dispositions prises à Graz ; mieux même, il cautionna personnellement la candidature de son jeune cousin dans sa démarche auprès de la Diète de Bohême.

En Bohême, en effet, la monarchie était théoriquement élective, mais même si l'empereur avait désigné Ferdinand comme son successeur, il fallait encore que la Diète ratifiât ce choix. On s'attendait à beaucoup de résistance en Bohême où le parti protestant conduit par le comte de Thurn manifestait une hostilité à peine dissimulée à l'égard des Habsbourg, trop liés à ses yeux à l'Eglise catholique et aux Jésuites. Les opposants comptaient bien faire entendre leurs voix lors de la Diète convoquée pour le 5 juin 1617. À la surprise générale, ce fut l'empereur Mathias en personne qui vint présenter son successeur désigné. Pris de court, peu soutenus par les représentants des villes, les opposants, issus pour la plupart de la haute noblesse, tentèrent en vain de faire modifier le mode d'élection du futur souverain. À leurs yeux, ce qu'on leur proposait là n'était pas une véritable élection, mais simplement l'approbation du choix fait par le souverain régnant. Les partisans de Ferdinand, le chancelier Zdenek de Lobkovic et le grand burgrave de Prague Adam de Sternberk, affirmèrent au contraire que la désignation de Ferdinand par le souverain régnant était conforme à la tradition puisque des situations analogues s'étaient déjà produites précédemment au cours du XVIe siècle. La plupart des opposants, à l'exception du comte de Thurn et de quelques-uns de ses fidèles, se rallièrent au candidat désigné. Le 15 juin 1617, Ferdinand de Styrie fut solennellement proclamé roi de Bohême. Les protestants de la Diète demandèrent cependant au nouveau roi qu'il confirme la *Lettre de Majesté* de 1609 ainsi que les privilèges du royaume « tels que les avaient établis l'empereur actuel et ses prédécesseurs, les rois de Bohême ». Le nouveau souverain y consentit, même si, par ailleurs, il prévint le pape et le roi d'Espagne que son consentement était lié aux circonstances du moment[1]. Rien ne s'opposait plus désormais au couronnement de Ferdinand qui se déroula le 19 juin avec le faste habituel dans la cathédrale Saint-Guy ; le nouveau roi reçut les insignes de sa fonction des mains des cardinaux Dietrichstein et Khlesl. Et, étrangeté du destin, c'est le chef des opposants, Mathias de Thurn, qui, en tant que burgrave de Karlstejn... et de ce fait gardien des insignes royaux, les avait apportés. Un grand banquet réunit à l'issue de la cérémonie tous les participants dans la salle *Vladislas* au palais du Hradschin autour de l'empereur Mathias et du nouveau roi Ferdinand ; les représentants de la noblesse tchèque, y compris le comte de Thurn, étaient tous là[2].

Être roi de Bohême, c'était pour Ferdinand une étape indispensable pour devenir empereur à la mort de Mathias. Avec sa propre voix à laquelle s'ajoutaient les trois voix des Électeurs ecclésiastiques, Ferdinand disposait ainsi de la majorité au collège des Princes-Électeurs, mais, dans un pays divisé sur le plan religieux, il aurait fait figure du candidat du seul parti catholique. Pour éviter ce risque, l'empereur Mathias et l'archiduc Ferdinand, une fois la question de Bohême réglée, se rendirent à Dresde pour y rencontrer l'Électeur Jean-Georges de Saxe qui, bien que luthérien, s'engagea à soutenir la candidature de Ferdinand lors de la future élection impériale.

---

1. P. Belina, P. Čornej et J. Pokorný, *Histoire des Pays tchèques*, Paris, 1995, p. 184.
2. H. Sacchi, *La Guerre de Trente Ans*, t. I, *L'Ombre de Charles Quint*, p. 234 et ss.

Il restait maintenant à obtenir la reconnaissance de la Diète hongroise pour que la succession de Mathias fût définitivement réglée. Le jour de Noël 1617, l'empereur Mathias et sa suite quittèrent Prague pour Vienne, plus proche de Presbourg (Pozsony) où siégeait la Diète hongroise. Avant son départ, l'empereur confia le pouvoir à un Conseil de régence formé de dix lieutenants ; sept étaient catholiques et trois utraquistes.

L'accord de la Diète hongroise fut beaucoup plus difficile à obtenir. Les protestants étaient majoritaires ; en revanche, Mathias et Ferdinand pouvaient compter sur l'appui total du cardinal-primat Pierre Pázmány et sur quelques grandes familles comme les Esterhazy et les Thurzó qui avaient fait retour au catholicisme. Après de très longues tractations à l'issue desquelles l'archiduc Ferdinand, par le diplôme du 15 mai 1618, s'engageait à reconnaître partout en Hongrie la liberté religieuse et à respecter les droits de la Diète, en particulier celui d'élire le souverain, on put procéder au couronnement du nouveau roi le 1er juillet 1618. Quelques jours auparavant, un orage s'était abattu sur Presbourg et avait incendié le château, mais, miraculeusement, la Sainte Couronne et les insignes royaux avaient échappé à la destruction. Ce signe du destin renforça aux yeux de beaucoup la légitimité du nouveau roi [1].

Mais, à ce moment-là, déjà l'irréparable avait été commis à Prague avec la *défenestration* des Lieutenants royaux le 23 mai 1618, point de départ de la révolte de cette Bohême où les passions religieuses, mêlées aux ambitions de l'aristocratie locale, allaient enflammer pour trente ans le cœur de l'Europe.

1. H. Sacchi, *op. cit.*, t. I, p. 241-242.

3

LA BOHÊME REBELLE ET LA DÉFENESTRATION DE PRAGUE

La Bohême, au sein du Saint Empire, occupait une place particulière et originale à la fois. Particulière en raison de la situation occupée par son souverain au Collège électoral car, selon une tradition solidement établie depuis le XIVe siècle, « devenir roi de Bohême, c'est... devenir presque sûrement roi des Romains et empereur [1] », et originale dans la mesure où ce royaume, par ailleurs possession patrimoniale des Habsbourg, avait une population slave majoritaire.

Le royaume de Bohême — ou plus précisément les pays de la couronne de saint Venceslas — formait un bloc territorial compact constitué de la Bohême proprement dite à l'ouest, avec Prague pour capitale et des « provinces incorporées », c'est-à-dire à l'est le margraviat de Moravie avec Brünn pour capitale, et au nord la Silésie et les deux Lusaces, la Basse et la Haute-Lusace [2], possessions de la Bohême depuis le XIVe siècle.

Cet ensemble territorial sur lequel s'apprêtait à régner l'archiduc Ferdinand élu en 1617 était l'une des régions les plus peuplées du Saint Empire. On estimait au début du XVIIe siècle la population de la Bohême proprement dite à 1 300 000 habitants et celle de la Moravie à 700 000 [3] ;

1. V.L. Tapié, *La France de Louis XIII et de Richelieu*, Paris 1952, p. 127.
2. La Silésie fait aujourd'hui partie de la Pologne, tandis que les deux Lusaces relèvent du Land allemand de Saxe.
3. J. Macek et R. Mandrou, *Histoire de la Bohême des origines à 1918*, Paris, 1984, p. 189.

quant à la Silésie, elle aurait compté 1 438 000 habitants[1] auxquels il faudrait ajouter environ 200 000 habitants pour les Lusaces. On arrive ainsi à une population totale de près de 4 000 000 d'habitants, ce qui représentait une densité exceptionnelle pour l'époque, de trente-cinq habitants au kilomètre carré. Rappelons seulement que la France, à la même époque ne comptait probablement guère plus de quinze millions d'habitants.

Si, en Lusace et en Silésie, les Allemands étaient très largement majoritaires avec quelques éléments sorabes (slaves) dans les Lusaces et polonais en Silésie, en revanche, en Bohême et en Moravie, à côté d'une majorité d'habitants de langue tchèque vivait une forte minorité allemande — sans doute de l'ordre de 25 pour cent de la population totale —, principalement dans les régions montagneuses de la bordure septentrionale du pays (Böhmerwald-Šumava et Erzgebirge-Krušne Hory) et dans les villes. La plupart des Allemands de Bohême s'étaient installés à l'époque de la dynastie nationale premyslide surtout au XIIIe siècle. D'autres étaient venus au XVIe siècle, en particulier des luthériens puis des calvinistes persécutés en Allemagne. Le rôle grandissant des Allemands dans la vie politique, économique et culturelle de la Bohême provoqua quelques tensions dans les élites tchèques. Ainsi, dès 1609, la Diète de Moravie décida que désormais nul ne pourrait devenir sujet morave s'il ne parlait pas le tchèque et s'il ne s'engageait pas à faire étudier cette langue à ses enfants. Des dispositions semblables furent adoptées par la Diète de Bohême en 1615. Cette même Diète fit du tchèque la langue officielle à la Cour suprême et dans les tribunaux urbains et imposa la connaissance de cette langue à quiconque héritait d'un bien en pays bohême[2]. Cette législation destinée à protéger la culture tchèque ne visait pas à assimiler les populations germanophones du royaume ; elle cherchait surtout à maintenir la cohésion nationale au niveau des élites. Dans la pratique, il n'y avait pas d'antagonisme fondamental entre les Allemands et les Tchèques. Dans les campagnes, selon les régions, les villages étaient soit exclusivement tchèques, soit exclusivement allemands. Au niveau de la noblesse, si les

1. V.L. Tapié, *La Guerre de Trente Ans*, *op. cit.*, p. 44.
2. J. Macek et R. Mandrou, *op. cit.*, p. 190.

chevaliers gardaient leur caractère ethnique propre, en revanche, au niveau de la haute aristocratie, le brassage interethnique était fréquent, d'autant plus facilement que l'adhésion commune au protestantisme favorisait les rapprochements. Dans les villes, bourgeois allemands et tchèques, quoique séparés, participaient aux mêmes assemblées et avaient la même communauté d'intérêts face aux milieux populaires[1]. En réalité, de toutes les fractures qui divisaient la société dans des pays de la couronne de Bohême, la langue n'était pas — et de loin — la plus importante.

Comme dans la plupart des Etats relevant de la Maison d'Autriche, le pouvoir était partagé entre des grands officiers titulaires de hautes charges administratives et judiciaires et les Diètes représentant les grands corps de la nation. Ce statut constitutionnel, élaboré à l'époque du roi Charles IV (1346-1378), complété lors des guerres hussites puis au début du XVIe siècle sous les rois Jagellon, avait été maintenu par les souverains Habsbourg et était systématiquement confirmé au moment de chaque élection royale.

La couronne de Bohême, théoriquement élective mais devenue *de facto* héréditaire dans la Maison d'Autriche, symbolisait l'unité du pays autour du souverain. Comme le roi ne résidait pas en permanence dans le pays, il était représenté à Prague par le Grand Chancelier. Celui-ci, nommé à vie par le roi auquel il prêtait serment lors de sa désignation, exerçait sur place les fonctions royales, mais dans le respect des droits et privilèges de la Diète devant laquelle il prêtait également serment. Le Grand Chancelier était choisi au sein des grandes familles de l'aristocratie bohême. Depuis 1599, la fonction de Grand Chancelier est exercée par Zdenek (Sidoine) de Lobkovic, ancien élève des Jésuites et porte-parole du parti catholique, entièrement dévoué aux Habsbourg et très hostile aux protestants. Autour de la Chancellerie et de ses agents, un certain nombre de grands officiers exercent des charges devenues de plus en plus honorifiques et souvent lucratives. Parmi ces charges, il y a celle de grand burgrave de Prague détenue par Adam de Sternberk, celle de burgrave de Karlov-Tyn (Karlstejn) occupée jusqu'en 1617 par un protestant, le comte Mathias

1. V.L. Tapié, *La Guerre de Trente Ans*, *op. cit.*, p. 52-53.

de Thurn, qui, à ce titre, était le gardien des joyaux de la Couronne.

Dans chacune des composantes du royaume, le pouvoir législatif est exercé par une Diète qui représente les états[1]. En Bohême proprement dite et en Silésie, la Diète est formée des représentants des trois états, l'aristocratie, les chevaliers — c'est-à-dire la petite noblesse — et les villes. En Moravie, la Diète comprend en plus les représentants du clergé qui constitue ici le quatrième état. En revanche, dans les Lusaces, les Diètes ne comportent que les représentants de deux états, la noblesse et la bourgeoisie. La Diète de Bohême, qui siège à Prague, occupe une place particulière ; c'est elle qui élit le roi, et sa décision est valable pour l'ensemble du royaume. La Diète, qui se réunit sur convocation du roi, a pour rôle essentiel le vote des impôts ; elle dispose aussi du pouvoir législatif, et les lois votées par elle n'ont pas besoin de la sanction royale pour être validées. La Diète est seule compétente pour autoriser les actions militaires hors des frontières du royaume. Enfin, c'est aux différentes Diètes qu'il appartient d'accorder aux étrangers l'*incolat* c'est-à-dire le droit de résidence[2]. On comprend mieux pourquoi les états de Bohême — comme ceux de Hongrie dont les privilèges étaient sensiblement les mêmes — soient fréquemment entrés en conflit avec les Habsbourg qui cherchaient depuis le XVIe siècle à imposer à leurs possessions patrimoniales un système de monarchie centralisée.

Cependant, c'était la question religieuse qui était à l'origine de la plupart des conflits qui opposaient les rois Habsbourg dévoués corps et âme à l'Église romaine, et leurs sujets bohêmes devenus en majorité protestants.

*

Depuis le début du XVe siècle, la Bohême avait été le terrain d'affrontements quasi permanents entre l'Eglise catholique et les différents courants réformateurs qui s'y sont succédé. La crise religieuse avait commencé vers 1410 avec

1. Etat *(Stand)* a ici le sens d'« ordre » qu'il avait en France sous l'Ancien Régime où on le retrouve dans l'expression « tiers état ».

2. G. Pagès, *La Guerre de Trente Ans*, *op. cit.*, p. 35-36 ; et P. Belina, P. Čornej et J. Pokorný, *op. cit.*, p. 170-171.

la prédication de Jean Hus. Celui-ci avait alors dénoncé les abus de la hiérarchie romaine et les richesses de l'Eglise ; il préconisait le retour à une Eglise détachée des biens matériels de ce monde et qui fonderait son enseignement sur le retour à la loi divine telle qu'elle était exposée dans la seule Bible. Les pères du concile de Constance, qui s'efforçaient de mettre fin au grand schisme qui divisait alors l'Occident chrétien, condamnèrent comme hérétiques les thèses avancées par Jean Hus. Le prédicateur tchèque fut livré au bras séculier et mourut sur le bûcher le 6 juillet 1415 ; l'un de ses plus fidèles disciples, Jérôme de Prague, subit le même sort le 30 mai 1416 pour avoir prononcé un panégyrique de Jean Hus. La mort des deux réformateurs, loin d'apaiser les esprits en Bohême, provoqua une véritable guerre civile. Les hussites, divisés d'ailleurs en plusieurs courants — et, parmi eux, un courant radical représenté par les taborites du nom de la ville de Tabor où leur chef Jean Zižka de Trocnov tenta une expérience de vie communautaire fondée sur l'égalité totale entre les citoyens —, fixèrent en 1420 dans les *Quatre Articles de Prague* les principes de leur doctrine. L'un des points essentiels, celui que l'Histoire a retenu, était la communion sous les deux espèces, le pain et le vin, qui, à leurs yeux, symbolisait l'égalité entre les prêtres et les fidèles, alors que, selon la tradition observée jusque-là, seuls les prêtres avaient le privilège de communier à la fois avec l'hostie et le calice. C'est ce qui valut aux hussites d'être qualifiés d'*utraquistes*, c'est-à-dire ceux qui communient sous les deux espèces, *sub utraque specie* dans la terminologie latine.

Après une longue période de troubles qui opposèrent le pouvoir royal aux hussites, puis les hussites entre eux, un compromis fut conclu le 5 juillet 1436 à Jihlava (Iglau) entre la Diète et l'empereur Sigismond qui, en échange de sa reconnaissance comme roi de Bohême, autorisa dans le royaume de Bohême et dans le margraviat de Moravie la communion sous les deux espèces, ainsi que les autres dispositions inscrites dans les Quatre Articles de 1420, notamment celles qui interdisaient au clergé de posséder des biens temporels et d'intervenir dans les domaines qui ne relevaient pas de la foi[1]. Cet accord de Jihlava connu sous le

1. P. Belina, P. Čornej et J. Pokorný, *op. cit.*, p. 137.

nom de *Compactata* mit fin provisoirement aux troubles. La majorité des hussites, ceux que l'on qualifiera seuls désormais d'utraquistes, s'y rallièrent, mais les extrémistes refusèrent d'y souscrire et constituèrent un groupe dissident très minoritaire connu sous le nom des Frères de l'Unité ou Frères moraves ; ils s'efforçaient de mener une vie conforme à l'idéal biblique, refusant les activités liées à l'argent, et rejetaient l'instruction [1].

Les *Compactata*, que le pape n'avait pas reconnues, avaient créé en Bohême une situation tout à fait originale dans l'Europe d'alors, celle d'un pays où coexistaient deux Eglises issues de la pensée chrétienne, l'Eglise catholique et l'Eglise utraquiste. En 1485, lors de la Diète de Kutna Hora, le parti catholique se rallia aux *Compactata* qui devinrent une loi d'Etat en vigueur jusqu'en 1562.

On aurait pu croire que la paix religieuse était enfin revenue. Mais, un siècle après Jean Hus, en Allemagne cette fois, la prédication de Martin Luther remit à l'ordre du jour la question de la réforme de l'Eglise catholique. Très vite, les idées de Luther avaient rencontré un écho favorable aussi bien dans les milieux de tradition hussite, utraquistes ou Frères de l'Unité, que chez de nombreux catholiques. On eut alors l'impression que, tout d'un coup, la Bohême basculait dans le camp protestant. Si la paix d'Augsbourg de 1555 avait réglé la question religieuse dans le monde allemand, ses dispositions ne concernaient ni la Bohême ni ses dépendances. Or, les populations, tchèques et allemandes confondues, avaient rallié massivement les idées de Luther et aussi celles de Calvin. Aux divisions religieuses anciennes remontant à la prédication des réformateurs hussites s'ajoutaient maintenant de nouvelles divisions suscitées par les réformateurs du XVIe siècle. Mais, au même moment, l'Eglise catholique tentait de réagir. Face à l'action des Jésuites installés à Prague par le roi Ferdinand Ier depuis 1556 et au rétablissement de l'archevêché en 1561, les protestants étaient inquiets d'un retour en force d'une Eglise catholique régénérée par le concile de Trente. Après de longs débats, la Diète de Bohême réussit en 1575 à trouver un terrain d'entente entre les luthériens, certains utraquistes et les Frères de l'Unité pour élaborer une *Confession tchèque*,

1. P. Belina, P. Čornej et J. Pokorný, *op. cit.*, p. 155.

véritable profession de foi qui reprenait pour l'essentiel le texte de la *Confession d'Augsbourg* — c'est-à-dire le document de base de la foi luthérienne — en l'adaptant pour tenir compte du point de vue des utraquistes et des Frères de l'Unité. Cette Confession tchèque devait être approuvée par l'empereur Maximilien ; c'était la condition mise par la Diète pour qu'elle accepte la désignation du fils de Maximilien, Rodolphe, comme futur roi de Bohême. Maximilien approuva oralement et sans conviction le texte présenté mais refusa sa sanction écrite. La Diète de Bohême se contenta de cet accord verbal mais, consciente de la précarité de cette situation, elle désigna quinze Défenseurs chargés d'assurer la protection des libertés religieuses en Bohême[1].

★

Au début du XVIIe siècle, la situation religieuse en Bohême était des plus confuse. Un fait cependant était certain : les catholiques étaient devenus très minoritaires, moins en Moravie d'ailleurs qu'en Bohême et dans les autres provinces incorporées, et cela dans toutes les couches sociales. On estimait que, vers 1600, 10 pour cent seulement de la population de la Bohême proprement dite était demeurée fidèle à Rome[2]. L'Eglise catholique, avec l'appui des Habsbourg, tenta de récupérer le terrain perdu. Le royaume de Bohême était devenu pour elle une terre de mission où les Capucins, par leur prédication, s'efforçaient non sans succès de ramener à la foi romaine les milieux populaires des villes et des campagnes, tandis que les Jésuites, passés maîtres dans l'art d'enseigner, portaient tous leurs efforts en direction des classes privilégiées. Peu à peu, la noblesse prit l'habitude d'envoyer ses enfants dans les nombreux collèges que les Jésuites avaient ouverts en Bohême et en Moravie. Cette politique de reconquête pacifique des âmes commença à porter ses premiers fruits, ce qui n'était pas sans susciter l'inquiétude des milieux protestants. Face au parti catholique protégé par le pouvoir royal, les protestants de toutes tendances prirent conscience de la menace que faisait peser sur eux l'esprit de

1. P. Belina, P. Čornej et J. Pokorný, *op. cit.*, p. 178-179.
2. J. Bérenger, *Histoire de l'Empire des Habsbourg*, Paris, 1990, p. 255.

la Contre-Réforme et des dangers que faisaient courir pour leur survie leurs propres divisions.

Au début du XVIIe siècle, le mouvement progressif de ralliement des utraquistes à l'Église catholique était largement entamé, ce qui, indirectement, renforçait le camp catholique. Les luthériens, certains utraquistes restés fidèles à la foi de leurs pères, les Frères de l'Unité dont plusieurs de leurs représentants les plus éminents comme le Morave Charles de Zerotin l'Ancien étaient très proches des calvinistes, tous ceux qui se retrouvaient au sein de la Confession tchèque se tenaient sur la défensive, et ce qui se passait alors en Allemagne, l'affaire de Donauwörth en particulier [1], était loin de les rassurer.

Cependant, les protestants de Bohême surent habilement tirer profit du soutien qu'ils apportèrent à l'empereur-roi Rodolphe II dans le conflit qui l'opposa en 1608 à son frère l'archiduc Mathias, déjà roi de Hongrie et futur héritier de l'Empire. À cette occasion, la Diète de Bohême obtint quelques concessions d'ordre politique, mais, surtout, Rodolphe II accorda à ses sujets bohêmes un statut religieux publié le 9 juillet 1609 et connu sous le nom de *Lettre de Majesté pour la liberté religieuse* [2]. Ce document, plus libéral dans ses dispositions que la paix d'Augsbourg de 1555 et que l'édit de Nantes de 1598 [3], établissait en fait la liberté religieuse dans le royaume de Bohême. La *Lettre de Majesté* officialisait la Confession tchèque dans sa définition de 1575 et proclamait la liberté de conscience pour l'ensemble des sujets du royaume, car il faut maintenir la paix civile afin que « chaque parti puisse pratiquer librement et pleinement la religion dans laquelle il croit trouver son salut, sans rencontrer d'obstacles de la part de l'autre parti... ». La *Lettre de Majesté* donna ainsi un statut juridique à la Confession tchèque et reconnut comme son organe dirigeant le *Consistoire d'En-Bas* installé dans la basse ville dans la vieille église gothique de Notre-Dame-du-Týn. Le rôle du Consistoire est de désigner les pasteurs, tchèques ou allemands indifféremment, et de pourvoir les cures. La *Lettre de Majesté* attribua aux protestants et aux utraquistes l'univer-

---

1. Cf. chap. précédent, p. 29 et s.
2. *Majestat Rudolfa II* en tchèque, *Majestätsbrief* en allemand.
3. G. Pagès, *La Guerre de Trente Ans, op. cit.*, p. 40.

sité de Prague — les catholiques disposant, eux, de l'académie des Jésuites, le *Clementinum* — destinée à la formation des maîtres et des pasteurs. Les protestants se voient reconnaître la possession des temples qu'ils possédaient déjà ; ils obtiennent le droit d'en construire de nouveaux ainsi que des écoles, en fonction de leurs besoins, aussi bien sur les domaines de la Couronne que dans les villes royales.

Parallèlement à la *Lettre de Majesté*, un *compromis* publié simultanément donne aux protestants d'importantes garanties qui relèvent cette fois du domaine politique. En effet, pour toutes les question d'ordre religieux, les membres protestants des trois états de la Diète peuvent se réunir en une véritable Diète protestante qui a pour fonction principale de désigner les *Défenseurs*, au nombre de trente — dix représentants de la haute noblesse, dix des chevaliers et dix des villes. Les Défenseurs ont pour mission de contrôler l'Université et le Consistoire et de garantir une loyale application des dispositions de la *Lettre de Majesté*. Ajoutons qu'un accord entre les catholiques et les protestants fut conclu peu après afin de régler les problèmes d'ordre pratique liés à l'application de la *Lettre de Majesté*. En particulier, des dispositions furent prises pour l'usage commun des bâtiments de culte par les fidèles des deux confessions suivant le système du *simultaneum* accordant une partie de l'édifice religieux aux catholiques, l'autre aux protestants, ou bien réservant l'usage de l'église à des heures différentes pour chacun des deux cultes. Quant aux prêtres utraquistes consacrés par l'archevêque de Prague, ils pourront exercer leur ministère là où les fidèles le souhaiteront. À l'origine, la *Lettre de Majesté* n'était valable qu'en Bohême proprement dite, mais, dans les mois qui suivirent sa publication, Rodolphe II publia un document analogue pour la Moravie et la Silésie. En 1610, la Diète de Bohême autorisa les Défenseurs à convoquer une assemblée restreinte, le *Sjezd*, formée de notables protestants des trois états lorsqu'une difficulté majeure liée à l'application de la *Lettre de Majesté* se présenterait. Au cas où le gouvernement serait incapable de trouver une solution, une commission d'arbitrage de douze catholiques et de douze protestants trancherait en dernier ressort [1].

---

1. V.L. Tapié, *La Guerre de Trente Ans, op. cit.*, p. 60-62 ; et P. Belina, P. Čornej et J. Pokorný, *Histoire des pays tchèques, op. cit.*, p. 182.

La *Lettre de Majesté* allait à l'encontre de la politique habsbourgeoise menée depuis près d'un siècle et dont l'objectif avait été le renforcement du pouvoir royal aux dépens des états. Elle semblait au contraire « une victoire de la noblesse sur le souverain [1] » et un échec du parti catholique sur lequel s'appuyaient traditionnellement les souverains Habsbourg.

Les catholiques, qui pouvaient compter sur le chancelier Zdenek de Lobkovic [2], tentèrent par tous les moyens, y compris la force, de remettre en cause les dispositions prévues par la *Lettre de Majesté*, et ils se sentaient soutenus par Rodolphe II pour lequel la *Lettre* était une mesure imposée par les circonstances. En 1611, Rodolphe II, toujours aux prises avec son frère Mathias, songea à offrir la succession à son cousin, l'archiduc Léopold, évêque de Passau depuis 1605. Les troupes mercenaires de Léopold, sous les ordres du colonel Rammee, pénétrèrent en Bohême, marchèrent sur Prague qu'elles occupèrent, mettant à sac au passage le quartier de Malá Strana. Les états de Bohême, s'estimant trahis par le double jeu de Rodolphe II, demandèrent l'aide de l'archiduc Mathias dont les troupes vinrent à la rescousse, se livrant aux mêmes exactions sur les populations civiles que les « gens de guerre de Passau ». L'empereur Rodolphe II, malade, se résigna à renoncer au trône de Bohême au profit de Mathias qui fut couronné le 26 mai 1611, non sans avoir confirmé auparavant la *Lettre de Majesté*. Le vieil empereur déchu demeura au château du Hradschin où il mourut le 20 janvier 1612, ce qui permit a Mathias d'accéder à la dignité impériale le 13 juin de la même année [3].

Avec l'arrivée de Mathias sur le trône de Bohême, le rôle de Prague en tant que résidence de l'empereur s'achève. Le nouveau souverain s'installa en effet à Vienne et laissa le pouvoir à des Lieutenants-Gouverneurs chargés de gouverner en son nom. Malgré la confirmation de la *Lettre de Majesté* par le nouveau roi, le parti catholique entendait bien reprendre ses positions perdues. Les tractations en cours pour la succession de Mathias, comme nous l'avons vu plus

---

1. V.L. Tapié, *Monarchies et peuples du Danube*, Paris, 1969, p. 105.
2. Pour marquer sa ferme hostilité à la politique menée par Rodolphe II à l'égard des protestants, Lobkovic avait refusé de contresigner le texte de la *Lettre de Majesté*.
3. J. Bérenger, *Histoire de l'Empire des Habsbourg*, *op. cit.*, p. 285-286.

haut, furent une cause supplémentaire d'inquiétude pour les non-catholiques, surtout lorsqu'ils apprirent que le successeur désigné de Mathias serait l'archiduc Ferdinand de Styrie. Après son élection par la Diète et son couronnement le 19 juin 1617, c'était maintenant l'un des plus ardents défenseurs de la Contre-Réforme qui devenait le futur roi de Bohême, et, bien qu'il eût solennellement confirmé les privilèges du royaume, y compris la *Lettre de Majesté*, les protestants n'attendaient rien de bon de leur futur souverain.

*

La tension monta brusquement en Bohême à la fin de l'année 1617 lorsque le pouvoir royal intervint brutalement dans deux conflits locaux qui opposaient l'archevêque de Prague à des communautés protestantes. Ces conflits n'étaient que le révélateur de la tension qui existait entre la hiérarchie catholique et les milieux protestants depuis l'avènement de Mathias. Systématiquement, les protestants étaient exclus des charges officielles par le chancelier Lobkovic. L'Église catholique s'efforçait de reprendre le contrôle des paroisses protestantes ; c'est ainsi que, de juin 1611 jusqu'à juin 1617, l'archevêque de Prague Johan Lobelius avait replacé sous son autorité pas moins de cent trente-deux paroisses du domaine royal où depuis longtemps on célébrait le culte protestant[1]. Les affaires de Braunau et de Klostergrab portèrent au paroxysme l'exaspération des milieux protestants ; l'attitude des représentants du roi dans ces deux conflits localisés allait déclencher une réaction de colère chez les non-catholiques, dont les conséquences n'allaient pas tarder à se manifester.

De quoi s'agissait-il exactement ? Braunau (Broumov) était un petit village des monts Sudètes au nord-est de Prague où se trouvait une abbaye bénédictine. L'abbaye avait beaucoup souffert des destructions liées aux guerres hussites du XVe siècle ; longtemps abandonnée, elle avait retrouvé un certain éclat grâce à la générosité de

1. G. Parker, *La Guerre de Trente Ans*, *op. cit.*, p. 99, p. 104-105.

Rodolphe II. Or, le père abbé Wolfgang Selender, qui dirigeait la communauté des moines depuis 1602, était un zélé partisan de la Contre-Réforme ; il ne tarda pas à s'opposer aux villageois luthériens et allemands pour la plupart. Les protestants réclamèrent en effet pour célébrer leur culte qu'on leur attribue le bâtiment de l'Église catholique. Refus catégorique du père Selender. Les villageois décidèrent alors de construire leur propre temple avec l'appui financier de l'Électeur de Saxe et d'autres princes protestants allemands ; les travaux commencèrent donc en 1611. Le temple en construction se trouvait sur une terre de l'abbaye, donc, selon les protestants, sur une terre royale puisque depuis les *Compactata* et la *Lettre de Majesté*, les biens d'Église étaient propriété royale et l'Église n'en avait que l'usufruit. Or l'abbé de Braunau interdit la poursuite des travaux, estimant que le terrain sur lequel se trouvait le temple appartenait à la seule abbaye, et il accusa les protestants d'avoir utilisé pour la construction des bois provenant des forêts de l'abbaye. Le père Selender s'adressa à l'archevêque de Prague et au chancelier Lobkovic. De leur côté, les villageois se tournèrent vers les Défenseurs qui leur donnèrent raison. Le père Selender, soutenu par l'archevêque de Prague, prétendait que, seul, le gouverneur royal du district, l'*hejtman*, pouvait autoriser la construction d'un temple protestant, après accord préalable du roi. Les protestants décidèrent donc de s'adresser directement au souverain et lui envoyèrent une délégation en décembre 1617, au moment même où celui-ci était en route pour Vienne. L'empereur-roi Mathias leur répondit que la construction était illégale ; selon lui, c'était aux seuls états et non à de simples particuliers qu'il appartenait de décider de la construction d'édifices religieux. Mathias ordonna donc aux protestants de Braunau de fermer leur temple et d'en remettre les clés aux autorités.

L'affaire de Hroby est du même ordre. Klostergrab (Hroby) était un petit village du nord-ouest de la Bohême où, au début de 1617, les protestants avaient entrepris l'édification d'un temple. L'archevêque de Prague ordonna la destruction du temple, arguant qu'il avait été construit sur un domaine relevant de son autorité. Des ouvriers procédèrent à la destruction de l'édifice qui fut achevée le 13 décembre 1617. Les protestants se tournèrent vers les

Défenseurs et envoyèrent également une délégation auprès des Lieutenants-Gouverneurs dont les membres furent aussitôt arrêtés dès leur arrivée à Prague[1]. Cette arrestation arbitraire n'allait pas tarder à mettre le feu aux poudres. Ces conflits entre l'archevêque de Prague et les protestants reposaient sur une interprétation opposée du droit ; les protestants s'en tenaient à l'esprit de tolérance de la *Lettre de Majesté*, tandis que les catholiques invoquaient le principe du *cujus regio ejus religio* défini par la paix d'Augsbourg de 1555[2].

La fin de non-recevoir du pouvoir face aux revendications des protestants de Braunau et Klostergrab provoqua la réaction immédiate des Défenseurs qui convoquèrent à Prague une réunion de l'assemblée restreinte prévue par la Diète de 1610. À ce moment-là, l'empereur Mathias, son successeur désigné l'archiduc Ferdinand et le chancelier Lobkovic se trouvaient à Vienne. Le gouvernement de la Bohême avait été confié en leur absence à un Conseil de régence formé de dix Lieutenants qui appartenaient dans leur immense majorité aux plus grandes familles du royaume. Sept d'entre eux étaient catholiques : le grand burgrave Adam de Sternberk, le grand maître de la Cour Adam de Valdjstein, le grand juge de Bohême Vilem Slawata, le burgrave de Karlov-Tyn Jaroslav Martinic, le vice-chancelier Burghart Tolnik, le juge au Tribunal du royaume et Prieur de l'ordre de Malte Diepolt de Lobkovic et le premier secrétaire Klenovy ; les trois autres étaient utraquistes, le grand chambellan Georges de Talmberk, le juge Charles de Duba et le chevalier Ulrich de Gerstorf[3]. On remarquera que l'élément tchèque était largement majoritaire — neuf sur dix — dans le collège des Lieutenants.

La réunion de l'assemblée restreinte se tint à la mi-mars 1618. Les quelques participants qui y parurent décidèrent d'adresser à l'empereur une longue lettre récapitulative de tous les griefs de la communauté protestante, en insistant tout spécialement sur les incidents de Braunau et de

---

1. H. Sacchi, *La Guerre de Trente Ans, op. cit.*, t. I, p. 245-246 ; et G. Pagès, *La Guerre de Trente Ans, op. cit.*, p. 45-46.
2. P. Belina, P. Čornej et J. Pokorný, *Histoire des Pays tchèques, op. cit.*, p. 185.
3. H. Sacchi, *La Guerre de Trente Ans, op. cit.*, t. I, p. 434.

Klostergrab. La réponse impériale parvint aux Défenseurs lors d'une nouvelle réunion de l'assemblée protestante qui se tint à Prague le 5 mai suivant. Cette fois, les participants étaient venus en plus grand nombre que lors de la réunion de mars. Ils prirent connaissance de la lettre impériale qualifiée aussitôt d'« écrit accablant », expression essentiellement polémique. Que disait en effet l'empereur ? D'abord, Mathias ne remettait pas en question la *Lettre de Majesté*, et c'est par rapport à ce document qu'il prenait position. Selon Mathias, la *Lettre* ne prévoyait pas la construction de temples sur les domaines relevant de l'Eglise catholique , ce qui était exact si l'on s'en tient strictement au texte, mais on peut rétorquer aussi qu'elle ne l'interdisait pas non plus ; en outre, l'empereur contestait la légalité de la tenue de l'assemblée restreinte de mars car cela n'était pas prévu par la *Lettre de Majesté*, et, dès lors, il interdisait la nouvelle réunion prévue pour le 21 mai. En fait, la réponse impériale ne remettait pas en question les principes de la *Lettre* ; elle était rédigée dans le style diplomatique traditionnel, et c'est probablement le chancelier Lobkovic qui en était l'auteur.

Pour les protestants, la lettre impériale était une véritable provocation. Les Défenseurs estimaient que la réponse n'avait pas été rédigée à Vienne car, selon eux, compte tenu des délais de rédaction et de transmission, c'était matériellement impossible, et ils en attribuèrent la paternité aux Lieutenants. Et c'est contre les Lieutenants que se tourna la colère des protestants [1].

★

La nouvelle situation créée par la lettre de l'empereur était particulièrement explosive. Il n'était pas question en effet pour les Défenseurs d'annuler, comme l'exigeait le souverain, la tenue de l'assemblée prévue pour le 21 mai. Bien au contraire, les Défenseurs mirent tout en œuvre pour que celle-ci rassemblât le plus grand nombre possible de participants. Et, effectivement, à côté de la noblesse et des représentants de la bourgeoisie protestante de Prague, allemands et

1. G. Pagès, *La Guerre de Trente Ans*, *op. cit.*, p. 46-47 ; et V. L. Tapié, *La Guerre de Trente Ans*, *op. cit.*, p. 72-73.

tchèques confondus, beaucoup de seigneurs et de chevaliers venus de tout le royaume se rassemblèrent au Carolinum[1] le 21 mai 1618 ; seuls les délégués protestants des villes royales refusèrent de venir siéger. Ouverte dans le calme, l'assemblée commença à se réveiller avec le discours du comte Mathias de Thurn, le porte-parole de la fraction la plus radicale du parti protestant, celui qui, l'année précédente, avait tenté en vain d'empêcher l'élection de Ferdinand de Styrie comme futur roi de Bohême. Dans son discours empreint d'une rare violence, Thurn dénonça la réaction catholique et l'absolutisme royal, et les menaces qu'ils faisaient peser sur « les libertés et les privilèges » du royaume. Peu après l'intervention du comte de Thurn, les Lieutenants royaux firent transmettre aux Défenseurs une invitation à se rendre le surlendemain au château du Hradschin pour prendre connaissance d'un nouveau message de l'empereur Mathias réitérant son interdiction de tenir une nouvelle assemblée. Des négociations s'engagèrent aussitôt entre les Défenseurs et les représentants des Lieutenants pour fixer les conditions de la rencontre du 23 mai. Les Défenseurs exigèrent que les représentants de l'assemblée puissent monter au château royal en armes. Ils voulaient aussi montrer leur force, et ils redoutaient en même temps de tomber dans un guet-apens et d'être arrêtés. Les Lieutenants, étonnés, acceptèrent la demande des Défenseurs, ce qui montrait clairement et leur bonne foi, et leur volonté de trouver un terrain d'entente avec les États protestants.

L'affaire aurait sans doute pu se régler par la négociation et aboutir à un compromis acceptable pour les deux parties. Mais les extrémistes protestants, hostiles aux Habsbourg, ne voulaient pas en rester là et étaient décidés à profiter de la situation pour imposer leur objectif final. La veille du jour prévu pour la montée au château, c'est-à-dire le 22 mai, une réunion des chefs protestants les plus radicaux eut lieu chez l'un d'entre eux, Albert de Smircky, au palais Montaigu, réunion à laquelle participèrent, aux côtés du comte de Thurn, le comte de Roupov, l'un des chefs des Frères de l'Unité Vaclav Budovec, Joachim Slik, le prince Kinsky,

1. Le Carolinum, situé au cœur de la vieille ville, était un immense bâtiment de style gothique construit au XIVe siècle ; il fut attribué en 1383 à l'Université par l'empereur Charles IV.

tous adversaires déclarés des Habsbourg. Les conjurés mirent au point un complot visant à éliminer, après un simulacre de procès, les Lieutenants considérés comme les plus hostiles aux protestants, Martinic et Slawata, et ainsi à provoquer une rupture irréparable entre les états protestants et le pouvoir royal. Les agents du comte de Thurn, pendant ce temps, encourageaient la population de Prague à se mobiliser contre l'absolutisme royal ; et, effectivement, dans la nuit du 22 au 23 mai, des groupes se formèrent dans les rues étroites de la vieille ville, laissant présager l'émeute.

Le 23 mai au matin, venus de la ville basse et après avoir franchi par le pont Charles la Vltava (Moldau), les délégués de l'assemblée en armes, suivis d'une foule nombreuse, pénétrèrent dans le château par la porte Mathias ; ils se dirigèrent aussitôt vers la salle gothique Vladislas, immense salle avec son plafond original, en forme de voûte ornée du monogramme W (Vladislas II). C'est dans cette salle, qui pouvait contenir plusieurs centaines de personnes, que l'un des Défenseurs de la foi lut à la foule rassemblée le texte d'une déclaration où étaient développés tous les griefs du parti protestant contre l'action politique menée jusque-là par les Lieutenants du roi ; on y dénonçait les tentatives de reprise en main du pays et l'influence grandissante des Jésuites. Puis, les délégués des États protestants conduits par le comte de Thurn passèrent à l'étage supérieur, dans une salle où se trouvaient quatre des Lieutenants royaux, Adam de Sternberk, Diepolt de Lobkovic, Vilem Slawata et Jaroslav Martinic, ainsi qu'un secrétaire, un certain Fabricius. La rencontre entre les Lieutenants et les délégués des états tourna aussitôt à l'affrontement. La relation qu'en a laissée Slawata donne une idée de la tension extrême qui régnait. Aussitôt, les Défenseurs accusèrent les Lieutenants d'avoir eux-mêmes rédigé la réponse au *memorandum* qu'ils avaient adressé en mars à l'empereur, puis ils portèrent leurs attaques contre Martinic et Slawata jugés principaux responsables. Ceux-ci, en proie à la plus vive inquiétude, tentèrent en vain de répondre aux accusations dont ils étaient victimes. Mais, au milieu des cris hostiles de la foule qui avait envahi les salles du château, ils ne purent se faire entendre. L'un des Défenseurs, Slik, proposa de condamner à mort les deux Lieutenants, coupables selon lui d'avoir « violé la *Lettre de Majesté* », d'avoir « mené une politique injuste, contraire aux lois du royaume » ; Slawata et Martinic, selon lui, méritaient la mort et devaient être exécutés immédiatement « selon les usages du royaume », c'est-à-dire par la défenestration.

Malgré leurs supplications, rien n'y fit ; Slawata et Martinic, ainsi que le secrétaire Fabricius dont la seule erreur était de s'être trouvé là au mauvais moment, furent précipités par l'une des fenêtres du château d'une hauteur de quinze mètres.

Par chance, malgré la hauteur de la chute, les trois hommes s'en tirèrent avec seulement quelques contusions ; seul Slawata fut blessé d'une balle tirée du château. Mais les trois victimes purent se réfugier dans le château du chancelier Lobkovic où ils furent secourus par la femme du chancelier, Polyxène, et par ses domestiques [1]. De là, Slawata et Martinic quittèrent la ville le soir même pour la Bavière.

★

Les hypothèses allèrent bon train pour expliquer la chance inouïe dont bénéficiaient les trois « défenestrés » après une telle chute. On put parler de miracle et on ne s'en priva pas dans le camp catholique. Martinic, au moment où il allait être projeté dans le vide, n'avait-il pas appelé à l'aide le Ciel en implorant « Jésus ! Maria ! » ce à quoi avait rétorqué ironiquement l'un des conjurés Ulrich Kinsky : « On va voir si ta Maria te protégera. » Et Marie l'avait effectivement sauvé d'une mort certaine ! Dans ce monde du XVIIe siècle tout empreint de religiosité dans les milieux proches de la Contre-Réforme où l'on invoquait sans cesse le merveilleux, le fait que trois hommes jetés par une fenêtre d'une hauteur de quinze mètres aient pu ainsi s'en réchapper ne pouvait être que le fait d'une intervention divine. Et ce « miracle » de Prague fut suivi quelques semaines plus tard par un autre « miracle » que nous évoquions précédemment, celui qui avait sauvé des flammes du château de Presbourg la Sainte Couronne de Hongrie à la veille du couronnement du roi désigné de Hongrie, Ferdinand. Pour Ferdinand et son entourage, la cause qu'il défendait, celle de la Contre-Réforme, était donc juste et approuvée par le Ciel.

---

1. G. Pagès, *La Guerre de Trente Ans*, *op. cit.*, p. 47-49 ; et V.L. Tapié, *La Guerre de Trente Ans*, *op. cit.*, p. 72-74.

4

LA RÉVOLUTION EN BOHÊME ET SON ÉCHEC (1618-1620)

Qui aurait pu croire, au lendemain de la « défenestration de Prague », que cet incident, regrettable certes mais ponctuel, allait devenir le point de départ d'un conflit trentenaire qui mit à feu et à sang tout le centre de l'Europe, de la Meuse jusqu'à la Vistule, de la mer du Nord et la Baltique jusqu'aux rives de l'Adriatique ? Pour les contemporains, il ne s'agissait que d'une révolte de la Bohême, ou plutôt des ordres de Bohême contre le monarque, une de ces nombreuses révoltes, habituelles dans l'Europe de cette époque, où les ordres attachés à leurs privilèges tentaient de s'opposer à la politique centralisatrice des souverains. Cela avait été le cas par exemple en France dans les premières années du règne de Louis XIII où la noblesse des provinces avait tenté de limiter le pouvoir royal en profitant de la minorité du jeune roi. Il est vrai que, en Bohême, le conflit politique était aggravé par sa dimension religieuse. Révolte des ordres contre le pouvoir royal certes, mais révolte aussi des protestants contre les menaces que faisait peser sur eux la Contre-Réforme.

Le 23 mai 1618 au soir, les conjurés, à leur grande surprise, se trouvaient maîtres du pouvoir. Pourtant, au sein même des états protestants de Bohême, les éléments modérés prenaient conscience de la gravité de la situation créée par l'entreprise audacieuse de Mathias de Thurn et de ses amis, et des conséquences fâcheuses qu'elle risquait de provoquer. Les conjurés eux-mêmes, quelque peu embarrassés, réaffirmaient leur loyalisme à l'égard de l'empereur Mathias mais dénonçaient en même temps les abus de pouvoir des Lieutenants-Gouverneurs, ce qui, à leurs yeux, justifiait leur action.

Pour remplacer les Lieutenants aussitôt démis de leurs fonctions, les états protestants mirent en place dès le 24 mai un gouvernement provisoire présidé par Vilem de Roupov, un calviniste d'origine morave très lié aux milieux intellectuels protestants de l'Empire. Ce gouvernement — le Directoire de Bohême — était composé de trente Directeurs à raison de dix Directeurs pour chacun des trois ordres représentés à la Diète. On trouvait parmi eux les principaux organisateurs du complot, Smircky, Budovec, Slik. Quant à Mathias de Thurn, on lui confia le commandement des quelque quatre mille hommes qui constituaient alors l'armée de Bohême.

Le nouveau pouvoir pouvait compter sur l'appui des élites non catholiques, l'aristocratie, les chevaliers, la bourgeoisie — mais pas dans toutes les villes —, allemands et tchèques unis pour la défense de la liberté religieuse. Dans les milieux populaires, en revanche, on était loin d'une telle unanimité. Certes, le petit peuple de Prague avait, le 23 mai, répondu à l'appel de Mathias de Thurn et avait soutenu les conjurés. Mais, dans les campagnes, les paysans étaient restés quelque peu passifs car ils souffraient de l'augmentation sensible des charges seigneuriales qui s'était produite au cours des dernières décennies. S'ils acceptaient de soutenir les seigneurs, c'était en échange de l'abaissement des charges et de l'abolition de la corvée[1]. Par bien des côtés, la révolte de la Bohême se présentait comme une révolte des privilégiés plutôt que comme une révolte de l'ensemble de la population.

Le Directoire prit aussitôt deux mesures spectaculaires : l'expulsion immédiate des Jésuites et la confiscation des biens d'un certain nombre de personnalités catholiques, en particulier ceux des Lieutenants-Gouverneurs les plus compromis. En même temps, les états adressèrent aux princes protestants de l'Empire et aux principales cours européennes amies une *Apologie* pour justifier les événements du 23 mai. Ils voulaient expliquer la « cruelle nécessi-

1. J. Macek et R. Mandrou, *Histoire de La Bohême des origines à 1918, op. cit.*, p. 204.

té » qui les avait poussés à agir pour défendre la liberté religieuse et les « droits et privilèges » traditionnels du royaume. Une seconde *Apologie* fut envoyée aux mêmes destinataires au mois de septembre.

Dans les « provinces incorporées », les événements de Prague suscitèrent des réactions différentes. Si les Lusaces et la Silésie approuvèrent chaleureusement l'action des conjurés tchèques, la Moravie, suivant en cela les conseils de Charles de Zerotin, opta pour une attitude prudente de neutralité. Mais c'est la réaction de Vienne qu'on attendait avec le plus d'inquiétude. Or, jusqu'au mois d'août, l'attentisme fut de rigueur, et le contact fut maintenu discrètement entre le gouvernement impérial et le Directoire pragois. L'empereur Mathias, usé par l'âge et par la maladie, ne jouait plus qu'un rôle passif, mais son entourage était partagé. Le cardinal Khlesl, le Premier ministre, s'efforçait de calmer les esprits et optait pour la négociation avec les états protestants. Au contraire, l'archiduc Ferdinand, le successeur désigné de Mathias, poussé par l'ambassadeur espagnol Oñate et par le chancelier Lobkovic, entendait ramener à l'obéissance ses sujets bohêmes et préconisait une action de force contre le Directoire, quitte à pardonner à ceux qui feraient leur soumission. La destitution et l'arrestation du cardinal Khlesl le 18 juillet, entérinée par l'empereur, clarifia la situation. La ligne dure préconisée par l'archiduc Ferdinand triomphait, et l'on s'achemina lentement vers un conflit armé entre le pouvoir impérial et les rebelles tchèques[1]. Mais personne ne s'aventurait encore à entreprendre une action militaire conséquente avant d'avoir obtenu les appuis extérieurs indispensables.

A Vienne, l'archiduc Ferdinand, qui exerce depuis le renvoi de Khlesl un pouvoir de fait, ne dispose que d'un nombre réduit de troupes disponibles. L'essentiel de ses forces militaires se trouve sur le front hongrois où il doit faire face à la menace permanente des Turcs malgré la paix conclue en 1606 à Zsitvatorok, mais aussi aux intrigues du prince protestant de Transylvanie, Gábor Bethlen (1613-1629), qui caressait le rêve de reconstituer la Grande-Hongrie en unissant sous son autorité la Transylvanie et la Hongrie royale avec l'appui ottoman. Bethlen, par ailleurs,

---

1. H. Sacchi, *La Guerre de Trente Ans*, *op. cit.*, t. I, p. 255.

s'était réjoui de la révolte de la Bohême et était entré en contact avec le Directoire de Prague [1]. L'archiduc Ferdinand retira cependant quelques troupes de Hongrie et les envoya en Bohême occuper la ville de Budweis (Budejovice) qui lui était restée fidèle ; ces troupes furent placées sous le commandement d'un capitaine wallon, Bucquoy, mis à sa disposition par le gouverneur des Pays-Bas espagnols, l'archiduc Albert. Au même moment, le Directoire reçut quelques renforts de mercenaires allemands commandés par le comte de Mansfeld, qui s'emparèrent de Pilsen, une autre ville catholique restée fidèle à l'empereur [2]. Dans les deux cas, il ne s'agissait pas de véritables opérations militaires — encore que les populations civiles en subirent les effets ravageurs —, mais on était en présence de « gesticulations militaires » destinées à intimider la partie adverse. Chaque camp comptait sur des appuis extérieurs d'importance pour faire triompher sa cause. Ferdinand comptait sur l'aide de ses alliés traditionnels, l'Espagne et les princes catholiques de l'Empire, pour écraser la rébellion de ses sujets protestants ; le Directoire espérait vivement que les princes protestants d'Allemagne et la France le soutiendraient dans son combat pour la défense des libertés de la Bohême. D'un côté comme de l'autre, les espoirs furent vite déçus. Les Espagnols ne semblaient pas disposés à apporter une aide militaire à Mathias et à Ferdinand ; le roi Philippe III se débattait dans des difficultés économiques mal maîtrisées par le gouvernement. L'autre Etat catholique susceptible d'aider les Habsbourg était la Bavière, mais le duc Maximilien, pourtant chef de la Ligue catholique, ne voulait pas s'engager. Il caressait l'idée de se porter candidat à l'Empire lors de la mort prochainement prévisible de l'empereur Mathias, et, dès lors, il voulait ménager les princes protestants d'Allemagne. Aux Pays-Bas espagnols enfin, le gouverneur, l'archiduc Albert, frère cadet de l'empereur Mathias, aurait volontiers envoyé des troupes mais il redoutait pour l'heure que les Hollandais ne reprennent la guerre à l'expiration de la trêve de Douze Ans conclue en 1609, et, de ce fait, il préféra dans l'immédiat conserver sur place toutes les forces dont il disposait. A Rome, le pape, l'allié

1. L. Makkai, *Histoire de Transylvanie*, Paris, 1946, p. 224.
2. G. Pagès, *La Guerre de Trente Ans, op. cit.*, t. I, p. 52.

traditionnel des Habsbourg, ne cherchait pas à envenimer le conflit. Paul V s'adressa donc au roi de France Louis XIII pour le pousser à imposer sa médiation[1]. Louis XIII, en tant que roi catholique, avait d'ailleurs été sollicité par l'empereur Mathias. Le roi de France, en effet, en conflit à ce moment-là avec les protestants de Béarn, n'était guère favorable aux protestants de Bohême en qui il voyait des sujets rebelles, en révolte contre leur souverain légitime[2]. Cette attitude nouvelle de la France s'explique aussi par le fait que, depuis juin 1617, le parti catholique, avec le comte de Luynes, exerce une grande influence sur Louis XIII. Pourtant, depuis l'affaire de la succession de Juliers, les princes protestants allemands de l'Union évangélique étaient théoriquement les alliés de la France. En fait, Louis XIII choisit la voie de la neutralité. Le père Joseph, le futur conseiller de Richelieu, dans un libelle intitulé *Discours sur les affaires de Bohême* publié au début de l'année 1619, recommandait au roi d'imposer son arbitrage aux deux parties afin d'empêcher l'extension éventuelle du conflit[3]. Le Directoire de Prague, lui aussi, s'était tourné vers Louis XIII mais en vain. Tout ce qu'il put obtenir de Paris, ce fut des conseils de modération. Ce ne fut d'ailleurs pas la seule déception des révolutionnaires tchèques. Les puissances protestantes d'Occident, elles aussi, restèrent insensibles aux appels à l'aide du Directoire. Dès le début, le roi Jacques Ier d'Angleterre condamna les événements de Prague ; lui qui tentait de renforcer dans son pays le pouvoir royal face à un Parlement jaloux de ses droits ne pouvait cautionner, et encore moins aider, un mouvement révolutionnaire. Les Provinces-Unies, divisées alors par un conflit entre protestants modérés (arminiens) et protestants radicaux (gomaristes), redoutaient la reprise de la guerre avec l'Espagne et n'entendaient pas intervenir en Bohême, même si les sympathies des calvinistes hollandais allaient aux protestants de Bohême. Quant à l'Union évangélique, les représentants des princes et des villes qui la composaient, réunis au début d'octobre 1618 à Rothenburg-ob-der Tauber, demandèrent aux deux parties de rechercher un compromis. Ainsi,

1. H. Sacchi, *La Guerre de Trente Ans, op. cit.*, t. I, p. 264-268.
2. V. L. Tapié, *La France de Louis XIII et de Richelieu, op. cit.*, p. 135.
3. *Ibid.*, p. 139.

personne ou presque n'était disposé à aider militairement et même financièrement le Directoire de Prague. Seuls l'Électeur palatin Frédéric V, le prince d'Anhalt et le margrave d'Ansbach étaient favorables à une action militaire, mais les princes luthériens, et surtout les villes libres d'Empire à l'exemple de Strasbourg, étaient fermement opposés à une intervention dans les affaires de Bohême [1].

★

Durant l'hiver 1618-1619, la situation militaire n'évolua guère en Bohême. La majeure partie du pays était tenue par les troupes du Directoire et les quelques renforts de mercenaires allemands sous les ordres du comte de Mansfeld, envoyés là aux frais du duc de Savoie, et qui s'étaient illustrés en novembre 1618 en s'emparant de Pilsen. Quant aux troupes impériales que commandaient les généraux Bucquoy et Dampierre, elles tenaient les régions frontières du Sud à partir des places fortes de Budweis (Budejovice) et de Krumlau (Krumlov), ce qui leur permettaient de contrôler les routes conduisant à Linz et à Passau.

En revanche, l'activité diplomatique fut intense au cours de ces mois d'hiver. Il y eut d'abord les intrigues du duc de Savoie, Charles-Emmanuel, l'allié traditionnel de la France et l'adversaire perpétuel des Habsbourg de Madrid et de Vienne pour le contrôle de l'Italie du Nord. L'aide financière et militaire que Charles-Emmanuel fournissait aux révolutionnaires bohêmes par l'intermédiaire de Mansfeld était loin d'être désintéressée. Elle faisait partie d'un plan à long terme qui devait déboucher dans un premier temps sur l'élection du duc de Savoie comme roi de Bohême, ce qui, dans un second temps, devait lui permettre de poser sa candidature au trône impérial lorsque celui-ci serait vacant. Mais le duc de Savoie comptait sans les ambitions du chef de l'Union évangélique, l'Électeur palatin Frédéric V, qui, lui aussi, aspirait à ceindre la couronne de saint Venceslas. On était là bien loin du conflit opposant les états de Bohême à l'empereur [2].

Les ponts cependant n'étaient pas rompus entre Vienne

1. V. L. Tapié, *La Guerre de Trente Ans, op. cit.*, p. 80-84.
2. H. Sacchi, *La Guerre de Trente Ans, op. cit.*, t. I, p. 277.

et Prague, et de tierces puissances tentaient de s'interposer. La Diète de Hongrie, par exemple, où la majorité protestante ne cachait pas ses sympathies pour le gouvernement de Prague tout en demeurant loyale à l'égard de Mathias et de Ferdinand, avait offert sa médiation, mais l'empereur avait rejeté cette proposition en janvier 1619. En revanche, l'empereur, mis au courant des intrigues du duc de Savoie, avait accepté le principe de la réunion pour le 14 avril d'une commission d'arbitrage formée de quatre princes allemands, deux protestants — l'Électeur de Saxe, un luthérien, et l'Électeur palatin, un calviniste — et deux catholiques — le duc de Bavière et l'Archevêque-Electeur de Mayence. La réunion devait avoir lieu à Eger (Cheb), une ville du nord de la Bohême qui était possession de l'Electorat de Mayence.

La rencontre d'Eger n'eut jamais lieu — mais qu'en serait-il sorti ? nul ne le sait — car, trois semaines avant la date prévue, à Vienne, le 20 mars 1619, s'éteignait l'empereur Mathias, ouvrant ainsi une double succession, celle au trône de Bohême et celle au trône impérial.

A Prague, la nouvelle de la mort de Mathias suscita de la part de la population et des autorités un dernier sursaut de loyalisme. Les cloches de toutes les églises, suivant en cela l'exemple de la cathédrale Saint-Guy, sonnèrent le glas pendant de longues heures. Des services religieux furent célébrés pour le repos de l'âme du vieil empereur dans les églises catholiques aussi bien que dans les temples protestants. Tout se passait comme si on voulait rendre hommage au roi défunt mais en même temps marquer solennellement la fin d'une époque, celle du règne des Habsbourg en Bohême.

En principe, la couronne de saint Venceslas revenait de droit au roi désigné et élu en 1617, l'archiduc Ferdinand, Ferdinand II désormais. Le premier acte du nouveau souverain fut d'adresser aux états de Bohême une lettre pour leur annoncer officiellement la mort de l'empereur Mathias et pour leur faire part de son accession au trône ; le nouveau roi s'engageait aussi à confirmer et à respecter les « droits et privilèges du royaume ». Les états refusèrent de prendre connaissance de la lettre royale qui fut renvoyée à Vienne. Pour les états comme pour le Directoire, l'élection royale de 1617 n'était pas valide, et le trône de Bohême se trouvait donc vacant. La rupture était ainsi consommée entre le roi Ferdinand II et les représentants de ses sujets de Bohême.

La mort de l'empereur Mathias avait créé en Europe centrale une situation nouvelle qui ouvrait la porte à toutes les ambitions et à toutes les aventures.

D'abord en Moravie, les états qui jusque-là avait conservé, sur le conseil de Charles de Zerotin l'Ancien, leur loyauté aux Habsbourg, optèrent pour une politique de soutien actif au gouvernement de Prague, comme le faisaient déjà la Silésie et les Lusaces. Ils mirent à la disposition de Mathias de Thurn les quelque cinq mille hommes que Zerotin avait fait lever en prévision d'une attaque extérieure. Les troupes de Mathias de Thurn entrèrent en Moravie ; Charles de Zerotin fut chassé du pouvoir et un Directoire de Moravie fut constitué selon le modèle de celui de Prague. Le royaume de Bohême retrouvait ainsi son unité. La Silésie, ralliée dès le début au Directoire de Prague, mit à sa disposition des troupes commandées par Jean-Georges Krnovsky[1].

En Haute-Autriche, la Diète, sous l'influence d'un noble calviniste Georges-Erasme de Tschernembl, défenseur du droit des états face au pouvoir royal, estima que, selon le droit local, l'hérédité du trône se fait au profit du parent le plus proche du monarque défunt. Or, Ferdinand n'était que le cousin de Mathias alors que Mathias avait un frère vivant, l'archiduc Albert, le gouverneur des Pays-Bas espagnols. Du coup, la Diète de Haute-Autriche considéra comme illégale la renonciation à la succession faite par l'archiduc Albert en 1617, car cette renonciation au profit de Ferdinand n'avait pas été entérinée par elle. La Haute-Autriche à son tour rejetait Ferdinand, et elle fut suivie par la Basse-Autriche. Les bases mêmes de la puissance habsbourgeoise se dérobaient sous les pieds du successeur officiel de l'empereur Mathias[2]. À la défection de l'Autriche s'ajoute l'entrée en lice du prince de Transylvanie, Gábor Bethlen. Jusque-là, Bethlen s'était contenté de soutenir verbalement les nouveaux dirigeants de Prague, mais il hésitait à rompre avec l'empereur Mathias. La mort du souverain mit fin à

1. J. Macek et R. Mandrou, *Histoire de la Bohême des origines à 1918, op. cit.*, p. 207.

2. V. L. Tapié, *La Guerre de Trente Ans, op. cit.*, p. 86-91.

ses hésitations, et aussitôt Bethlen entra en relation avec les protestants de la Diète hongroise conduits par Émile et Stanislas Thurzó, ainsi qu'avec deux puissants seigneurs de l'est de la Hongrie, Georges Rákoczi et Georges Széchi, pour les pousser à la révolte contre Ferdinand[1]. Pour l'aristocratie protestante de Hongrie, Gábor Bethlen pouvait être le roi national idéal à opposer au roi étranger Ferdinand[2].

La position de Ferdinand devenait particulièrement délicate. La révolte s'étendait dans toutes les possessions héréditaires des Habsbourg. Le roi se trouvait bloqué à Vienne dans son palais de la Hofbourg au milieu de sujets hostiles. Les forces impériales étaient dispersées ; l'armée de Bucquoy était bloquée à Budweis et celle de Dampierre s'était retranchée à Krems en Basse-Autriche, à quelque quatre-vingts kilomètres de Vienne.

Au début de mai 1619, Thurn, avec dix mille hommes, se décida à envahir l'Autriche à partir de la Moravie. Bloqué pendant deux semaines par le siège de Laa an der Thaya dont il ne put s'emparer, il reprit la route de Vienne par Klosterneubourg et commença le siège de la capitale dès le 6 juin. La veille, Ferdinand II, aux prises avec les représentants de la Diète de Basse-Autriche, avait repris en main la situation grâce à l'arrivée de quatre cents dragons envoyés d'urgence par Dampierre[3]. D'autres renforts avaient entre-temps rejoint l'armée de Bucquoy en Bohême du Sud. Il s'agissait de mille cavaliers levés dans l'évêché de Passau, à la tête desquels se trouvait un condottiere d'origine morave fidèle aux Habsbourg, Albert de Valdstein, plus connu sous la forme germanique de son nom, Wallenstein, et qui, en quelques années, allait s'affirmer comme l'un des meilleurs chefs de guerre de son temps. Les armées impériales, avec Bucquoy et Dampierre, sans attendre plus longtemps, envisagèrent de marcher sur Prague en remontant la vallée de la Vltava. Mansfeld et ses mercenaires tentèrent de les arrêter, mais la rencontre entre les deux armées qui eut lieu le 10 juin près du village de Zablati à l'ouest de Budweis tourna à l'avantage des Impériaux. Certes, la bataille de Zablati n'appartient en aucune façon à la lignée des grands

1. L. Makkai, *Histoire de Transylvanie, op. cit.*, p. 224-225.
2. B. Köpeczi, *Histoire de la Transylvanie*, Budapest, 1992, p. 306-310.
3. H. Sacchi, *La Guerre de Trente Ans, op. cit.*, t. I, p. 290-292.

exploits militaires qui illustrèrent la guerre de Trente Ans, il s'en faut de beaucoup. Toutefois, elle obligea Mathias de Thurn à lever le siège de Vienne et à ramener ses troupes en Bohême ; elle permit aussi à Ferdinand II de disposer de documents prouvant les ambiguïtés de l'attitude du duc de Savoie. Dans les papiers abandonnés par Mansfeld dans sa fuite, on découvrit une partie de la correspondance échangée entre celui-ci et le duc de Savoie ; la collusion entre le duc de Savoie et les rebelles de Bohême apparaissait ainsi au grand jour. La bataille de Zablati montra aussi les faiblesses de l'organisation des armées de Bohême ; on put alors constater en effet qu'il existait une sourde rivalité entre les chefs militaires, car ni le prince de Hohenlohe, ni Colonna von Fels, qui l'un et l'autre disposaient de troupes, n'aidèrent Mansfeld[1]. Et, tandis que les chefs militaires se disputaient la prééminence, les populations civiles subissaient les violences et les exactions de la soldatesque.

L'essentiel cependant se passait hors des champs de bataille, car dans un camp comme dans l'autre, on cherchait à combler le vide politique laissé par la disparition de l'empereur Mathias. Du côté de Ferdinand II, les choses étaient simples ; roi désigné de Bohême depuis 1617 et à ce titre membre de droit du collège électoral, héritier désigné de la dignité impériale, il lui fallait faire légaliser sa situation par une élection au trône impérial en bonne et due forme. Le 11 juillet, Ferdinand II quitta Vienne, puis, par Salzbourg et Munich, parvint à Francfort-sur-le-Main où devait se réunir le collège électoral que présidait traditionnellement l'Archevêque-Électeur de Mayence, chancelier d'Empire, Schweikhard von Cronberg. Des envoyés de la Diète de Bohême tentèrent bien de faire exclure du collège électoral Ferdinand II car, selon eux, son élection comme roi de Bohême n'était pas valide, mais l'archevêque de Mayence rejeta leur demande.

On pouvait donc procéder à l'élection impériale. Restait à savoir s'il y avait d'autres candidats en dehors de Ferdinand. Certains songeaient à la candidature du duc Maximilien de Bavière, un catholique zélé soutenu discrètement par les représentants officieux de la France, mais le duc avait promis à Ferdinand, son ancien condisciple au collège d'In-

1. V. L. Tapié, *La Guerre de Trente Ans, op. cit.*, p. 90-91.

golstadt, qu'il ne se présenterait pas contre lui. Le duc de Savoie aurait pu, en tant que prince catholique, faire un candidat acceptable, mais ses intrigues avec les révolutionnaires de Bohême avaient été fort peu appréciées des souverains européens, très attachés au principe de légitimité. Ferdinand II fut donc élu le 28 août 1619, à l'unanimité du collège électoral. Même le représentant de l'Électeur palatin Frédéric V, le comte de Solms, avait voté pour le Habsbourg ; il avait reçu pour instruction de voter pour le duc de Savoie, mais si le duc de Savoie n'avait pas d'autre voix que la sienne, il devait se rallier à la majorité, et c'est ce qu'il fit en donnant sa voix à Ferdinand [1]. Le 9 septembre, le nouvel empereur fut couronné dans la cathédrale de Francfort où il reçut le serment de fidélité de ses vassaux. La journée se termina par le traditionnel banquet au *Römerhaus*, l'hôtel de ville de Francfort.

★

Les états de Bohême, pendant ce temps, avaient redoublé d'activité. Réunis à Prague depuis le 13 juillet, les représentants des trois ordres adoptèrent le 21 une nouvelle Constitution qui faisait de l'ancien royaume une Confédération, la *Confederatio Bohemica*, constituée de cinq États indépendants et souverains, la Bohême, la Moravie, la Silésie et les deux Lusaces. Cette Confédération était ouverte aux autres pays de la monarchie habsbourgeoise qui souhaiteraient y adhérer ; on songeait alors à la Haute et Basse-Autriche [2], et même éventuellement à la Hongrie où le parti protestant et le prince de Transylvanie Bethlen étaient favorables à une telle coalition dirigée contre les Habsbourg. La nouvelle Constitution de Bohême reprit à son compte les principes de liberté religieuse définis par la *Lettre de Majesté* de 1609 — et ce pour rassurer la minorité catholique —, ce qui n'empêchait pas que les Jésuites demeuraient bannis du royaume et que les catholiques occupant des charges dans l'État étaient tenus de s'engager par serment à observer les

1. H. Sacchi, *La Guerre de Trente Ans, op. cit.*, t. I, p. 295-302 ; et V. L Tapié, *La Guerre de Trente Ans, op. cit.*, p. 96.

2. Une alliance entre la Confédération et les protestants de Haute et de Basse-Autriche pour défendre les libertés religieuses fut conclue le 19 août.

dispositions de la *Lettre de Majesté*. La Constitution mettait fin à l'hérédité de la monarchie qui s'était peu à peu introduite en Bohême avec les Habsbourg. Désormais, le roi serait élu par la Diète, et il lui serait interdit de faire élire de son vivant son successeur. La fonction royale devient alors purement honorifique car c'est à la Diète seule qu'appartient le pouvoir législatif ; elle seule, et après consultation des Défenseurs, peut conclure des alliances avec des pays étrangers et décider d'actions militaires à l'extérieur. De plus, chacun des membres de la confédération dispose de son propre gouvernement, de sa propre administration. La seule institution commune est le Directoire dont les membres sont désignés séparément par les Diètes provinciales.

Une fois la Constitution approuvée, les États procédèrent à l'élection d'un nouveau roi, puisque, confirmant leurs prises de position antérieures, ils avaient le 19 août prononcé solennellement la déchéance de Ferdinand. Certains députés étaient favorables au duc de Savoie, d'autres à l'Électeur de Saxe, mais la majorité se prononça en faveur du chef de l'Union évangélique, l'Électeur palatin Frédéric V. Le nouveau roi de Bohême, âgé seulement de vingt-deux ans, avait pour lui d'être marié à la fille du roi d'Angleterre Jacques Ier, Élisabeth, et d'être soutenu par l'autre grande puissance protestante d'Occident, les Provinces-Unies. Il avait l'appui des chefs militaires de l'Union évangélique, Christian d'Anhalt et le margrave d'Ansbach. En revanche, un certain nombre de membres de l'Union, notamment les villes libres d'Empire, craignaient que l'accession au trône de Bohême du Palatin ne débouche sur un conflit armé dans l'Empire. Ils rejoignaient ainsi le point de vue du gouvernement français. Néanmoins, poussé par sa femme, Frédéric V accepta « comme un appel de Dieu » son élection au trône de Bohême et arriva à Prague le 31 octobre. Peu après, le 4 novembre, le nouveau roi de Bohême et sa femme furent couronnés en la cathédrale Saint-Guy après avoir prêté serment à la Constitution[1]. Le couple royal se rendit ensuite à Brünn et à Breslau

1. H. Sacchi, *La Guerre de Trente Ans, op. cit.*, t. I, p. 307-308 ; et G. Pagès, *La Guerre de Trente Ans, op. cit.*, p. 61-62.

(Wroclaw) pour y recevoir l'hommage des sujets moraves et silésiens.

★

Fort de son titre impérial nouvellement acquis, Ferdinand II ne pouvait rester passif devant l'acte de félonie que constituait l'acceptation de la couronne de Bohême par le Palatin. Mais les forces réduites dont il disposait à l'automne 1619 ne lui permettaient pas d'envisager dans l'immédiat la reconquête de la Bohême. Les armées de Bucquoy et de Dampierre stationnaient en Basse-Autriche de Krems à Vienne. C'est là que se jouait le destin de l'Empire. En effet, depuis la fin août, le prince de Transylvanie, Gábor Bethlen, avait repris la guerre contre Ferdinand II, et les débuts de la campagne lui avaient permis de prendre les principales villes de la Haute-Hongrie qui relevait de l'autorité des Habsbourg. Le 14 octobre, Bethlen s'emparait de Pozsony (Presbourg), la capitale de la Hongrie royale, la ville où siégeait la Diète, à moins de soixante-dix kilomètres de Vienne. La menace était sérieuse, d'autant plus que Bethlen avait mis à la disposition de la Confédération de Bohême et de ses alliés dix mille cavaliers. Le prince, qui misait sur un soutien actif des Turcs, décida de marcher sur Vienne, et, en novembre, ses troupes se déployèrent à proximité de la capitale impériale où elles firent leur jonction avec l'armée de la Confédération grossie de contingents envoyés par les protestants de Haute et de Basse-Autriche. Cependant, au cours de l'hiver, les forces impériales de Hongrie aidées par les Polonais réussirent à redresser la situation, ce qui obligea Bethlen à lever le siège de Vienne et à se replier sur Pozsony après avoir conclu en janvier 1620 une trêve avec les généraux de Ferdinand II, valable jusqu'à la fin septembre suivant. Cette trêve ne changeait en rien la volonté de Bethlen d'en finir avec les Habsbourg car, la veille de la conclusion, il avait signé avec les coalisés protestants une « alliance perpétuelle [1] ».

Du côté de Ferdinand II, on ne restait pas inactif. On

1. *Magyarország története* (« Histoire de Hongrie »), t. III, 1526-1686, Budapest 1985, vol. 1, p. 812-825.

recherchait des alliés. Après avoir quitté Francfort à la mi-septembre, une fois achevées les fêtes du couronnement, l'empereur avait repris le chemin de Vienne. En cours de route, il s'arrêta à Munich. Le 8 octobre, Ferdinand II signait avec le duc de Bavière Maximilien, le chef de la Ligue catholique, un accord selon lequel le Wittelsbach s'engageait à fournir à l'empereur une armée de vingt-cinq mille hommes. En raison de ses difficultés financières, Ferdinand II donnait au duc de Bavière le droit d'occuper la Haute-Autriche jusqu'à ce que soient remboursées toutes les dépenses engagées pour le recrutement de ces mercenaires. Puis l'empereur quitta la Bavière et, par Graz et le Semmering, le 27 novembre il regagna Vienne où la population participait déjà activement à la défense de la ville assiégée par les armées de Gábor Bethlen et de Mathias de Thurn.

Pendant tout l'hiver 1619-1620, Ferdinand II déploya une intense activité diplomatique pour isoler Frédéric V et ses alliés, et en vue d'obtenir une aide militaire des souverains catholiques. Il pouvait déjà compter sur la Ligue catholique et sur son chef Maximilien de Bavière qui, dès décembre, avait commencé le recrutement des mercenaires promis ; il pouvait compter aussi sur le roi de Pologne, Sigismond III, qui, en Haute-Hongrie, menait la vie dure aux partisans de Bethlen, et qui, en Galicie, avait repoussé victorieusement une attaque de leur allié turc. Mais ce n'était pas suffisant. Le roi d'Espagne, Philippe III, n'était pas disposé à intervenir dans l'immédiat. Restait le roi de France. L'empereur envoya à Paris une ambassade extraordinaire conduite par le comte de Fürstenberg en vue d'obtenir une aide militaire de la France. Fürstenberg fut reçu par Louis XIII le 5 décembre et lui transmit un message de son maître. Le roi de France, pour des raisons de solidarité monarchique et aussi par hostilité à l'égard des protestants, aurait volontiers aidé Ferdinand II, mais ses ministres préféraient plutôt une action diplomatique qui aurait permis à la France de jouer le rôle de médiatrice. Lors du Conseil royal tenu le 23 décembre, la situation diplomatique parut l'emporter. Mais le 25, Louis XIII, sur le conseil de son confesseur, le père Arnoux, adressa à Ferdinand II un message lui promettant « aide et assistance [1] ». De

1. V. L. Tapié, *La France de Louis XIII et de Richelieu, op. cit.*, p. 139 et ss.

leur côté, les représentants à Paris des puissances protestantes, ceux d'Angleterre comme ceux des Provinces-Unies, tentaient de défendre la cause de Frédéric V et d'empêcher l'envoi de troupes françaises pour aider l'empereur. À la réception du message de Louis XIII, Ferdinand II fit savoir par l'intermédiaire de l'ambassadeur de France à Vienne, Baugy, qu'il remerciait le roi pour l'aide promise, et il suggéra que les troupes françaises, au lieu d'aller rejoindre l'armée impériale en Autriche, se contentent d'une action militaire contre les possessions rhénanes de Frédéric V et de ses alliés. Pour le gouvernement français une telle action était dangereuse car elle risquait de brouiller la France avec ses alliés de l'Union évangélique. On opta donc dans un premier temps pour l'envoi d'une ambassade « tant vers l'empereur et les princes catholiques que vers les princes protestants qui favorisaient le Palatin », comme le conseillait un mémoire au roi rédigé par le président Jeannin, un ancien ministre de Henri IV qui, en son temps, avait été l'artisan de l'alliance avec les Provinces-Unies et avait joué un rôle important dans la conclusion de la Trêve de Douze Ans [1].

Ce fut le duc Charles d'Angoulême, un prince de sang royal, fils naturel de Charles IX, assisté de deux diplomates, le comte de Béthune, parent de feu le duc de Sully, et le marquis de Chateauneuf des Préaux, qui fut chargé de cette mission de médiation. Les ambassadeurs français avaient reçu pour instruction de réunir une conférence entre les princes de l'Union évangélique et ceux de la Ligue catholique pour maintenir la paix en Allemagne. On redoutait à Paris qu'un conflit n'éclatât entre ces deux coalitions, avec les risques de conflagration générale qui pouvaient en résulter. La France, avant de soutenir militairement l'empereur, tentait une démarche de conciliation entre les parties.

Après s'être arrêtée à Nancy et à Strasbourg, la mission conduite par le duc d'Angoulême parvînt le 6 juin à Ulm. À ce moment-là, les partisans de l'empereur et ceux de Frédéric V étaient déjà sur le pied de guerre. Les partisans de l'empereur, réunis le 21 mars à Mühlhausen à l'initiative des trois Princes-Électeurs ecclésiastiques avaient conclu une alliance en vue d'aider l'empereur, non sans avoir exigé

1. H. Sacchi, *La Guerre de Trente Ans*, *op. cit.*, t. I, p. 332.

de Frédéric V et de ses alliés une soumission complète. L'union de Mühlhausen regroupait les Électeurs ecclésiastiques, le landgrave de Hesse-Darmstadt, l'Électeur de Saxe et le duc de Bavière : princes catholiques et luthériens faisaient bloc autour de l'empereur contre le calviniste Frédéric V. Au même moment, le gouverneur des Pays-Bas espagnols envoyait quatre mille hommes en Allemagne qui se joignirent aux troupes recrutées en Alsace par le prince-évêque de Strasbourg, l'archiduc Léopold. D'autre part, une importante armée de plus de vingt mille hommes commandées par le général Spinola se préparait à partir du Luxembourg et à envahir le Palatinat. De leur côté, les princes de l'Union évangélique mobilisaient leurs partisans. Le chef militaire de l'Union, le margrave d'Ansbach, disposait de plus de dix mille hommes rassemblés à proximité d'Ulm, non loin des troupes du duc de Bavière. Tout était prêt pour un embrasement général en Allemagne du Sud.

C'est dans ce climat tendu que, dès leur arrivée à Ulm, les diplomates français s'efforcèrent d'éviter l'affrontement. Le margrave d'Ansbach et le duc de Wurtemberg, inquiets du déploiement des forces militaires bavaroises et de l'intervention imminente de l'armée de Spinola, acceptèrent un projet de traité rédigé par les diplomates français. Le traité d'Ulm, signé le 3 juillet 1620 par le margrave d'Ansbach au nom de l'Union évangélique et par le représentant du duc de Bavière au nom de la Ligue catholique, éloignait dans l'immédiat les risques d'affrontement armé entre les deux coalitions puisque chacune des deux parties s'engageait à ne pas attaquer les biens et domaines de l'autre, mais la Bohême était exclue de l'accord ! Les deux armées acceptaient de s'éloigner dans des directions opposées. L'armée protestante prit la direction du Palatinat menacé par les troupes de Spinola, tandis que les armées de la Ligue catholique se dirigèrent vers l'est et la Bohême pour y rejoindre l'armée impériale [1]. Quant à l'ambassade française, une fois sa mission accomplie, elle poursuivit sa route en direction de Vienne où elle fut reçue le 22 juillet par l'empereur, puis rencontra plusieurs hautes personnalités de son entourage. Le chancelier de Bohême, Lobkovic, insista sur l'aide mili-

1. V. L. Tapié, *La France de Louis XIII et de Richelieu*, *op. cit.*, p. 140 et ss ; et V. L. Tapié, *Monarchies et peuples du Danube*, *op. cit.*, p. 111-112.

taire promise par Louis XIII précédemment. Lors d'une seconde rencontre avec l'empereur, le duc d'Angoulême insista pour que des négociations de paix aient lieu avec l'Union évangélique et fit savoir que l'aide militaire promise par Louis XIII était remise à plus tard car le roi avait besoin de ses troupes sur place, en raison de troubles intérieurs. Ferdinand, dans sa réponse, déplora les difficultés rencontrées par Louis XIII et se déclara prêt à l'aider à son tour lorsque lui-même aurait mis fin à la révolte de la Bohême. La politique française avait subi là un échec manifeste ; la France n'avait pas pu imposer sa médiation et ne tirait aucun avantage de la bonne volonté manifestée par Louis XIII à l'égard de l'empereur. Il est vrai que, à ce moment-là, Ferdinand II, fort de l'appui du duc de Bavière et de la Ligue catholique, n'avait plus à tenir compte des conseils du roi de France car il n'avait plus besoin de son aide.

Tout était prêt maintenant pour entreprendre la reconquête de la Bohême. Le duc de Bavière disposait de plus de trente mille hommes commandés par le général Tilly, un Wallon qui s'était déjà illustré sur les champs de bataille européens ; des mercenaires venus de Wallonie, où Wallenstein les avait recrutés à ses frais, s'étaient joints à eux. L'armée, encadrée de prédicateurs jésuites et carmes, prenait l'allure d'une véritable croisade. La première mission qui lui fut confiée fut la soumission de la Haute-Autriche protestante et rebelle. Le 20 août, Maximilien fit son entrée à Linz où les États provinciaux firent acte d'allégeance. Puis, l'armée de Tilly, après avoir occupé le sud de la Bohême, fit sa jonction avec celle de Bucquoy. Au nord, l'Électeur de Saxe s'apprêtait à attaquer en Silésie.

En Bohême, le « roi » Frédéric V s'efforçait de faire face à une situation qui le dépassait. Si l'enthousiasme de ses sujets avait accompagné les premiers mois de son règne, il n'en était plus de même au moment où les armées impériales se préparaient à l'assaut final. La population supportait mal les nouveaux impôts qui avaient été levés pour recruter des troupes. Elle avait été choquée par l'iconoclasme de l'entourage de Frédéric V qui s'était livré à un véritable saccage de la cathédrale Saint-Guy à Prague ; à l'initiative du conseiller royal, le prédicateur Scultetus, des calvinistes fanatiques avaient détruit nombre de statues, retiré les objets du culte et nombre de tableaux religieux. Cette attitude avait violemment choqué les habitants de Prague, très attachés à leur patrimoine. La cathédrale devint un temple calviniste, dépouillé de toute décoration intérieure ; le culte catholique qui avait été toléré depuis 1618 conjointement avec le culte protestant en était désormais exclu. La bourgeoisie et les Juifs de Prague ne manifestaient guère d'enthousiasme à fournir l'aide financière qu'on attendait d'eux ; les paysans des domaines royaux, pressurés par les nouvelles charges qu'on leur imposait, se révoltaient d'autant plus qu'ils avaient à subir dans leur vie quotidienne toutes les exactions commises par les mercenaires étrangers recrutés par Mathias de Thurn [1].

Face à la menace des Impériaux, Mathias de Thurn, Mansfeld et Christian d'Anhalt ne disposaient que d'une vingtaine de milliers d'hommes. Les Moraves n'avaient fourni que des contingents réduits et à contrecœur. L'allié hongrois avait promis des troupes qui tardaient à arriver. Il est vrai que Bethlen était préoccupé en premier lieu par sa situation personnelle. Une Diète réunie le 25 août 1620 à Besztercebánya (Banská-Bystrica) venait de le proclamer roi après avoir décrété la déchéance des Habsbourg, mais prudent, Bethlen, tout en acceptant le titre royal, avait refusé de se faire couronner. Toutefois, les représentants de Frédéric V et Bethlen s'étaient mis d'accord pour envoyer à Constantinople une ambassade commune pour obtenir l'aide de l'Empire ottoman [2]. Manœuvre imprudente qui fut mal jugée en Allemagne, même dans les milieux favorables à Frédéric V, et qui, à supposer que le sultan acceptât d'intervenir, ne pouvait être payante qu'à long terme. Or, à ce moment-là, c'est d'une aide immédiate dont avait besoin Frédéric V.

L'armée impériale et celle de la Ligue venaient de passer à l'offensive. Le 30 septembre, les Impériaux s'emparaient de la ville de Pisek dont la population fut systématiquement massacrée par les soldats déchaînés, puis marchèrent sur Pilsen. Après un mois de tergiversations, ponctué de

---

1. V. L. Tapié, *Monarchies et peuples du Danube*, *op. cit.*, p. 111 ; et V. L. Tapié, *La Guerre de Trente Ans*, *op. cit.*, p. 98-100.

2. *Magyarország története*, *op. cit.*, t. III, vol. 1, p. 820-825.

combats locaux et d'embuscades, les armées impériales reçurent l'ordre de marcher sur Prague. Dans l'après-midi du 7 novembre, les troupes de la Confédération, surtout des mercenaires allemands et hongrois à côté d'un nombre réduit de Tchèques et de Moraves, prirent position sur une colline qui défendait Prague, la Montagne blanche (Bilá Hora), à quelques kilomètres de la capitale de la Bohême.

Aux premières heures de la matinée du dimanche 8 novembre, les armées impériales prirent position au sud-ouest du plateau tenu par l'armée de Bohême. L'un des prédicateurs qui les accompagnait célébra la messe ; de nombreux soldats reçurent la communion. Longtemps, les chefs hésitèrent avant de donner l'ordre d'attaquer. Le duc de Bavière confia le commandement des troupes à Tilly. Puis l'assaut commença. L'armée impériale avait une légère supériorité numérique — vingt-huit mille hommes [1] — par rapport à ses adversaires — vingt et un mille hommes. L'assaut fut promptement mené ; les régiments de Mathias de Thurn prirent la fuite à la première attaque, puis ce fut au tour de la cavalerie hongroise du colonel Kornisza. En deux heures, Tilly s'était rendu maître du terrain ; seuls résistèrent en vain jusqu'au soir quelques unités tchèques et moraves. Du côté des vaincus, les pertes étaient élevées, plus de cinq mille hommes, celles des Impériaux, modestes — deux cent cinquante hommes. Et, surtout, les vaincus, dans leur fuite, avaient abandonné toute leur artillerie et leur matériel. Les renforts envoyés à Frédéric V par Bethlen — trois mille cavaliers — arrivèrent trop tard [2].

★

Avec la bataille de la Montagne blanche, tous les rêves de Frédéric V s'effondraient. Celui que l'on appela le « roi d'un hiver » quitta précipitamment Prague, une ville où commençaient à affluer les fuyards et où la population prenait brutalement conscience du prix qu'elle allait payer pour sa rébellion. Le roi et sa femme gagnèrent d'abord Breslau

1. Et parmi eux, René Descartes.
2. V. L. Tapié, *La Guerre de Trente Ans*, *op. cit.*, p. 107-108 ; et H. Sacchi, *La Guerre de Trente Ans*, *op. cit.*, t. I, p. 369-372.

puis se réfugièrent provisoirement chez l'Électeur de Brandebourg avant de s'installer en avril 1621 à La Haye.

Le 9 novembre 1620, l'armée impériale prenait possession de la capitale d'une Bohême écrasée par la défaite et dont le sort dépendait désormais du bon vouloir de Ferdinand II. Pour la Bohême, c'était le début de ce que l'on a appelé non sans exagération l'« âge des ténèbres ».

5

LE TRIOMPHE DE FERDINAND II : UNE VICTOIRE À LA PYRRHUS ?

Au lendemain de l'écrasement des armées du roi félon Frédéric V à la Montagne blanche, l'empereur Ferdinand II, dont le prestige avait été singulièrement mis à mal par les événements de 1619-1620, entreprit de rétablir son autorité tant dans les États patrimoniaux des Habsbourg que dans le Saint Empire. Cette reprise en main se devait d'être accompagnée de la recatholicisation des États patrimoniaux car, pour lui qui régnait sur des sujets de langues et de traditions différentes, la religion catholique pouvait être l'élément d'unité indispensable. Quant aux princes protestants d'Allemagne, il fallait leur montrer clairement qu'ils devaient respecter toutes les dispositions de la paix d'Augsbourg, y compris celles relatives à la sécularisation des biens d'Église.

On a beaucoup épilogué sur la personnalité de Ferdinand II et l'on a retenu surtout de lui l'image d'un prince, « élève des Jésuites et défenseur fanatique du catholicisme[1] ». En réalité, la personnalité de Ferdinand II est si complexe qu'elle mérite qu'on s'y arrête un peu. Lorsque Ferdinand monte sur le trône impérial en 1619, c'est un homme dans la force de l'âge. Né en 1578, il était le petit-fils de Ferdinand Ier, le frère de Charles Quint, et le fils de l'archiduc Charles qui régnait sur la Styrie et la Carinthie. En 1590, le jeune Ferdinand fut envoyé faire ses études au

1. J. Macek et R. Mandrou, *Histoire de la Bohême des origines à 1918*, *op. cit.*, p. 209.

célèbre collège des Jésuites d'Ingolstadt où il eut pour condisciple son cousin Maximilien, le fils du duc de Bavière, avec lequel il se lia d'une profonde amitié. La même année, la mort de son père fit de Ferdinand l'héritier de la Styrie et de la Carinthie, mais, en raison de son jeune âge, l'héritage fut placé sous la régence de son oncle, l'archiduc Ferdinand de Tyrol. Rappelé par son oncle, le jeune prince quitta Ingolstadt en mars 1595 accompagné du capucin Bartholomeus Viller, son confesseur, et regagna Graz. L'année suivante, il avait alors dix-huit ans, le jeune archiduc fut proclamé majeur et reçut le 12 décembre le serment de fidélité et d'obéissance des états de Styrie ; il jura devant eux de respecter les droits et traditions de la province. L'archiduc Ferdinand de Styrie, comme on l'appelle désormais, par l'éducation qu'il avait reçue de sa mère, la très pieuse Marie de Bavière, complétée par l'enseignement reçu chez les Jésuites d'Ingolstadt, était d'une piété exemplaire. D'un abord aimable, il se présentait comme un prince généreux et pacifique, mais, en revanche, lorsqu'il s'agissait des questions religieuses, son intransigeance était absolue [1]. L'un de ses premiers déplacements fut la visite qu'il fit en Italie où il rencontra le pape Clément VIII d'abord à Ferrare, puis à Rome. En cours de route, en tant que simple pèlerin, l'archiduc se rendit au sanctuaire de la Vierge miraculeuse de Loreto. Mais, en son absence, les luthériens, nombreux dans ses États, avaient fomenté des troubles, en particulier à Eisenerz où le nonce apostolique, de passage dans cette localité, avait été durement malmené. De retour à Graz, l'archiduc Ferdinand décida qu'il fallait une fois pour toutes extirper l'hérésie protestante de ses possessions, quitte à en chasser tous les luthériens, car, selon le mot qu'on lui prêta alors, « plutôt régner sur un désert que sur un pays peuplé d'hérétiques [2] !... »

C'est dans cet esprit que, le 23 septembre 1598, il publia un décret ordonnant l'expulsion immédiate de tous les pasteurs de Graz et la fermeture de leurs écoles. Des sanctions s'abattirent sur les habitants d'Eisenerz ; les meneurs furent condamnés à mort puis graciés au dernier moment. La reca-

1. D.G. Mac Guigan, *Les Habsbourg : histoire politique et galante d'une dynastie*, Paris, 1968, p. 176-177.

2. W. Knoppich, *Die Habsburger Chronik*, Salzburg, 1959, p. 158.

tholicisation de la Styrie fut menée tambour battant sous la conduite du prince-évêque de Seckau, Martin Brenner ; la vie dure fut menée aux protestants, mais, suivant en cela l'esprit de la Contre-Réforme et les principes du concile de Trente, on sanctionna énergiquement aussi les prêtres catholiques et les religieux qui ne respectaient pas les principes moraux afférant à leur état[1]. En quelques années, Ferdinand de Styrie était parvenu ainsi à ramener au catholicisme les habitants de Styrie. C'est ce prince, intransigeant sur tout ce qui touchait la foi, qui fut choisi en 1617 pour succéder au vieil empereur Mathias et qui, l'année suivante, fut confronté à la révolte des états protestants de Bohême. Compte tenu de la politique de recatholicisation menée en Styrie par l'archiduc Ferdinand, on comprend l'inquiétude que sa prochaine accession au trône impérial avait suscité chez les princes protestants de l'Empire, et plus particulièrement en Bohême. L'occasion était trop belle pour Ferdinand après la victoire de la Montagne blanche pour ne pas tenter d'appliquer à la Bohême les méthodes que l'on avait utilisées en Styrie en vue de ramener les sujets à la vraie foi.

Aux yeux de Ferdinand II, la Bohême était doublement coupable. D'abord, elle avait été depuis deux siècles une terre d'hérésie et, depuis la défenestration de Prague, les catholiques y étaient persécutés. Mais, surtout, en élisant, en 1619, l'antiroi Frédéric V, les états de Bohême avaient commis contre sa personne un crime de lèse-majesté.

Dans l'entourage de l'empereur, les avis divergeaient quelque peu sur l'attitude à adopter vis-à-vis des rebelles vaincus. Les conseillers viennois de Ferdinand II, le président du Conseil privé Eggenberg — un luthérien revenu au catholicisme en 1605 —, le vice-chancelier d'Ulm, le comte Trauttmannsdorf, et surtout le chancelier de Bohême, Zdenek de Lobkovic, ainsi que l'ambassadeur d'Espagne Oñate recommandaient un châtiment exemplaire. En revanche, le duc Maximilien de Bavière, l'artisan avec Tilly de la victoire de la Montagne blanche, conseillait une certaine modération dans la répression mais ne s'opposait pas à la punition des chefs de la rébellion — sans tenir compte des promesses

1. H. Sacchi, *La Guerre de Trente Ans*, *op. cit.*, t. I, p. 153-154.

d'amnistie qu'il leur avait faites à Prague au lendemain de l'occupation de la ville[1].

C'est la ligne dure qui prévalut. Les pleins pouvoirs furent confiés à un seigneur de langue allemande mais possédant des biens en Bohême, Charles de Lichtenstein. Un tribunal spécial fut constitué à Prague pour juger les chefs de la rébellion ; il était composé de juristes et de conseillers de l'empereur, tous catholiques. Une soixantaine de hauts responsables du gouvernement révolutionnaire, et parmi eux la plupart des Directeurs, furent arrêtés le 6 février 1621 et déférés devant ce tribunal. Les plus compromis, vingt-sept personnes au total, trois membres de l'ordre des seigneurs, sept chevaliers et dix-sept bourgeois furent condamnés à mort. De lourdes peines d'emprisonnement frappèrent les autres inculpés. Le verdict, avant son exécution, devait être approuvé par l'empereur. Celui-ci, très scrupuleux, hésita longuement ; il consulta ses proches et prit l'avis de son confesseur, le père jésuite Lamormain, pour qui la décision à prendre relevait de la seule conscience du souverain. Après une longue réflexion, Ferdinand II donna l'ordre d'exécuter au plus vite la sentence ; toutefois, il évita aux condamnés la mutilation de la main prévue avant la décapitation. Le gouverneur Lichtenstein, qui avait en vain conseillé la clémence, ne put que promettre aux familles des condamnés venus le supplier que ces derniers seraient enterrés dignement, promesse d'ailleurs partiellement tenue.

L'exécution eut lieu le 21 juin sur la place de la Vieille Ville, en plein cœur de Prague, en présence du gouverneur et des juges, la foule étant tenue à bonne distance. L'échafaud se dressait là même où fut érigée en 1915 une statue monumentale de Jean Hus à l'occasion du quatrième centenaire de sa mort. Parmi les vingt-sept suppliciés, il y avait des Allemands comme le baron Harant et le comte Schlik — qui, réfugié en Saxe, avait été livré à l'empereur par le Prince-Électeur —, le recteur de l'université de Prague, le médecin Jean Jessenius — un Allemand de Silésie —, Martin Frauewein, l'auteur de l'*Apologie* rédigée en 1618 pour justifier la défenestration de Prague, mais aussi des

1. J. Macek et R. Mandrou, *Histoire de la Bohême des origines à 1918, op. cit.*, p. 209.

Tchèques comme le vieux calviniste Vaclav Budovec, le chevalier Kaspar Kapolir, Pavec Ricany et bien d'autres moins connus, avec parmi eux, qui étaient tous protestants, un seul catholique, Denis Czernin, l'ancien commandant de la garde du palais royal, coupable aux yeux des juges d'avoir laissé entrer les conjurés lors des événements du 21 mai 1618[1]. Après l'exécution, les têtes de douze des suppliciés furent exposées pour l'exemple sur la tour située à l'entrée du pont Charles et y demeurèrent dix ans.

Le principal responsable, l'organisateur de la rébellion, celui qui avait préparé et exécuté le coup de force de 1618, le comte Mathias de Thurn, échappa à la justice impériale. En effet, après avoir tenté sans succès d'organiser la résistance à Prague au soir de la Montagne blanche, il avait jugé plus prudent de quitter le pays ; il trouva d'abord refuge en Hongrie auprès du prince Bethlen, puis de là passa en Turquie où il séjourna quelque temps avant de reprendre la lutte contre l'empereur.

L'horreur du châtiment qui frappa les vingt-sept suppliciés de Prague contribua à alimenter largement la « légende noire » des Habsbourg, abondamment exploitée par l'historien Ernest Denis et tous ceux qui s'en sont inspirés[2]. Mais comme le faisait remarquer à juste titre V. L. Tapié, l'un des meilleurs connaisseurs français de l'histoire de la Bohême, « l'exécution de vingt-sept personnes, décapitées le même jour, est un châtiment important, mais le nombre n'est pas considérable pour une population de plusieurs millions d'habitants[3] ». On doit aussi se replacer dans l'atmosphère du XVIIe siècle, à une époque où les auteurs de crimes de lèse-majesté, ou considérés comme tels, étaient toujours très durement punis et où leur exécution donnait lieu à un véritable spectacle attirant le bon peuple. Concini, victime d'une révolution de palais, n'eut même pas la possibilité d'être jugé puisque le très pieux Louis XIII n'avait pas hésité en 1617 à le faire assassiner par le chef de ses gardes tandis qu'on livrait aux flammes du bûcher sa femme accusée de sorcellerie. Et plus tard, en 1642, le même Louis XIII

1. H. Sacchi, *La Guerre de Trente Ans, op. cit.*, t. I, p. 392-395.

2. E. Denis, *La Fin de l'indépendance bohême*, Paris 1891, 2 vol. ; et *La Bohême depuis la Montagne blanche*, Paris, 1903 ; cf. aussi J. Pekar, *Bilá Horá* (« La Montagne blanche »), Prague, 1922.

3. V.L. Tapié, *La Guerre de Trente Ans*, op. cit., p. 116.

fit décapiter en place publique à Lyon le comte de Cinq-Mars et François de Thou, coupables le premier d'avoir comploté contre Richelieu en connivence avec l'Espagne, et le second de ne pas l'avoir dénoncé. On voit que, en matière de justice, l'empereur Ferdinand II n'avait fait qu'appliquer avant la lettre le principe de Richelieu : « En matière de crime d'État, il faut fermer la porte à la pitié. »

Après avoir signé l'ordre d'exécution des sentences, Ferdinand II se réfugia dans la dévotion. Il se rendit au sanctuaire marial de Mariazell afin d'y prier pour le salut de l'âme des suppliciés. À cette occasion, l'empereur offrit à la statue de la Vierge une couronne d'or pour la remercier de sa victoire sur la Bohême rebelle [1]. Ce geste symbolique fut suivi d'autres qui rendent témoignage de la piété profonde du souverain. En reconnaissance pour le prédicateur carme Dominique de Jésus-Marie dont la prédication avait galvanisé les troupes lors de l'assaut final, l'empereur fit édifier une chapelle et un petit monastère qui furent attribués aux Carmes, sur les lieux mêmes de la bataille de la Montagne blanche. Mais ce ne fut pas le seul témoignage de reconnaissance de l'empereur à la Vierge. À Prague même, au cœur du quartier de Malá Straná, une église, précédemment utilisée par les luthériens et rendue au culte catholique, fut dédiée à Notre-Dame de la Victoire (Panna Maria Vitezná), et l'on ceignit la statue de l'Enfant Jésus — le *Bambino* de Prague — d'une couronne qui rappelait celle de l'empereur. Enfin, à Rome, l'église Saint-Paul, œuvre de l'architecte Carlo Maderna, fut dédiée en 1622 à Sainte-Marie de la Victoire — Santa Maria della Victoria —, et on y déposa une image de la Vierge, celle qui avait permis la victoire de la Montagne blanche, église construite dans le style inspiré de l'église de Gesù ; ici encore, l'influence jésuite était présente [2].

En Moravie, c'est au cardinal François de Dietrichstein, évêque d'Olmütz, que fut confié le soin de punir les rebelles après la reddition de Brünn aux troupes impériales en janvier 1621. Ici, la répression fut moins violente qu'en Bohême. Il est vrai que la Moravie avait attendu près d'un an avant de se

1. P. Belina, P. Čornej et J. Pokorný, *Histoire des pays tchèques, op. cit.*, p. 212.

2. V. L. Tapié, *Monarchie et peuples du Danube, op. cit.*, p. 112.

rallier au gouvernement révolutionnaire de Prague. En outre, Charles de Zerotin, bien que très attaché à ses convictions calvinistes, était toujours resté fidèle au souverain légitime, ce qui lui avait permis d'aller à Vienne implorer la clémence de l'empereur pour ses sujets moraves. En Moravie, la répression frappa davantage les biens que les personnes. En revanche, ni les Lusaces ni la Silésie ne furent touchées par la répression. Les Lusaces, parce que Ferdinand II les avaient cédées à titre provisoire à l'Électeur de Saxe pour le dédommager des dépenses qu'il avait engagées pour le soutenir ; quant à la Silésie, luthérienne, l'Électeur de Saxe avait obtenu de l'empereur le pardon pour les sujets rebelles.

En Bohême comme en Moravie, le principe de la confiscation des biens fut posé à l'encontre de tous ceux qui, de près ou de loin, avaient soutenu le gouvernement insurrectionnel. Une commission d'enquête fut chargée d'examiner le cas des personnes soupçonnées d'avoir collaboré avec le Directoire et d'avoir servi Frédéric V ; cette commission avait pour mission de confisquer la totalité ou une partie des biens des personnes reconnues coupables.

Dès les premiers jours qui suivirent la Montagne blanche, les autorités firent mettre sous séquestre les biens des partisans de Frédéric V qui s'étaient réfugiés à l'étranger et interdirent la sortie du royaume des métaux précieux et des objets de valeur. Puis la commission d'enquête se mit au travail en vue de procéder à la confiscation des biens de ceux qui, catholiques ou protestants, allemands ou tchèques, avaient soutenu Frédéric V, en participant à son gouvernement, en servant dans ses armées ou en payant l'impôt. Après examen du dossier des intéressés, la commission pouvait rendre un verdict de confiscation totale ou partielle des biens et domaines fonciers. C'est à l'empereur qu'il appartenait en dernier ressort de prendre la décision, soit en confirmant le verdict, soit en réduisant la peine, soit en graciant purement et simplement le condamné. Qu'il s'agisse d'une confiscation totale ou d'une confiscation partielle, la procédure était identique. On saisissait l'ensemble du domaine, et si la confiscation était partielle, on restituait la partie non saisie sous forme d'assignations que l'on pouvait négocier contre de l'argent ou terres mises en vente[1].

1. V. L. Tapié, *Monarchie et peuples du Danube, op. cit.*, p. 113-114.

Le résultat de ces confiscations fut un immense transfert de propriété qui provoqua une baisse du prix des terres, en raison du nombre considérable de domaines fonciers mis en vente. La Chambre royale qui se chargea des mises en vente avait besoin d'argent frais immédiatement car le Trésor était à court de liquidités et l'on vendit ainsi à vil prix les domaines confisqués. Ceux qui disposaient d'argent immédiatement disponible profitèrent de l'aubaine. Les bénéficiaires en furent principalement des membres de la classe des seigneurs comme les Lobkovic ou les Slawata, parfois aussi des chevaliers riches ou des aventuriers. Une partie des terres confisquées furent données par l'empereur à ceux qui l'avaient loyalement servi dans les moments difficiles. Eggenberg, Lichtenstein, Bucquoy entre autres furent largement payés pour leurs services. Le comte Trauttmannsdorf put acheter à un prix très avantageux un domaine d'une valeur de 300 000 florins (gulden) qui lui fut vendu 200 000 ; encore n'en paya-t-il que 35 000 car l'empereur lui donna 60 000 florins auxquels il en ajouta 105 000 autres à titre d'avance[1]. Wallenstein profita de sa situation pour s'approprier les biens de la famille Smircky[2] qui furent le point de départ de son futur duché de Frytland. Au total, on estime qu'en Bohême près de la moitié des neuf cent vingt-six domaines seigneuriaux recensés en 1618 changèrent de mains, mais ils représentaient près des deux tiers des terres. En Moravie où la répression fut moins dure, seulement cent trente-huit domaines, soit le quart des terres, changèrent de propriétaires[3].

Le grand domaine devint désormais la forme dominante de la propriété rurale dans le royaume de Bohême, qu'il s'agisse des domaines conservés par les anciens propriétaires ou des nouvelles acquisitions. Le plus souvent, le propriétaire ne passait que quelques semaines par an sur ses terres et résidait le plus souvent à Prague ou à Vienne, et c'est à un intendant que revenait la tâche de gérer l'exploitation. En général, les paysans, qui conservaient un statut proche du servage, disposaient d'une parcelle de terre qu'ils cultivaient pour assurer leur subsistance et avaient la possibilité

1. G. Pagès, *La Guerre de Trente Ans, op. cit.*, p. 72.
2. J. Delumeau, *Naissance et Affirmation de la Réforme*, Paris, 1965, p. 212.
3. *Ibid.*, p. 212.

de vendre en ville leurs surplus ; ils étaient tenus en outre d'exécuter une corvée sous forme de travaux sur la réserve seigneuriale dans la limite de deux à trois jours par semaine. De la sorte, la réserve seigneuriale ainsi mise en valeur permettait au propriétaire de tirer d'appréciables revenus par la vente des produits récoltés. Mais il y avait aussi des paysans riches qui utilisaient une main-d'œuvre de domestiques pour exécuter à leur place la corvée. On se trouvait ainsi dans une économie de type domanial proche de ce qui avait été la règle dans tout l'Occident au Moyen Âge [1].

La vente des biens des rebelles n'avait cependant pas suffi à assurer le paiement des dépenses occasionnées par la guerre. Ferdinand II dut faire appel à des financiers regroupés au sein d'un consortium d'une vingtaine de personnes — dont Wallenstein — à la tête duquel se trouvait un Hollandais calviniste du nom d'Henri de Witte. En 1622, le consortium s'engagea à fournir six millions de florins en un an, en échange de quoi il recevait la ferme de tous les ateliers monétaires de Haute-Autriche et de Bohême, notamment celui de Kuttenberg (Kutna-Horá). On remarquera que, dans ces affaires financières, chacun avait fait taire ses scrupules religieux : le très pieux Ferdinand II avait demandé l'aide d'un banquier calviniste, lequel n'avait pas hésité à répondre favorablement à cette demande venue de celui qui persécutait ses coreligionnaires.

L'empereur Ferdinand II ne s'est pas contenté de punir les rebelles dans leur corps et dans leurs biens. Il a voulu aussi ramener ses sujets de Bohême au catholicisme. La première mesure qu'il prit fut d'abolir la *Lettre de Majesté*, et l'on affirme que de sa propre main il aurait lacéré le texte original du document. Sous l'influence du nonce apostolique Carlo Carafa, toute une série de mesures furent prises pour extirper le protestantisme. Dès 1621, le gouverneur Dietrichstein avait ordonné l'expulsion du royaume de tous les pasteurs calvinistes et des prêtres de l'Unité des Frères. En octobre 1622, cette mesure fut étendue aux pasteurs luthériens jusque-là épargnés à la demande de l'Électeur de Saxe. La communion sous les deux espèces qui avait été le signe de ralliement de tous les protestants de Bohême fut

1. P. Belina, P. Čornej et J. Pokorný, *Histoire des pays tchèques*, *op. cit.*, p. 228-230.

désormais interdite. Puis, en 1624, les protestants furent mis hors-la-loi ; seuls les catholiques purent désormais exercer des fonctions administratives ou municipales. La conséquence de ces mesures radicales fut une émigration massive des élites protestantes. Entre 1624 et 1637, 1 731 membres de la bourgeoisie et leur famille quittèrent le pays. Quelque quatre cents familles nobles, mais aussi de simples particuliers, artisans ou paysans, prirent le chemin de l'exil pour se fixer dans des pays protestants amis. Selon Vilem Slawata, c'est un total de trente mille familles qui s'exilèrent ainsi, soit environ cent vingt mille personnes. Parmi les exilés célèbres, on peut évoquer le cas de Charles de Zerotin qui, resté fidèle à Ferdinand II lors des événements de 1618-1620, se solidarisa avec ses coreligionnaires calvinistes persécutés et se retira en Silésie, ou bien celui de Jan Amos Komensky — notre Comenius —, adepte de l'Unité des Frères, qui se fixa en Pologne.

La lutte contre les hérétiques fut accompagnée d'une politique de recatholicisation du pays. Mais le royaume manquait de prêtres ; les autorités eurent recours à des missionnaires étrangers italiens, polonais, slovaques, allemands, souvent issus des ordres liés à la Contre-Réforme, servites, capucins, augustins, etc. Pour former des prêtres issus du royaume et formés dans l'esprit tridentin, l'archevêque de Prague ouvrit en 1631 un séminaire, mais les vocations demeurèrent longtemps fort réduites. Pour essayer de rallier la population, le clergé utilisa au maximum tout ce qui pouvait toucher les yeux et les sens des fidèles : faste des cérémonies religieuses, richesse de la décoration intérieure des églises, beauté des chants religieux. Cette politique obtint certains résultats, en particulier dans les campagnes. Mais il fallait aussi obtenir le ralliement des élites. Les Jésuites s'y employèrent activement ; ils reprirent leurs activités éducatives interrompues par la révolution de 1618. En 1622, Ferdinand II plaça sous leur autorité l'université de Prague, le *Carolinum*, dont le recteur et le chancelier furent désormais issus de leurs rangs, et leur donna un droit de regard sur l'ensemble des établissements d'enseignement du royaume. Cette politique de recatholicisation commença à donner ses premiers résultats à partir des années trente. Cependant, quelques noyaux de protestants irréductibles continuèrent dans la clandestinité à maintenir l'esprit de la Réforme dans des régions montagneuses aux confins de la Silésie et de la Pologne. On estime qu'en 1648 il ne restait plus en Bohême que deux cent mille protestants[1]. Est-ce à dire que les autres habitants du royaume sont devenus de fervents catholiques ? Certes non, mais extérieurement du moins, sinon dans les cœurs, le catholicisme semblait avoir regagné ses anciennes positions.

Pour achever la remise en ordre des affaires du royaume, Ferdinand II mit en place de nouvelles institutions dans le cadre de la « Constitution renouvelée du pays » publiée le 31 juillet 1627. Cette Constitution, octroyée par le roi, modifiait l'ancienne Constitution du roi Vladislas Jagellon qui avait été en vigueur jusqu'en 1618 ; elle renforçait considérablement les pouvoirs du souverain, ce qui la différenciait radicalement de la Constitution révolutionnaire de 1619. Désormais, la monarchie devenait héréditaire dans la famille des Habsbourg ; ce n'est qu'en cas d'extinction totale de la dynastie que les états retrouveraient leur ancien droit d'élire le souverain. Le roi disposait du pouvoir exécutif et disposait seul du droit d'initiative des lois. Les pouvoirs de la Diète se limitaient à l'approbation — ou au rejet — des lois proposées par le roi, ce qui n'était pas négligeable, car le roi ne pouvait pas lever les impôts sans le consentement de la représentation nationale. Au sein de la Diète, aux trois états anciens (seigneurs, chevaliers et bourgeois) s'ajoutait maintenant un quatrième, celui du clergé, tout comme c'était déjà le cas en Moravie. C'est le roi qui choisissait seul les hauts dignitaires de l'État, nommés pour cinq ans. La Chancellerie de Bohême, dirigée par Zdenek Lobkovic jusqu'à sa mort en 1628, fut transférée à Vienne, bien que Prague demeurât officiellement la capitale du royaume. La Constitution renouvelée rétablit dans l'administration et la justice l'égalité entre l'Allemand et le Tchèque qui avait été abolie en 1615. En même temps que cette nouvelle Constitution, l'empereur publia une ordonnance sur les affaires religieuses faisant du catholicisme la seule religion du royaume et donnant six mois aux membres de l'ordre des seigneurs et des chevaliers pour se convertir

1. J. Delumeau, *Naissance et Affirmation de la Réforme*, *op. cit.*, p. 212-213.

sous peine d'avoir à quitter le royaume, accélérant ainsi le mouvement d'émigration commencé en 1624[1].

★

Parmi les États patrimoniaux des Habsbourg, la Bohême n'avait pas été la seule à se soulever contre l'autorité impériale. La Haute et Basse-Autriche ainsi que la Hongrie avaient été étroitement associées à la révolte de la Bohême et s'étaient alliées à la *Confederatio Bohemica*. Là aussi, il fallait rétablir l'autorité de Ferdinand II. En Haute-Autriche occupée par les armées du duc de Bavière depuis août 1620, l'empereur accorda son pardon aux nobles qui n'avaient pas fui à l'étranger après la Montagne blanche ; on examina au cas par cas la situation des nobles rebelles, et des amendes, voire des confiscations de biens, furent infligées aux plus compromis d'entre eux, mais il n'y a rien de comparable sur le plan des confiscations avec ce qui s'est passé en Bohême. En revanche, sur le plan religieux, les pasteurs luthériens furent bannis ainsi que ceux qui enseignaient dans les écoles protestantes. Le catholicisme fut réintroduit et imposé à tous. Mais les protestants continuèrent à se réunir dans la clandestinité pour pratiquer leur culte. Les mesures répressives prises à leur égard provoquèrent en 1626 une violente insurrection durement réprimée et cette répression provoqua une vague d'émigration en direction des États protestants de l'Empire. La fin de l'occupation bavaroise en Haute-Autriche en 1628 et le retour de l'administration habsbourgeoise amena un certain apaisement. En Basse-Autriche, que les armées de Bucquoy avaient replacée sous l'autorité impériale dès l'été 1620, la recatholicisation, ici aussi, fut menée rondement. La noblesse protestante dut renoncer à sa foi sous peine de bannissement. Les Jésuites, protégés par Ferdinand II, furent chargés de réorganiser selon leurs principes l'université de Vienne. Mais, en Haute comme en Basse-Autriche, les Diètes conservèrent leurs fonctions législatives[2].

---

1. R. Mandrou et J. Macek, *Histoire de la Bohême des origines à 1918*, *op. cit.*, p. 213-215 ; et V. L. Tapié, *Monarchie et peuples du Danube*, *op. cit.*, p. 115-117.
2. V. L. Tapié, *La Guerre de Trente Ans*, *op. cit.*, p. 128-130.

En Hongrie, au lendemain de la Montagne blanche, le prince Bethlen tenta de continuer seul la lutte contre les Impériaux ; il avait recueilli des réfugiés de Bohême et comptait sur l'aide des Turcs pour reprendre le combat. Au début de 1621, une armée turque envoyée par le pacha de Buda prit possession des villes d'Érsekujvár (Nové Zamky) et de Vác pour prix de leur aide à Bethlen. Au même moment, en Hongrie royale, la noblesse protestante se soulevait pour appuyer Bethlen. L'empereur Ferdinand II, redoutant une attaque massive des Turcs, chargea le général Bucquoy d'attaquer les possessions de Bethlen. La campagne commença au printemps 1621. Les Impériaux chassèrent Bethlen de Presbourg puis s'emparèrent de Nagyszombat (Trnava), de Nyitra (Nitra) et de Besztercebánya (Banská Bistrica). Ces succès amenèrent le ralliement à l'empereur du Palatin de Hongrie Forgach, un noble protestant qui jusque-là avait soutenu Bethlen. La victoire des Impériaux semblait acquise lorsque Bethlen reçut des renforts envoyés par le margrave de Brandebourg. Fort de cette aide, le prince rebelle tenta de faire sa jonction avec les derniers combattants protestants de Bohême qui occupaient encore quelques positions sur les confins hungaro-moraves. L'armée impériale menée par Bucquoy se trouvait bloquée devant Érsekujvár. Après un premier assaut contre la ville en juillet suivi d'une contre-attaque des défenseurs au cours de laquelle Bucquoy trouva la mort, la ville tomba. Cet échec amena le prince Bethlen à négocier avec Ferdinand II. La paix fut finalement conclue à Nikolsbourg (Mikulov) le 31 décembre 1621. Bethlen renonçait au titre de roi de Hongrie, ce qui impliquait la reconnaissance de Ferdinand II comme seul roi légitime ; il conservait la principauté de Transylvanie. L'empereur lui conférait en outre le titre de prince du Saint Empire avec les principautés d'Oppeln et de Ratibor en Silésie, et lui cédait à titre viager sept comitats de Haute-Hongrie. Les nobles hongrois qui avaient soutenu Bethlen étaient amnistiés et la liberté religieuse était confirmée en Hongrie royale[1]. En 1622-1623, Bethlen tenta de reconstituer un système d'alliances contre l'empereur et de reprendre la lutte, mais sans succès, ce qui l'amena à rechercher une solution négociée. La paix de

1. B. Köpeczi, *Histoire de la Transylvanie*, *op. cit.*, p. 312 et ss.

Nikolsbourg fut reconduite, avec cette nuance que Bethlen échangea les principautés d'Oppeln et de Ratibor contre des terres en Hongrie[1].

La Hongrie et la Transylvanie ne semblaient plus devoir dans l'immédiat inquiéter l'empereur : le prince Bethlen s'était retiré à Kolozsvár (Cluj) auprès de ses sujets transylvains, et la Hongrie royale semblait avoir retrouvé la paix. La liberté religieuse était une réalité, mais les Jésuites et le cardinal Pázmány y menaient, avec l'appui de Ferdinand II, une politique de recatholicisation, pacifique celle-ci, à la différence de ce qui se passait au même moment en Bohême.

Il ne suffisait pas à Ferdinand II d'avoir ramené à l'obéissance ceux des peuples de ses États patrimoniaux qui s'étaient soulevés contre lui ; il lui fallait encore punir son vassal félon Frédéric V et ceux des princes allemands qui l'avaient soutenu. Dans son esprit, cette politique de répression allait de pair avec la réaffirmation de l'autorité impériale au sein de l'Empire et de la prééminence du pouvoir impérial sur celui des princes. Tâche combien délicate à mener et qui n'allait pas tarder à provoquer de sérieuses tensions internationales, dans la mesure où les principales puissances européennes avaient noué des relations étroites avec certains princes de l'Empire en fonction d'affinités religieuses ou d'intérêts politiques. Dans une Europe où les relations entre États étaient essentiellement fondées sur des rapports de force et où la paix, toujours fragile et précaire, reposait sur un certain équilibre des forces entre les grandes puissances, vouloir renforcer le pouvoir impérial aux dépens de celui des princes, comme le souhaitait Ferdinand II, pouvait passer pour un défi lancé à la communauté internationale.

⋆

C'est dans la soirée du 8 novembre 1620, alors qu'il était en train de dîner au château du Hradschin en compagnie de sa femme et de deux envoyés du roi d'Angleterre, que le roi Frédéric V avait appris la défaite subie par ses armées quelques heures plus tôt à la Montagne blanche. Au cours de la nuit, Mathias de Thurn et Christian d'Anhalt, les deux

1. L. Makkai, *Histoire de Transylvanie*, *op. cit.*, p. 227-228.

chefs vaincus, confirmèrent au roi l'étendue du désastre. Les chefs militaires et les principaux responsables politiques du royaume conseillèrent au roi de se réfugier en Silésie pour continuer le combat. Le lendemain matin, le roi, la reine enceinte et prête à accoucher et leur suite prirent la route de Breslau, la capitale de la Silésie, où ils trouvèrent une situation des plus confuses. La noblesse locale, en grande majorité luthérienne, était partagée sur l'attitude à tenir à l'égard de ce jeune roi calviniste et, qui plus est, vaincu. Après un court séjour en Silésie, le couple royal préféra s'éloigner de ce pays peu accueillant pour gagner le Brandebourg en janvier 1621. L'Électeur de Brandebourg avait longtemps hésité avant d'accepter la venue de Frédéric V ; il était demeuré loyal à l'égard de l'empereur au moment des événements de 1619-1620 et entendait le rester. En revanche, calviniste comme Frédéric dont il était par ailleurs le beau-frère, il ne pouvait pas refuser d'accueillir le couple fugitif qui fut installé au château de Küsztrin. Le séjour à Küsztrin fut de courte durée car à peine Frédéric et sa femme s'y étaient-ils établis que l'Électeur de Brandebourg apprit la mise au ban de l'Empire du « roi d'un hiver ». Une fois encore, en plein hiver, le couple royal reprit le chemin de l'exil, à la recherche d'un abri plus sûr. Frédéric et sa femme firent d'abord halte chez le duc Frédéric-Ulrich de Brunswick, dont le frère Christian était l'un des plus ardents défenseurs de la cause protestante et s'apprêtait à rejoindre le Palatinat rhénan pour en chasser les troupes espagnoles qui l'occupaient depuis la fin de 1620. Mais Christian de Brunswick était bien l'un des seuls à soutenir encore Frédéric V. La plupart des autres princes protestants ne semblaient pas disposés à soutenir la cause perdue de Frédéric V, et encore moins à l'aider à reconquérir le trône de Bohême. C'est pour cela qu'en avril 1621, Frédéric V décida de se fixer dans les Provinces-Unies où son oncle, le stadthouder Maurice de Nassau, lui fit un chaleureux accueil[1].

Pour de nombreux princes allemands, Frédéric V était en effet devenu un personnage embarrassant, d'autant plus embarrassant qu'il était devenu un hors-la-loi. En effet, le 29 janvier 1621, à Vienne, l'empereur avait prononcé la

1. H. Sacchi, *La Guerre de Trente Ans*, *op. cit.*, t. I, p. 374-377.

mise au ban de l'Empire de Frédéric V. La décision impériale fut officiellement publiée le 2 février : l'Électeur palatin, ex-roi de Bohême, et ses plus proches alliés, le prince Christian d'Anhalt, le margrave de Jägerndorf, un Hohenzollern cousin de l'Électeur de Brandebourg et le comte de Hohenlohe étaient bannis, eux et leur descendance, et leurs biens confisqués seraient attribués à de nouveaux bénéficiaires... à moins qu'ils ne fissent amende honorable et sollicitassent le pardon impérial.

La lourde sanction qui s'abattit sur Frédéric V et ses fidèles les plus proches s'explique par la gravité de la faute commise, le crime de lèse-majesté. Mais l'application des peines prononcées soulevait de nombreux problèmes d'ordre pratique. Comment rendre effective la confiscation des possessions des condamnés sans avoir recours à la force armée ? Qui seront les bénéficiaires des biens confisqués ? Quelle sera la réaction des autres princes allemands, et celle des souverains étrangers ?

En fait, le problème majeur était celui des biens de l'Électeur palatin. Frédéric V, en effet, régnait sur deux territoires distincts : le Palatinat rhénan, qui groupait les territoires situés de part et d'autre du Rhin moyen avec Heidelberg pour capitale, et le Haut-Palatinat, situé au nord de la Bavière et aux confins occidentaux de la Bohême. À ces possessions territoriales s'ajoutait la dignité de Prince-Électeur, c'est-à-dire le droit de participer à l'élection impériale.

Le sort des territoires confisqués au Palatin fut réglé assez rapidement. Au printemps de 1620 déjà, l'archiduc Albert, gouverneur des Pays-Bas espagnols, avait recruté en Belgique une vingtaine de milliers d'hommes placés sous le commandement du général Ambrogio Spinola ; ces troupes devaient aider l'empereur Ferdinand en occupant les possessions rhénanes du Palatin. Et effectivement, en août, les troupes de Spinola pénétrèrent en Allemagne par le Luxembourg, occupèrent les possessions du Palatin situées sur la rive gauche du Rhin et quelques localités de la rive droite. Les forces de l'Union évangélique avaient alors tenté de réagir, mais la défaite des armées de Frédéric V à la Montagne blanche les incita à la prudence.

La présence de Spinola aux confins de l'Alsace amena les autorités de Strasbourg à prendre leurs distances vis-à-vis de l'Union évangélique. Grâce à la médiation du landgrave de Hesse-Darmstadt demeuré fidèle à Ferdinand II, un accord fut signé à Aschaffenbourg entre les représentants de Strasbourg et les commissaires impériaux. Strasbourg obtenait le pardon impérial pour ses trahisons passées, la confirmation de ses privilèges et la transformation de son Académie en Université ; en échange, la ville s'engageait à pratiquer une politique de stricte neutralité[1]. Plusieurs autres villes libres d'Empire suivirent l'exemple de la capitale alsacienne. Quant aux princes protestants réunis depuis février 1621 à Heilbronn, ils furent incapables d'adopter une position commune. La plupart, à l'exemple du landgrave de Hesse-Kassel, signèrent le 12 avril un accord avec Spinola aux termes duquel ils dissolvaient l'armée de l'Union évangélique et se soumettaient à l'empereur. Un mois plus tard, l'Union évangélique n'existait plus[2].

Frédéric V paraissait bien abandonné de tous. De son exil hollandais, il pouvait contempler l'ampleur du désastre. La plus grande partie de ses possessions rhénanes était aux mains des Espagnols de Spinola, à l'exception de la place forte de Frankenthal qui continuait à résister. En septembre 1621, le Haut-Palatinat fut à son tour perdu pour lui avec l'entrée des troupes de Tilly. Néanmoins, Mansfeld, le fidèle d'entre les fidèles, ne restait pas inactif. Il avait formé une armée avec des mercenaires recrutés parmi les protestants suisses et les huguenots français et pouvait compter sur les troupes du margrave Georges de Bade-Durlach, l'un des rares princes de l'Union évangélique resté fidèle à Frédéric V. À la fin de 1621, Mansfeld entreprit de libérer le Palatinat rhénan de la présence espagnole. Après avoir dégagé Frankenthal assiégée, les troupes de Mansfeld se dirigèrent vers le sud, ravageant au passage l'évêché de Spire, puis, plutôt que de s'attaquer aux Espagnols, elles se dirigèrent vers l'Alsace ; le 18 novembre 1621, elles s'emparèrent de Lauterbourg, puis le mois suivant de Wissembourg et de Haguenau. Au début, les protestants d'Alsace firent bon accueil à Mansfeld, mais le comportement de ses mercenaires leur fit vite changer d'opinion. Après avoir demandé en vain à Strasbourg le libre passage sur le pont du Rhin, Mansfeld se dirigea vers Saverne mais ne put s'em-

1. R. Reuss, *Histoire d'Alsace*, *op. cit.*, p. 93.
2. H. Sacchi, *La Guerre de Trente Ans*, *op. cit.*, t. I, p. 387-388.

parer de la ville défendue par le comte de Salm. Pendant ce temps, les mercenaires pillaient et dévastaient les campagnes du plat pays, provoquant la fuite de dizaines de milliers de paysans qui cherchèrent refuge à l'abri des murailles de Strasbourg [1].

Pendant que Mansfeld et ses troupes prenaient pied en Alsace, imposant de lourdes contributions aux villes catholiques, Tilly avait levé une nouvelle armée qui avait pour mission de chasser les troupes de Mansfeld d'Allemagne du Sud et d'achever la conquête des possessions rhénanes du Palatin. Le 6 mai 1622, l'armée de Tilly et celle de Cordoba — qui avait remplacé Spinola — infligèrent une sévère défaite aux troupes du margrave de Bade-Durlach à Wimpfen puis repoussèrent le 20 juin à Höchst des renforts envoyés par le duc de Brunswick. Tilly put ainsi achever la conquête du Palatinat en s'emparant le 19 septembre de Heidelberg, puis le 2 novembre de Mannheim. Seule, Frankenthal résistait encore, tenue par des soldats anglais, mais ceux-ci reçurent l'ordre du roi Jacques Ier de se rendre, ce qui fut fait en mars 1623 [2].

Depuis longtemps, Frédéric V se rendait compte que la partie était perdue et qu'il fallait traiter. Dès juillet 1622, il avait congédié Mansfeld. Celui-ci quitta aussitôt l'Alsace, puis, après un bref passage en Lorraine, alla rejoindre les armées hollandaises auprès desquelles se trouvait déjà le duc de Brunswick. Là en effet, aux Provinces-Unies, la guerre contre les Espagnols avait repris en avril 1621.

★

De son côté, l'empereur était conscient qu'il devait sa victoire aux armées fournies par le duc de Bavière. Il s'agissait maintenant pour lui de tenir les promesses faites en 1619 ; Ferdinand II décida donc de convoquer pour janvier 1623 une *Députation*, c'est-à-dire une assemblée restreinte de la Diète, à laquelle furent conviés les Princes-Électeurs, à l'exception du Palatin, et un certain nombre de princes catholiques et protestants. Les Électeurs de Brandebourg et de Saxe, déjà inquiets de la politique de reconquête catholique

1. R. Reuss, *Histoire d'Alsace*, *op. cit.*, p. 94.
2. G. Parker, *La Guerre de Trente Ans*, *op. cit.*, p. 124-125.

menée par l'empereur, et ayant de surcroît appris que la dignité électorale du Palatin avait été déjà officieusement attribuée au duc de Bavière — ce qui donnait maintenant une majorité écrasante aux catholiques dans le Collège électoral —, s'abstinrent de paraître à Ratisbonne et y envoyèrent seulement des ambassadeurs. La Députation qui s'ouvrit le 7 janvier 1623 était constituée en majorité de catholiques. L'empereur Ferdinand II fit approuver sa décision de transférer au duc de Bavière la dignité électorale détenue jusque-là par le Palatin. À la demande des membres de la Députation, il fut précisé que ce transfert était seulement viager et que, à la mort de Frédéric V, la dignité électorale reviendrait à ses héritiers[1]. Le 25 février 1623, le duc Maximilien reçut solennellement les insignes de sa nouvelle fonction de Prince-Électeur. De nombreux princes protestants cependant ne cachèrent pas leur inquiétude devant la mesure prise, craignant qu'un jour on les dépouille également de leurs titres. Les princes catholiques, eux aussi, émirent des réserves sur la légalité de la mesure prise par l'empereur à l'égard du Palatin et approuvée non sans réticences par la Députation : ce fut le cas notamment du chancelier d'Empire, l'Archevêque-Électeur de Mayence. Restait à régler le problème des possessions territoriales du Palatin. Il fut décidé que si Frédéric V faisait acte de soumission et demandait son pardon à l'empereur, ses biens lui seraient rendus. En attendant, le Haut-Palatinat fut placé sous l'autorité du duc de Bavière. Quant aux possessions rhénanes du Palatin, elles furent mises sous séquestre : l'administration de la partie située sur la rive gauche du Rhin fut confiée aux Espagnols, celle de la rive droite aux Bavarois[2]. À peine installés à Mannheim et à Heidelberg, les représentants du duc de Bavière en expulsèrent aussitôt les pasteurs et logèrent des soldats chez les habitants protestants des villes, ce qui avait pour objectif de les ramener au catholicisme.

En mars 1623, les participants à la Députation de Ratisbonne se séparèrent tandis que Munich célébrait par des fêtes grandioses l'élévation du duc de Bavière à la dignité électorale. La paix cependant était loin d'être revenue en

1. G. Pagès, *La Guerre de Trente Ans*, *op. cit.*, p. 76.
2. V.L. Tapié, *La Guerre de Trente Ans*, *op. cit.*, p. 142.

Allemagne. De nombreux princes, catholiques ou protestants, étaient inquiets de la politique autoritaire de Ferdinand II. Loin d'être le point final à la crise née de la révolte de la Bohême, la destitution de l'Électeur palatin n'était que le début d'une politique de restauration, voire de renforcement de l'autorité impériale, sur un Empire dans lequel les princes tout autant que les villes libres étaient très attachés au respect des « libertés germaniques ».

★

Au moment où venait d'être réglé le sort de Frédéric V et de ses possessions, l'empereur Ferdinand II semblait d'ores et déjà avoir gagné la partie. L'autorité impériale avait été restaurée en Bohême et dans les duchés autrichiens ; la Hongrie, tout en conservant sa Constitution et ses privilèges, s'était soumise, et le prince Gábor Bethlen semblait se contenter de régner sur la Transylvanie et de profiter des avantages consentis par l'empereur lors des deux traités de Nikolsbourg. Enfin, et surtout, le Palatin félon, mis au ban de l'Empire, déchu de ses fonctions électorales et dépossédé de ses biens, avait été solennellement condamné par ses pairs et vivait relégué dans son exil hollandais entouré de ses derniers fidèles.

Ces succès incontestables, Ferdinand II les devait à la conjonction de plusieurs facteurs. En premier lieu, Maximilien de Bavière avait largement contribué au triomphe de l'empereur en mettant à sa disposition les armées de la Ligue catholique commandées par un chef de guerre exceptionnel, Johann Tzerklas, comte de Tilly (1559-1632). Général d'origine belge, donc sujet des Pays-Bas espagnols, Tilly avait d'abord servi dans les armées du roi d'Espagne, puis on le retrouva un peu plus tard au service de l'empereur Rodolphe II pour lequel il combat les Turcs en Hongrie, ce qui lui valut en 1605 le grade de feld-maréchal. Passé en 1610 du service de l'empereur à celui du duc de Bavière, Tilly réorganisa l'armée bavaroise et reçut le commandement suprême des armées de la Ligue catholique dont la victoire à la Montagne blanche permit à Ferdinand II de chasser l'antiroi Frédéric et de rétablir son autorité en Bohême. La conquête du Palatinat et ses victoires sur les armées alliées de Frédéric V, en mai-juin 1622, firent de lui le chef militaire le plus prestigieux de l'Empire, au service du duc de Bavière et au service de l'empereur. Mais il est évident que le rôle décisif joué par Maximilien et ses armées dans la reconquête du pouvoir avaient fait de Ferdinand II l'obligé du Wittelsbach.

En second lieu, depuis 1618, le sentiment de loyalisme manifesté à l'égard de l'empereur, tant par la majorité des princes allemands que par la plupart des villes libres, a joué un rôle décisif dans l'échec final du Palatin et a permis le triomphe de Ferdinand II.

Enfin, et c'est peut-être là que se trouve le facteur déterminant dans la victoire de l'empereur, les grandes puissances européennes ont fait preuve, lors de la crise, de la plus grande prudence et ont préféré observer et conseiller que participer au conflit. Seule l'Espagne s'est engagée, mais du côté de l'empereur, au nom essentiellement de la solidarité familiale unissant les Habsbourg de Madrid à ceux de Vienne. Cet engagement, il faut le souligner, s'est limité à l'envoi de quelques troupes dans le Palatinat rhénan et s'est arrêté là, d'autant plus que la guerre avait repris en 1621 avec les Provinces-Unies dont le territoire jouxtait les Pays-Bas espagnols — c'est-à-dire la Belgique actuelle. Et, pour les mêmes raisons, cette guerre empêcha les Provinces-Unies, confrontées à la menace espagnole, d'aider efficacement les partisans de Frédéric V. Mise à part l'exception espagnole, ni l'Angleterre ni la France ne se sont impliquées directement dans le conflit allemand.

Malgré les liens familiaux qui unissaient Jacques Ier Stuart à son gendre Frédéric V, l'Angleterre s'est bornée à l'envoi de quelques subsides aux partisans de Frédéric V et de quelques soldats pour défendre Frankenthal ; et, dès 1622, Jacques Ier a fortement conseillé à son gendre de faire la paix avec l'empereur.

Du côté français, la situation était plus complexe. Le pouvoir royal depuis la mort d'Henri IV était quelque peu fragilisé. La noblesse de province et les huguenots avaient profité de la jeunesse du roi pour multiplier les soulèvements et les révoltes. Louis XIII, personnellement très hostile aux protestants en qui il voyait des rebelles, s'était montré plus que compréhensif à l'égard de Ferdinand II. Son secrétaire d'État aux Affaires étrangères, Pierre de Puysieulx, était hostile à une reprise de la guerre contre les Habsbourg. En fait, pour la France, le danger n'était pas Ferdinand mais plutôt le roi d'Espagne dont les possessions s'étendaient sur presque toute la périphérie du royaume, au nord avec les Pays-Bas espagnols, à l'est avec la Franche-Comté et au sud avec le royaume d'Espagne proprement dit. Or, depuis 1617, les relations franco-espagnoles s'étaient améliorées et Puysieulx ne voulait rien entreprendre qui puisse remettre en cause cette paix précaire. Au moins jusqu'en 1623, les affaires allemandes ne sont pas le souci majeur du gouvernement français. La diplomatie française était surtout préoccupée par les affaires italiennes, et en particulier par la question de la Valteline. Ce petit territoire des Alpes du Sud constitué par la vallée de l'Adda — une voie stratégique vitale pour les Habsbourg car elle unissait le Milanais espagnol au Tyrol et de là à la haute vallée du Rhin — était peuplé de catholiques mais dépendait politiquement du canton suisse protestant de la Ligue des Grisons (Graubunden). En 1620 déjà, les catholiques de la Valteline, se sentant menacés par leur autorité de tutelle, avaient demandé au gouverneur de Milan d'y envoyer des troupes. L'année suivante, la Ligue des Grisons dut renoncer à son autorité sur le territoire. Le gouvernement français aux prises avec les huguenots du Midi se borna alors à rechercher un accord diplomatique avec l'Espagne. Un traité fut signé à Madrid le 25 avril 1621 qui prévoyait un retour au *statu quo*, mais il ne fut pas appliqué. En 1622, avec la paix de Montpellier qui mettait fin à la guerre huguenote, Louis XIII songea un moment à envoyer des troupes en Valteline, mais Puysieulx lui conseilla d'accepter une solution de compromis qui consistait à mettre sous séquestre la Valteline et à en confier la protection à une puissance neutre, en l'occurrence le pape Grégoire XV dont les troupes remplacèrent sur place les garnisons espagnoles[1].

Enfin, les puissances de l'Europe du Nord étaient, elles aussi, restées à l'écart du conflit. Le roi de Suède Gustave-Adolphe, luthérien intransigeant, était à cette époque surtout préoccupé par son conflit avec la Pologne et, en juillet 1621, ses troupes s'étaient lancées à la conquête de la

1. In *Histoire des relations internationales*, t. II, Paris, 1953, G. Zeller, *Les Temps modernes*, 1ère partie, *De Christophe Colomb à Cromwell*, p. 228-230 ; et V.L. Tapié, *La France de Louis XIII et de Richelieu*, *op. cit.*, p. 159 et ss.

Livonie polonaise. L'année suivante, une trêve fut conclue avec le roi de Pologne et prolongée jusqu'en 1625. Quant au Danemark, ce qui inquiétait au premier chef son roi, Christian IV, lui aussi luthérien, c'était la politique expansionniste de la Suède. Tant et si bien que, dans l'immédiat, ni la Suède ni le Danemark n'avaient bougé.

Ferdinand II semblait donc avoir les mains libres pour réaliser son objectif de restauration de l'autorité impériale et d'endiguer la progression du protestantisme en Allemagne du Nord. Pour cela, il lui fallait des troupes. Il y avait bien, certes, l'armée de Tilly, mais son utilisation le mettait encore davantage à la merci de son cousin bavarois. Quant à recruter une armée à ses frais, il n'en était pas question pour l'instant tant la situation financière de l'empereur était catastrophique.

Et pourtant, sur le terrain, la guerre continuait, et, une fois encore, c'est à Tilly qu'il appartenait de mener à bien la politique impériale. Frédéric V et ses fidèles n'avaient pas renoncé et s'appuyaient sur les Provinces-Unies. Grâce aux subsides fournis par les états généraux de Hollande, les deux anciens chefs de guerre de Frédéric V, Mansfeld et Christian de Brunswick, avaient repris du service. Dès novembre 1622, à la tête d'une armée de douze mille hommes, Mansfeld pénétra en Allemagne ; après avoir dévasté l'évêché de Munster, il occupa le comté catholique d'Oldenbourg et le littoral frison. Puis, en janvier 1623, c'était au tour de Christian de Brunswick de reprendre la lutte ; après s'être emparé d'Osnabrück, il conduisit ses armées jusqu'à la Weser. Ainsi, la guerre qui jusque-là s'était déroulée dans le sud de l'Allemagne se déplaçait vers le nord du pays. Or, en Allemagne du Nord, la plupart des princes et des villes étaient protestants mais ne disposaient que de ressources militaires réduites. Tous craignaient que les entreprises aventurières de Mansfeld et de Christian de Brunswick ne provoquent la réaction de l'empereur et que leurs États ne soient à leur tour dévastés par les armées amies ou ennemies.

Le duc de Brunswick, Frédéric-Ulrich (1615-1634), tenta en vain de persuader son jeune frère Christian qu'il faisait fausse route et que le mieux pour lui serait de faire amende honorable et de conclure la paix avec l'empereur. Après avoir longuement hésité, Christian de Brunswick choisit de continuer le combat pour la cause de Frédéric V. Il pouvait compter sur certains appuis en Allemagne du Nord. Bernard de Saxe-Weimar, le fils du duc Jean-Ernest, les ducs de Mecklembourg, et les principales villes de la Hanse — Hambourg, Lübeck et Brême — soutenaient son action. Et, à l'est, le prince de Transylvanie, Gábor Bethlen, l'ancien allié du « roi d'un hiver », se préparait à reprendre la guerre contre Ferdinand II. Le roi de Danemark, Christian IV, prince de l'Empire en tant que duc de Holstein, suivait de près l'évolution des événements en Allemagne du Nord. Il ambitionnait rien moins que s'assurer le contrôle des bouches de la Weser et de l'Elbe, et par là le commerce qui y transitait ; en septembre 1621, Christian IV avait fait désigner son fils Frédéric comme coadjuteur avec droit de succession à l'évêché de Brême, puis, peu après, comme coadjuteur à l'évêché de Verden. Pour réaliser ses objectifs, Christian IV incitait les princes protestants d'Allemagne du Nord et notamment ceux du Cercle de Basse-Saxe à mettre en commun leurs forces militaires pour reconstituer une sorte de nouvelle Union évangélique. Mais les princes protestants de la région, divisés entre luthériens et calvinistes, très jaloux de leur indépendance, ne parvinrent pas à s'entendre.

En avril 1623, l'empereur chargea Tilly de rétablir l'ordre en Allemagne du Nord et de mettre fin aux agissements de Mansfeld et de Christian de Brunswick ; il craignait aussi que les deux condottiere ne fissent alliance avec le landgrave Maurice de Hesse-Kassel. Fin mai, Tilly, venu de Bavière, pénètre avec son armée sur les terres du landgrave qui fait aussitôt acte de soumission, puis se dirige vers le nord-ouest à la poursuite de Christian de Brunswick. Celui-ci avait tenté en vain de se diriger vers l'Elbe pour ensuite gagner la Bohême et faire sa jonction avec les forces de Gábor Bethlen. Plan audacieux mais chimérique. En effet, en Allemagne du Nord, Christian de Brunswick fut désavoué lors de l'assemblée du Cercle de Basse-Saxe tenue à Lunebourg le 23 juillet, et on lui demanda instamment de licencier ses troupes ou bien de quitter l'Empire. Quant à Mansfeld, occupé à tenir la Frise orientale, il ne pouvait intervenir. Et du côté de Bethlen la situation n'était guère plus favorable. Bethlen, appuyé par les Turcs, avait bien tenté de soulever la Hongrie royale, mais sans grand succès, et lorsqu'il passa effectivement à l'offensive contre l'empereur, le sort de Christian de Brunswick était déjà réglé. En effet, dès juin, Tilly s'était lancé à sa poursuite, le talonnant à travers le Teutobourgerwald et la Westphalie. La rencontre décisive eut lieu à proximité du village de Stadtlohn le 6 août 1623, tout près de la frontière des Provinces-Unies où Christian de Brunswick tentait de se réfugier. La victoire de Tilly fut totale ; les pertes de l'armée de Christian furent considérables, et c'est avec moins de deux mille hommes épuisés que Christian réussit à se replier sur Arnhem [1]. À l'est, Bethlen, à l'annonce de la défaite de son allié, jugea plus prudent de négocier avec Ferdinand II, en dépit de quelques succès locaux en Haute-Hongrie [2].

Tilly tenta de déloger les troupes de Mansfeld ; il remonta vers le nord, s'empara de Meppen et poussa en direction de la Weser, aux confins du Holstein. L'approche des troupes de Tilly inquiéta vivement le roi de Danemark. Celui-ci proposa sa médiation et des négociations s'ouvrirent, interminables, qui permirent aux armées de Mansfeld et de Tilly, épuisées, de prendre leurs quartiers d'hiver. Au cours de l'hiver 1623-1624, les opérations militaires connurent une longue période d'accalmie : Mansfeld ramena ses troupes en Hollande, tandis que Tilly s'installa en Hesse-Kassel [3].

Ainsi, au début de 1624, les armées protestantes stipendiées par les Hollandais avaient regagné leur base de départ. Les armées de Tilly, une fois encore, avaient contribué à la victoire de l'empereur. Le monde allemand paraissait avoir enfin retrouvé la paix. La cause de l'Electeur palatin déchu et réfugié à La Haye ne semblait plus intéresser grand monde en Allemagne. Ses biens lui avaient été enlevés et le duc de Bavière était devenu Electeur. Même la Saxe avait finalement ratifié les décisions de la Députation de 1623. Toutefois, l'Électeur de Brandebourg, calviniste comme Frédéric V, avait refusé de le faire, et c'est autour de lui que désormais vont se grouper les princes demeurés fidèles au Palatin.

1. H. Sacchi, *La Guerre de Trente Ans*, *op. cit.*, t. II, p. 43-45.
2. L. Makkai, *Histoire de Transylvanie*, *op. cit.*, p. 227.
3. H. Sacchi, *La Guerre de Trente Ans*, *op. cit.*, t. II, p. 47-49.

6

L'EXTENSION DE LA GUERRE : L'ENTRÉE EN SCÈNE DE WALLENSTEIN

Tandis que le monde allemand semblait s'installer dans la paix en dépit des rancœurs suscitées par les succès impériaux, l'intervention des puissances étrangères allait peu à peu transformer un conflit intérieur allemand apparemment réglé en une véritable guerre européenne. Les succès de Ferdinand II, en effet, inquiétaient de nombreux États.

Depuis 1621 déjà, le conflit entre l'Espagne et les Provinces-Unies avait repris. Or, l'Espagne, lors de la guerre entre Ferdinand II et le Palatin, avait soutenu l'empereur, tandis que les Provinces-Unies avaient défendu la cause de Frédéric V. À partir de 1624, la guerre entre les Espagnols et les Hollandais se transforme peu à peu en un conflit général. Dans un premier temps, les grandes puissances de l'Europe occidentale, la France et l'Angleterre, s'étaient refusés à intervenir directement dans le conflit. L'événement déterminant, c'est l'entrée de Richelieu au Conseil du roi en avril 1624 et son élévation au rang de principal ministre au mois d'août de la même année. Avec Richelieu, c'est le début d'une nouvelle orientation dans la politique extérieure de la France et le retour à la politique antihabsbourgeoise suivie autrefois par Henri IV. À l'arrière-plan, les États protestants, ceux d'Allemagne du Nord en particulier, qui se sont livrés à des sécularisations rampantes en dépit des dispositions de la paix d'Augsbourg, redoutent que les succès de Ferdinand II ne les remettent en question. Mais, à ce moment-là encore, ni la France ni l'Angleterre, ni les États scandinaves ne pouvaient ou ne voulaient intervenir militairement.

Richelieu, outre les difficultés intérieures auxquelles il devait faire face — la guerre contre les huguenots et l'agitation nobiliaire —, n'avait ni les moyens financiers ni les moyens militaires pour entreprendre une action militaire contre l'Espagne et encore moins pour intervenir dans les affaires allemandes, bien qu'il fût préoccupé du renforcement de l'autorité de Ferdinand II dans l'Empire. Il s'efforça de resserrer les liens unissant la France aux ennemis traditionnels de l'Espagne. Ce fut d'abord un rapprochement avec l'Angleterre symbolisé par un projet de mariage de la sœur de Louis XIII, Madame Henriette, avec le fils de Jacques Ier, Charles, qui deviendra roi d'Angleterre en mai 1625 au moment où étaient célébrées les fiançailles officielles. C'est aussi la réactualisation de l'alliance traditionnelle avec les Provinces-Unies symbolisée par le traité de Compiègne du 10 juin 1624 aux termes duquel la France s'engageait à fournir un subside de deux millions deux cent mille livres en échange de quoi les Hollandais s'engageaient à fournir vingt vaisseaux au roi de France et à ne pas conclure d'alliance sans l'accord français [1]. L'alliance avec les calvinistes hollandais fut sévèrement jugée par le parti dévot, mais, pour le père Joseph, le bras droit de Richelieu, une alliance entre pays de religions différentes n'avait rien d'immoral quand il s'agissait de lutter contre les ennemis du roi, car « les ennemis de nos rois étaient les ennemis de Dieu [2] ». Les huguenots français, eux, qui étaient en guerre contre Richelieu, ressentaient fort mal le fait que des vaisseaux hollandais aillent prêter main-forte à celui qui les persécutait. Richelieu, pour bien montrer aux dévots qu'il ne recherchait pas uniquement les alliances protestantes, tenta au même moment de détacher le très catholique duc de Bavière de Ferdinand II. Sa démarche ne donna pas le résultat attendu en raison des liens étroits qui unissaient Maximilien de Bavière à l'empereur, mais elle montrait que la France suivait de près l'évolution de la situation en Allemagne [3].

Au même moment, Richelieu donnait sa caution à une initiative prise par l'Électeur Georges-Guillaume de

1. H. Sacchi, *La Guerre de Trente Ans, op. cit.*, t. II, p. 82.
2. V.L. Tapié, *La Guerre de Trente Ans, op. cit.*, p. 180.
3. H. Sacchi, *La Guerre de Trente Ans, op. cit.*, t. II, p. 87-88.

Brandebourg, visant à créer une alliance défensive entre son pays, le Hesse-Kassel, et les duchés de Brunswick et de Saxe-Weimar d'une part, et les Provinces-Unies d'autre part. Cette initiative fut concrétisée par un traité en bonne et due forme conclu le 23 octobre 1624. Le prince de Transylvanie Bethlen se rallia à cette entente entre princes protestants, mais il avait des objectifs beaucoup plus ambitieux. Pour Bethlen, il ne s'agissait pas seulement d'arrêter les ambitions de Ferdinand II et de rétablir Frédéric V sur le trône de Bohême, mais également d'anéantir définitivement la Maison d'Autriche. Ce plan audacieux suscita des réserves de la part de la France, de l'Angleterre et même des Provinces-Unies, et les coalisés jugèrent plus prudent de l'écarter. Seul le roi de Suède, Gustave-Adolphe, y était favorable[1]. Néanmoins, un fait était acquis. Les Etats protestants de l'Europe du Nord et les princes protestants de l'Allemagne du Nord semblaient bien décidés à s'opposer aux ambitions des Habsbourg, et Richelieu les y encourageait. L'internationalisation du conflit était désormais en marche.

⋆

Jusqu'en 1624, un seul pays, les Provinces-Unies, avait défendu les couleurs de l'Europe protestante face à l'Espagne catholique, et encore s'agissait-il d'un conflit localisé et extérieur aux affaires allemandes. Mais les Etats scandinaves et les princes protestants d'Allemagne du Nord comptaient beaucoup sur les succès hollandais pour faire obstacle au progrès de la Contre-Réforme « papiste ». Or, à partir de 1624, la situation militaire s'est dégradée en Hollande, et la place forte de Breda, qui assure la sécurité du pays du côté de l'Empire et des Pays-Bas espagnols, est assiégée depuis le mois d'août 1624 par les troupes de Spinola et tombera finalement au mois de mai suivant.

L'inquiétude suscitée par les difficultés militaires des Provinces-Unies fut l'une des raisons qui amenèrent le roi du Danemark Christian IV à intervenir en Allemagne, mais il y en avait bien d'autres. Le roi redoutait d'abord qu'une victoire espagnole en Hollande ne pousse l'empereur Ferdi-

1. *Magyarország története, op. cit.*, t. III, 1526-1686, p. 852-853.

nand II à remettre en question le statut des protestants en Allemagne du Nord. La présence des armées de Tilly en 1624 dans les plaines de la basse Weser et de l'Elbe moyenne l'avait conforté dans l'idée que c'était à lui, roi de Danemark, prince luthérien et aussi duc de Holstein qu'il appartenait de prendre la tête de la résistance des protestants d'Allemagne du Nord contre la politique de reconquête impériale. Christian IV avait réussi à se faire désigner comme président du Cercle de Basse-Saxe par les princes protestants allemands de la région, et, à ce titre, il était chargé de lever des troupes et de constituer une armée pour en assurer la défense. Il pouvait compter sur le soutien de l'Électeur de Brandebourg et de ses alliés allemands et transylvains. Ainsi se constituait une grande coalition contre Ferdinand II et la Ligue catholique. D'autres raisons plus personnelles poussaient le roi de Danemark à agir. Christian IV, en effet, qui contrôlait déjà les détroits du Sund et par eux le commerce entre les pays de la mer du Nord et ceux de la Baltique, aspirait à contrôler le trafic sur la Weser et, surtout, sur l'Elbe. Pour cela, il avait incité les chapitres de Brême et de Verden à donner l'« expectative » de ces évêchés — donc le droit de les administrer — à son fils cadet Frédéric, et espérait qu'il en serait de même avec les évêchés de Halberstadt et d'Osnabrück où il n'allait pas tarder à être satisfait [1].

Cette politique visait à constituer une vaste zone d'influence danoise en Allemagne du Nord ; mais elle était aussi une forme déguisée de sécularisation des biens d'Eglise contraire à la paix d'Augsbourg. On comprend ainsi mieux pourquoi Christian IV s'opposait à la politique de restauration impériale menée par Ferdinand II. Enfin, le roi du Danemark était conscient que, s'il tardait trop à intervenir, ce serait son concurrent et rival, le roi Gustave-Adolphe de Suède, qui le ferait à sa place. Quant à Richelieu, il ne pouvait que se réjouir de la politique danoise dans la mesure où elle risquait d'affaiblir l'empereur et l'empêchait ainsi d'aider son cousin espagnol.

Lorsque Christian IV, au printemps 1625, envisagea de passer à l'action, il ne disposait alors que d'une dizaine de milliers d'hommes, mais il pouvait compter sur les subsides

1. G. Pagès, *La Guerre de Trente Ans*, *op. cit.*, p. 81-82.

envoyés par l'Angleterre et les Provinces-Unies. En revanche, dans le Cercle de Basse-Saxe, le recrutement des troupes fut difficile car la noblesse locale hésitait à s'engager. En effet, Tilly, au nom de l'empereur, avait invité les princes du Cercle de Basse-Saxe à refuser la levée d'hommes dans leurs domaines, considérant que ces levées étaient illégales. Cependant, Christian IV reçut des renforts envoyés par le duc de Saxe-Weimar et son frère Bernard, et par le margrave Christian-Guillaume de Brandebourg, neveu de l'Électeur. En outre, de nombreux exilés de Bohême vinrent se joindre à l'armée de Christian IV qui, rassemblée au camp de Itzehoe, comptait déjà plus de vingt-cinq mille hommes au début de juin 1625. Au même moment, Mansfeld et Christian de Brunswick avaient reconstitué chacun séparément une armée ; leurs troupes s'installèrent dans le duché de Berg où elles se livrèrent à un pillage en règle. Les deux chefs envisagèrent même de se joindre à celles de Christian IV mais Tilly les en empêcha.

La situation qui jusque-là avait été favorable pour l'empereur Ferdinand II s'était donc radicalement modifiée. C'était maintenant l'empereur qui était en position inconfortable et entièrement à la merci de Tilly. En outre, sur ses arrières, Ferdinand II retrouvait son éternel et fougueux adversaire, le prince de Transylvanie. Après avoir tenté de s'entendre avec l'empereur à qui il avait demandé la main de sa fille — ce qui lui fut refusé avec dédain — Gábor Bethlen revint à sa politique d'alliance avec les Turcs et avec les princes protestants du Nord. Au printemps 1625, Bethlen demanda la main de Catherine de Hohenzollern, la sœur de l'Électeur de Brandebourg — qu'il épousera l'année suivante. Peu à peu se constituait donc une vaste coalition dirigée contre Ferdinand II. L'empereur n'avait à sa disposition que les troupes de Tilly lorsque en juin 1625, Christian IV déclencha les hostilités. Officiellement, le roi de Danemark agissait pour empêcher le séjour de l'armée de Tilly en Basse-Saxe. Si, en fait, les opérations militaires de 1625 furent limitées à des escarmouches entrecoupées de trêves, en revanche le passage des armées en Basse-Saxe se traduisit comme à l'accoutumée par la mise à sac du plat pays.

*

Les deux adversaires, l'empereur Ferdinand II et le roi du Danemark Christian IV, ainsi que ses alliés protestants n'étaient pas encore en mesure de lancer des opérations militaires décisives et avaient besoin de renforcer leur potentiel militaire. Du côté impérial, les effectifs de l'armée de Tilly étaient réduits et l'argent manquait souvent au moment de la solde, ce qui provoquait de nombreuses désertions, voire des mutineries. C'est pourquoi, au moment où s'est précisée la menace danoise, l'empereur prêta une oreille attentive aux propositions du condottiere tchèque Wallenstein dont il avait déjà à maintes reprises utilisé les services. Wallenstein, qui disposait d'une immense fortune, avait plusieurs fois proposé à l'empereur de lever des troupes à ses propres frais, mais son offre avait été repoussée. Cette fois, par lettres patentes du 25 juillet 1625, Wallenstein reçut de l'empereur l'autorisation de recruter une armée de vingt mille mercenaires dont il serait le commandant en chef, avec le droit, en outre, de délivrer des brevets d'officier. Wallenstein assumerait le coût financier du recrutement et disposerait, lui et ses soldats, de tout le butin conquis lors des campagnes ; en échange, le Trésor impérial assurerait le paiement des soldes. Seule restriction imposée par l'empereur à la toute-puissance de son général, Wallenstein devrait harmoniser son action avec celle de Tilly et entretenir avec lui de bonnes relations[1]. De son côté, Tilly se voyait donc contraint de partager avec Wallenstein la responsabilité de défendre sur le terrain la cause impériale. Entre le catholique wallon, intransigeant dans ses certitudes et ses principes, et le chevalier tchèque, audacieux et imprévisible, les différences de tempérament étaient telles qu'une collaboration loyale et sincère entre les deux hommes était peu probable. Qui était en effet cet Albert de Wallenstein à qui Ferdinand II venait de confier le soin de recruter une nouvelle armée ?

Albert Valdštejna — plus connu sous son nom germanisé de Wallenstein — est né en 1583 à Hermanice dans le nord de la Bohême. Son père, un luthérien zélé, appartenait à la petite noblesse tchèque, mais, par son mariage avec une Smiřicka, il se trouva associé à l'une des plus puissantes

1. In *Le Monde et son histoire*, M. Vénard, t. V, *Les Débuts du monde moderne*, Paris, 1967, p. 531-532.

familles de l'aristocratie protestante de Bohême, les Smiřicky. Orphelin à l'âge de douze ans, le jeune Wallenstein fut d'abord recueilli par l'un de ses oncles maternels, Heinrich Slawata, et reçut auprès de lui l'austère éducation d'un précepteur adepte de l'Unité des Frères moraves. Brouillé avec son protecteur, le jeune homme alla trouver refuge auprès d'un autre oncle maternel, catholique celui-ci, qui l'envoya au collège des Jésuites d'Olomouc où il reçut une solide formation intellectuelle. Devenu majeur, Wallenstein alla étudier à l'université luthérienne d'Altdorf en Suisse puis à celle de Padoue. Au cours de son séjour en Italie, il s'intéressa beaucoup aux sciences politiques et à l'astrologie, deux domaines qui allaient le marquer profondément sa vie durant. Converti au catholicisme en 1606, Wallenstein, qui a choisi la carrière militaire, se met alors au service des Habsbourg qu'il sert d'abord en Hongrie contre les Turcs, puis de 1615 à 1617 en Italie contre Venise. Entretemps, il a épousé d'abord Lucrèce Neskovna de Landek, une riche veuve dont il héritera, puis, en 1616, Isabelle de Harrach, très liée aux milieux proches de la cour de Vienne. Riche, proche du pouvoir et du camp catholique — son beau-frère Adalbert de Harrach sera archevêque de Prague en 1623 —, Wallenstein n'en conserve pas moins de solides amitiés dans le camp protestant ; sa sœur aînée a épousé en effet Charles de Zerotin, lui aussi un proche de la Cour. Lors de la révolte de la Bohême, Wallenstein reste fidèle à Ferdinand II et met à sa disposition de l'argent et des troupes qu'il a recrutées à ses frais. Sa fortune est déjà considérable ; il a hérité des biens de sa première femme et a récupéré non sans mal l'héritage maternel des Smiřicky. Cet argent, il l'investit dans des spéculations foncières et mobilières ; il participe activement au consortium financier d'Henri de Witte et prête à l'empereur des sommes considérables, plus de 1 600 000 livres entre 1619 et 1623 ; il rachète également de nombreux biens confisqués aux rebelles protestants[1]. Tout cela permet à Wallenstein d'acheter en 1622 la seigneurie de Friedland (Frytland), au nord de la Bohême. L'année suivante, en reconnaissance pour les services rendus, Ferdinand II lui donne le titre de

1. H. Sacchi, *La Guerre de Trente ans*, *op. cit.*, t. II, p. 101-102 ; et V.L. Tapié, *Monarchie et peuple du Danube*, *op. cit.*, p. 122-124.

prince d'Empire et de duc de Friedland. Dès lors, Wallenstein va consacrer tous ses soins à l'administration de son duché qui devient un État quasiment indépendant, prenant un soin tout particulier à son développement économique. Il ne lui manquait plus que la gloire militaire. Ferdinand II, en lui confiant le recrutement d'une armée, lui permit ainsi de réaliser ses ambitions.

*

Christian IV, de son côté, cherchait à renforcer son armée et à nouer de nouvelles alliances. Par la convention de La Haye du 9 décembre 1625, le Danemark signa un traité d'alliance défensive avec les Provinces-Unies et l'Angleterre qui venait d'entrer en guerre contre l'Espagne. Les deux pays s'engageaient à fournir une somme de 144 000 thalers par mois pour financer l'effort de guerre danois ; en outre, les troupes de Mansfeld, financées par les Hollandais, devaient être intégrées aux forces de Christian IV. À la conférence de La Haye, on discuta du plan suggéré par le prince Bethlen qui proposait d'attaquer par l'est en direction de la Moravie et de la Bohême, tandis que Mansfeld remonterait la vallée de l'Elbe pour faire sa jonction avec lui. Ce plan audacieux ne put être réalisé ; le sort des armes en décida autrement.

Il fallait en effet compter avec l'armée de Wallenstein. Le recrutement achevé, Wallenstein avait rassemblé ses forces autour d'Eger (Cheb) où il passa l'hiver 1625-1626. Tilly, de son côté, hiverna en Basse-Saxe. L'initiative de la reprise de la guerre active au début de 1626 revint aux coalisés protestants. Christian IV et son armée attaquèrent dans la vallée de la Weser ; son allié Christian de Brunswick se dirigea vers la Hesse-Kassel, tandis que Mansfeld prit la direction de l'évêché de Magdebourg. Les armées de Tilly et celles de Wallenstein eurent vite fait d'arrêter ces offensives. Ce fut d'abord Wallenstein qui battit Mansfeld au pont de Dessau sur l'Elbe le 25 avril, sans toutefois pouvoir l'empêcher de franchir le fleuve pour se réfugier avec son armée dans le Brandebourg voisin. Mais ce fut surtout à Tilly que revinrent les plus grands succès au cours de la campagne de 1626. Celui-ci s'empara d'abord de Minden et obtint la soumission du landgrave de Hesse-Kassel ; puis il se dirigea vers Göttingen dont il s'empara le 12 août avant d'aller imposer une sévère défaite à l'armée de Christian IV le 26 août à Lutter-am-Barenberg. Les pertes danoises furent considérables, huit mille morts et blessés, plus de trois mille prisonniers. Cette défaite danoise permit aux troupes de Tilly de reprendre le contrôle de la quasi-totalité du Cercle de Basse-Saxe.

Quant à Wallenstein, il suivait à distance la progression des troupes de Mansfeld qui du Brandebourg étaient passées en Silésie, renforcées de contingents fournis par le duc de Saxe-Weimar, puis avaient gagné le nord-est de la Bohême pour rejoindre Bethlen. Le prince de Transylvanie, qui avait repris la lutte contre les Habsbourg, se dirigeait vers la Haute-Hongrie. C'est là que le 25 septembre, à Fülek (Filakovo), Bethlen fit sa jonction avec Mansfeld, toujours talonné par Wallenstein. Celui-ci était entré à son tour en Hongrie en suivant la rive septentrionale du Danube. Les coalisés protestants, Mansfeld et Bethlen, tentèrent de lui barrer la route en prenant position le 30 septembre devant Érsekujvár (Nové Zamky). La nuit suivante, Bethlen, ayant appris la défaite de Christian IV à Lutter — et soucieux de ses propres intérêts —, retira ses troupes. Les troupes de Mansfeld, désormais seules, furent alors facilement défaites par Wallenstein. Mansfeld et les troupes qui lui restaient quittèrent la Hongrie à la mi-octobre pour se diriger vers le sud en direction de la Dalmatie. Il espérait utiliser ses anciennes amitiés italiennes pour rallier Venise à sa cause et préparer, de concert avec les Turcs, une attaque contre les possessions habsbourgeoises de l'Adriatique. Il n'eut pas le temps de mener à bien sa mission car, ayant contracté une pneumonie, il mourut dans un petit village près de Sarajevo[1]. De son côté, Bethlen préféra négocier une trêve avec l'empereur ; la Hongrie royale ne l'avait pas suivi et le Palatin Nicolas Esterhazy, loin de l'aider, avait recruté vingt-cinq mille hommes pour l'armée de Wallenstein[2]. Un nouveau traité fut signé à Presbourg le 20 décembre 1626 entre Bethlen et l'empereur. Le prince de Transylvanie s'engageait à retirer ses troupes de Hongrie et à ne conclure aucune alliance avec les ennemis de l'empe-

1. H. Sacchi, *La Guerre de Trente Ans, op. cit.*, t. II, p. 142-147.
2. *Ibid.*, p. 147.

reur ; il conservait les sept comitats de Haute-Hongrie obtenus lors de la paix de Nikolsbourg, mais sous le contrôle des autorités impériales. La duplicité de Bethlen était manifeste car, tandis qu'il s'apprêtait à faire la paix avec Ferdinand II, il avait adhéré le 30 novembre au traité de Westminster, ce qui l'associait à l'alliance anglo-hollandaise[1]. Bethlen avait alors proposé à ses nouveaux alliés un vaste projet visant à anéantir totalement la puissance des Habsbourg et prévoyant une refonte entière de la carte politique de l'Europe centrale. Selon ce projet, l'Allemagne du Nord serait placée sous l'autorité du Danemark, la Bohême serait rendue au « roi d'un hiver » et l'Électeur palatin aurait retrouvé toutes ses autres possessions ; la Croatie aurait été abandonnée aux Turcs, la Pologne aurait fait l'objet d'un partage entre la Russie et l'Empire ottoman, et la dignité impériale aurait été attribuée à... Louis XIII. Quant à Bethlen, il se réservait pour lui, outre la Transylvanie, la Hongrie et l'Autriche[2]. Ce plan, déjà proposé en 1625, ne fut pas retenu. Mais il indiquait les ambitions de Bethlen et pouvait servir de point de départ pour les opérations futures. Dans l'immédiat pourtant, Bethlen avait besoin de refaire ses forces, et la paix conclue à Presbourg avec l'empereur n'était dans son esprit qu'une simple trêve.

Si, lors des campagnes de 1626, Wallenstein avait à son actif la guerre victorieuse menée en Hongrie contre Mansfeld et Bethlen, c'est Tilly qui avait cependant joué le rôle essentiel en mettant en déroute l'armée de Christian à Lutter. Et dans l'entourage de Tilly comme à la cour de Vienne, nombreux furent ceux qui dénoncèrent les privilèges exorbitants accordés à Wallenstein et sans commune mesure avec les succès relativement secondaires remportés par le général. La bonne fortune de Wallenstein avait suscité de nombreuses jalousies, et une campagne fut menée pour le discréditer aux yeux de l'empereur et obtenir son renvoi. Ferdinand II, malgré les pressions dont il faisait l'objet, ne céda pas. En novembre 1626, l'empereur renouvela sa confiance à Wallenstein, le confirma dans ses fonctions et l'autorisa à lever de nouvelles troupes dont l'entretien devait

---

1. L. Makkai, *Histoire de Transylvanie*, *op. cit.*, p. 228.
2. In *Magyarország története* (Histoire de Hongrie), *op. cit.*, t. III, 1526-1686, 1er vol., p. 856.

être assuré par les revenus de l'impôt direct perçu en Bohême[1].

C'est avec plus de cinquante mille hommes que Wallenstein, associé cette fois à Tilly, reprit les opérations en février 1627 dans le nord de l'Allemagne. L'objectif était de soumettre définitivement les princes protestants alliés de Christian IV et d'amener ce dernier à négocier.

L'empereur voulait rétablir son autorité en Allemagne du Nord et punir les princes qui s'étaient alliés à Christian IV. Dès février 1627, les armées de Wallenstein, associées à celles de Tilly, entreprirent la conquête systématique du Holstein, possession personnelle du roi de Danemark, du Mecklembourg et de la Poméranie, dont les souverains avaient soutenu la politique de Christian IV. Les ducs de Mecklembourg furent les premiers sanctionnés ; l'empereur les destitua et mit leurs biens sous séquestre. Le duc de Poméranie, Boguslav XIV, fit sa soumission en novembre 1627 et s'engagea à remettre la ville et le port de Stralsund aux Impériaux. Le roi Christian IV se trouva alors dans une situation difficile, avec un Parlement hostile à la guerre qui refusait la levée de nouveaux impôts. Il était isolé car son allié le plus proche, l'Électeur de Brandebourg, avait fait la paix avec l'empereur dès l'approche des troupes de Wallenstein. La situation prit une tournure particulièrement critique en janvier 1628 lorsque les armées impériales occupèrent le Jutland.

Les succès accumulés par Wallenstein, la faveur dont il jouissait auprès de l'empereur, l'indépendance avec laquelle il traitait avec les princes vaincus, tout cela ne manquait pas d'irriter les adversaires du général. On put s'en rendre compte aisément lors d'une réunion des représentants des Princes-Électeurs qui se tint en Thuringe à Mülhausen en octobre-novembre 1627. Wallenstein fut l'objet de violentes critiques de la part du représentant du duc de Bavière qui dénonça les ambitions du général et les pillages et exactions de toutes sortes commises par ses troupes. Tous les délégués dénoncèrent les horreurs de la guerre et les ruines qu'elles entraînaient pour le pays[2]. Les attaques menées par

1. G. Pagès, *La Guerre de Trente Ans, op. cit.*, p. 105.

2. G. Parker, *La Guerre de Trente Ans, op. cit.*, p. 167 ; et H. Sacchi, *La Guerre de Trente Ans, op. cit.*, t. II, p. 175-176.

le représentant du duc de Bavière pouvaient facilement s'expliquer. Grâce à l'armée de Wallenstein, l'empereur pouvait désormais s'affranchir de l'alliance parfois pesante et des exigences du duc de Bavière, ce qui restreignait la position dominante exercée par la Bavière dans l'Empire depuis 1620. Quant à reprocher à Wallenstein les exactions auxquelles se livraient ses soldats sur les populations, c'était un argument quelque peu spécieux dans la mesure où les soldats de Tilly avaient un comportement absolument identique.

Les attaques menées contre Wallenstein ne modifièrent pas le comportement de Ferdinand II à son égard. Wallenstein fut largement récompensé par l'empereur pour ses succès lors de la campagne de 1627. Déjà nommé duc de Sagan en octobre 1627, il fut fait duc de Mecklembourg en janvier suivant et reçut le titre de « général des mers océanique et baltique ». Pour apaiser la colère du duc de Bavière, Ferdinand II fit un geste important en sa faveur, en mai 1628 : la dignité électorale, de viagère, devint héréditaire, et le Haut-Palatinat fut incorporé à titre définitif à la Bavière.

Wallenstein semblait alors à l'apogée de sa puissance. En moins de dix ans, lui, le petit chevalier de Bohême, était devenu prince d'Empire, comblé d'honneurs et de faveurs impériales. Son immense fortune lui permettait de mener grand train dans le palais somptueux qu'il venait de se faire construire à Prague. Au début des années vingt, il avait acheté dans le quartier de Malá Strana, sur la rive gauche de la Vltava, un ensemble de terrains dont il avait fait raser les maisons pour bâtir à leur place sa résidence. Les travaux avaient duré de 1625 à 1629 mais les résultats étaient à la hauteur des ambitions du condottiere. C'était un immense palais digne de rivaliser avec les palais romains de la Renaissance et dont les plans avaient été dessinés par trois architectes italiens, Spezza, Marini et Campione. Le palais était entouré de jardins à l'italienne ornés de statues et de fontaines. À l'intérieur, la voûte de la grande salle d'apparat exaltait la personne de Wallenstein dont les traits furent immortalisés dans une fresque de Baccio Bianco le représentant en dieu Mars. Avec sa décoration intérieure somptueuse faite de baldaquins et de colonnes torses, le palais Wallenstein constituait la première grande réalisation civile de l'art baroque en Bohême[1]. C'est là que résidait Wallenstein lorsqu'il ne parcourait pas l'Allemagne à la tête de ses troupes ; il y vivait au milieu d'une véritable cour peuplée de lettrés, d'artistes, d'hommes d'affaires, sous la protection de son astrologue et confident Giovanni-Battista Seni. On comprend mieux ainsi toutes les jalousies que suscitait un tel luxe[2].

L'année 1628 fut essentiellement consacrée aux premières mesures de réorganisation religieuse de l'Allemagne du Nord. L'Église catholique avait obtenu de l'empereur la promesse que toutes les sécularisations illégales seraient annulées. Dans l'immédiat, Ferdinand II se contenta de prendre le contrôle d'un certain nombre d'évêchés d'Allemagne du Nord, notamment de ceux que Christian IV avait cherché à s'approprier. Il fit élire l'un de ses fils, le jeune archiduc Léopold-Guillaume, déjà évêque de Passau et de Strasbourg depuis 1626, évêque par le chapitre de Halberstadt ; il tenta d'obtenir également son élection par le chapitre de Magdebourg, mais les chanoines lui préférèrent le fils de l'Électeur de Saxe. Fort de son prestige auprès du pape, Ferdinand II fit annuler cette élection par Rome, et le jeune Léopold-Guillaume reçut l'évêché de Magdebourg ainsi que l'expectative sur l'archevêché de Brême[3].

Ce fut le prélude à une opération de plus grande envergure. Dès octobre 1628, une commission prépara un édit de restitution qui fut soumis au Conseil privé et aux Princes-Électeurs catholiques. Cet édit se présente comme une décision de l'empereur, et non comme une loi d'Empire ratifiée par la Diète. En ce sens, il va à l'encontre des traditions constitutionnelles du Saint Empire, et cette question de forme suscita des réserves, tant chez les princes catholiques que chez les princes protestants, car elle remettait en question les « libertés germaniques ». Quant au fond, l'édit de restitution se situait dans le cadre de la paix d'Augsbourg de 1555. Rien n'était modifié en ce qui concerne la liberté religieuse des princes et des villes libres sur la base du principe *cujus regio ejus religio*[4], à cette différence près — et elle

1. V. L. Tapié, *Baroque et Classicisme*, Paris, 1957, p. 276-278.
2. H. Sacchi, *La Guerre de Trente Ans*, *op. cit.*, t. II, p. 104-105.
3. G. Pagès, *La Guerre de Trente Ans*, *op. cit.*, p. 111-112.
4. Cf. chap. 1.

est de taille — que le principe était également étendu aux principautés ecclésiastiques. De même, si le catholicisme et le luthéranisme étaient officiellement reconnus, le calvinisme et les autres sectes « extrémistes » étaient exclus de la paix religieuse. Mais le point le plus controversé — et qui, dans l'esprit de Ferdinand II, était la clé de voûte de l'édit —, c'était que tous les biens ecclésiastiques, évêchés, bénéfices, abbayes et autres domaines, dépendants d'un prince ou directement de l'empereur et qui avaient appartenu à l'Église avant 1552, devaient être rendus à l'Église [1]. Il s'agissait d'un problème majeur car, en théorie, la restitution concernait deux archevêchés, une dizaine d'évêchés et une bonne centaine d'abbayes et de bénéfices. Les biens sécularisés illégalement, parfois depuis plus de cinquante ans, étaient devenus de véritables propriétés, avaient fait l'objet de cessions ou de partages, et se trouvaient parfois entre les mains de seigneurs catholiques à la suite des changements de religion qui avaient pu se produire. L'édit de restitution, dans son application, posait des problèmes inextricables que n'avaient pas envisagés Ferdinand II lorsqu'il le fit publier officiellement le 28 mars 1629. Pour l'empereur, comme pour le père Lamormain qui l'avait constamment épaulé dans l'élaboration finale de l'édit, il s'agissait seulement de faire justice et de rendre à l'Église ce qui lui avait été indûment enlevé.

Ferdinand II avait réussi à réaliser l'objectif qu'il s'était fixé au lendemain de la Montagne blanche. L'Église catholique avait été rétablie dans ses droits. Grâce à Wallenstein, il venait de triompher de ses ennemis. Le roi de Danemark, battu militairement et mal soutenu par ses alliés occidentaux, s'était vu contraint de négocier. Dès janvier 1629, les pourparlers de paix avaient commencé à Lübeck. Ils aboutirent le 7 juin à un traité de paix qui mit fin à l'intervention danoise. Lors de l'élaboration des clauses du traité, Wallenstein fit preuve d'une extrême modération car il craignait une éventuelle alliance entre le Danemark et la Suède. Gustave-Adolphe de Suède avait mal accepté en effet l'installation des impériaux sur les rives de la Baltique. Le traité de Lübeck laissait au roi de Danemark toutes ses possessions

1. H. Sacchi, *La Guerre de Trente Ans, op. cit.*, t. II, p. 265-266 ; et V. L. Tapié, *La Guerre de Trente Ans, op. cit.*, p. 173.

patrimoniales y compris le Holstein, à condition que celui-ci renonçât aux évêchés allemands qu'il ambitionnait pour son fils. Aucune indemnité de guerre n'était exigée[1], et, cette fois, c'était pour sa modération que Wallenstein fut critiqué !

Ainsi, en 1629 le triomphe de Ferdinand II semble total. Les États patrimoniaux sont rentrés dans l'obéissance et la recatholicisation y est en bonne voie. L'autorité impériale a été restaurée et atteint un niveau jamais égalé précédemment. La paix d'Augsbourg a été réactualisée dans un sens favorable à l'Église catholique, mais l'édit de restitution s'avère lourd de conséquences et suscite déjà de nombreuses inquiétudes — et pas seulement chez les protestants. Mais le triomphe de l'empereur inquiète l'Europe en guerre. La défaite danoise laisse l'Angleterre et les Provinces-Unies seules face à l'Espagne. Quant à l'Europe encore en paix, c'est-à-dire la France et la Suède, elle n'est pas davantage rassurée. Richelieu redoute une alliance toujours possible entre l'empereur et son cousin espagnol, mais les problèmes intérieurs l'accaparent. Quant à Gustave-Adolphe, les succès de Ferdinand II sont pour lui une menace pour le protestantisme dont il est l'un des plus ardents défenseurs ; aux yeux des protestants allemands, il fait figure du dernier rempart face au papisme triomphant.

1. V. L. Tapié, *La Guerre de Trente Ans, op. cit.*, p. 173-174.

7

WALLENSTEIN, LA SUÈDE ET L'EMPEREUR : L'IMPOSSIBLE PAIX EN ALLEMAGNE

Au lendemain de la paix de Lübeck qui avait mis fin à la première intervention militaire directe d'une puissance étrangère dans les affaires du Saint Empire, et après la défaite de la plupart des princes qui avaient soutenu activement l'Électeur palatin déchu, toutes les conditions semblaient maintenant réunies pour le retour à la paix à laquelle aspirait l'immense majorité des peuples et des princes allemands. Mais, comme nous venons de le voir, avant même que les négociations de paix avec le Danemark n'aient abouti, l'empereur Ferdinand II, imperturbablement fidèle à ses convictions religieuses, et, aussi, poussé par son entourage et par les demandes réitérées d'un certain nombre de princes de la Ligue catholique, avait décidé de régler définitivement la question religieuse en Allemagne. L'édit de restitution pris en février 1629 était la réponse de l'empereur à ces demandes ; il avait pour objectif la réactualisation des dispositions de la paix d'Augsbourg, mais, ce faisant, il remettait en cause toutes les sécularisations abusives — et illégales d'un point de vue strictement juridique — auxquelles avaient procédé de nombreux princes depuis 1555.

Dans les mois qui suivirent la publication de l'édit de restitution, les commissaires impériaux commencèrent à dresser l'inventaire de tous les biens d'Eglise dont s'étaient indûment appropriés des princes laïques ou des communautés urbaines ; la liste en était fort longue. En Allemagne du Nord, grâce à la pression exercée par la présence des troupes de Wallenstein, l'empereur était parvenu non sans mal à évincer les administrateurs protestants des évêchés de Brême, d'Halberstadt et de Magdebourg, ce qui avait provoqué de vives protestations de la part des Électeurs de Brandebourg et de Saxe directement concernés. Ferdinand II avait profité de sa position de force pour faire attribuer ces évêchés à son fils cadet, le jeune archiduc Léopold-Guillaume alors âgé de quinze ans ! Le nouveau titulaire se trouvait déjà à la tête des évêchés de Strasbourg et de Passau[1], et ce rassemblement d'un aussi grand nombre de charges épiscopales entre les mains d'un seul homme n'était pas sans provoquer des réserves. Dans tout l'Empire, les évêques et les chefs d'ordres religieux se mirent à présenter des listes impressionnantes de revendications à propos des spoliations dont ils avaient été autrefois victimes, et l'on s'acheminait ainsi vers d'interminables procès. Pour se rendre compte concrètement du problème, penchons-nous sur le cas des biens de l'ordre Teutonique en Franconie. Dans cette région où le luthéranisme avait considérablement renforcé ses positions depuis la paix d'Augsbourg, en particulier en milieu urbain, le Grand Maître Johan-Kaspar von Stadion reçut mission de l'empereur de dresser la liste des biens de l'ordre indûment sécularisés et de faire un bilan de la situation religieuse dans les villes de Franconie. Le Grand Maître réclamait également que le culte catholique soit rétabli dans les églises conventuelles de l'ordre à Ulm — ce qui fut fait —, mais aussi à Nuremberg dans les églises Sainte-Elisabeth et Saint-Jacques. La ville de Nuremberg, dont l'administration était aux mains de magistrats protestants, refusa, bien que la paix d'Augsbourg ait prévu la liberté de culte dans les villes libres d'Empire. L'affaire fut portée devant le Tribunal suprême de l'Empire. Un arrêt impérial en date du 22 octobre 1630 condamna la ville de Nuremberg. Les autorités municipales durent s'incliner, et la ville fut condamnée en outre à payer les frais du procès[2]. À travers l'exemple de la Franconie, on se rend compte aisément des difficultés qu'entraînait sur le terrain l'application de l'édit de restitution. Pour arriver à ses fins, l'empereur avait besoin de toutes ses forces militaires et du soutien politique des princes. Or c'est précisément ce moment-là que choisi-

1. F. de Salles, *Annales de l'ordre Teutonique*, Genève, 1986, p. 331.
2. *Ibid.*, p. 332-333.

rent les princes catholiques pour exiger le départ de Wallenstein.

Le bruit des armes avait donc cessé dans la plus grande partie de l'Allemagne en cet été 1629. Seuls subsistaient quelques foyers d'agitation dans le nord-ouest du pays sur les confins hollandais. Là, au cours de l'hiver 1629-1630, les troupes hollandaises avaient chassé la plupart des garnisons espagnoles, et c'est à Tilly seul et à l'armée de la Ligue qu'incombait la défense de l'Empire du côté occidental.

Les troupes de Wallenstein contrôlaient encore, au nom de l'empereur, d'importants territoires en Allemagne du Nord et du Centre et s'y livraient à des réquisitions et à d'incessantes violences sur les populations civiles. Le comportement des troupes de Wallenstein suscita les protestations des seigneurs et princes locaux, catholiques et protestants confondus, qui comprenaient d'autant moins bien la présence de ces soldats que le danger extérieur avait maintenant disparu. Et c'est contre leur chef, Wallenstein, que se dirigeaient les attaques et les critiques. En effet si Tilly, au lendemain de la paix de Lübeck, avait réduit sensiblement les effectifs de son armée pour les ramener à quelque quinze mille hommes, Wallenstein au contraire continuait à recruter de nouveaux mercenaires dont la solde pesait lourdement sur les finances impériales. C'est ainsi que, à la fin de 1629, l'armée de Wallenstein atteignit le chiffre considérable pour cette époque de cent vingt-neuf mille hommes dont près de dix-huit mille cavaliers, soit une augmentation de plus de 50 pour cent par rapport aux effectifs de 1625[1]. La rivalité entre Tilly, soutenu par Maximilien de Bavière et les princes de la Ligue catholique, et Wallenstein bénéficiant de la confiance mesurée de l'empereur, prenait de jour en jour des proportions inquiétantes. Wallenstein n'hésitait pas à chasser les troupes de Tilly des régions qu'il cherchait à occuper. Cette rivalité entre les deux généraux mettait Ferdinand II dans une situation particulièrement inconfortable. D'un côté, il devait ménager le duc de Bavière et les princes de la Ligue catholique qui le soutenaient, mais, d'un autre côté, il avait aussi grand besoin des troupes de Wallenstein pour pouvoir faire appli-

1. G. Parker, *La Guerre de Trente Ans*, *op. cit.*, p. 171.

quer en Allemagne du Nord les dispositions de l'édit de restitution.

Les attaques contre Wallenstein se faisaient de plus en plus vives. Le duc de Bavière et ses alliés étaient bien décidés à se débarrasser du condottiere tchèque. Dans cette perspective, en décembre 1629, le nouveau Prince-Électeur de Mayence, l'archevêque Anselm-Casimir von Wambold, convoqua une réunion des membres de la Ligue catholique pour débattre du cas Wallenstein. Wambold se lança dans un violent réquisitoire contre le généralissime et réclama le renvoi de Wallenstein qui « [avait] offensé le plus gravement qu'il se peut presque tous et chacun des princes territoriaux de l'Empire ». Puis, en tant qu'archichancelier de l'Empire, l'archevêque de Mayence invita les Princes-Électeurs à se réunir à Ratisbonne pour arracher à Ferdinand II la destitution de son général et le renvoi de son armée [1]. L'empereur, embarrassé par cette situation, chercha au moins à tirer un avantage personnel de cette réunion de Collège électoral. Il voulait profiter de l'occasion pour faire élire « roi des Romains » son fils et héritier l'archiduc Ferdinand-Ernest alors âgé de vingt-deux ans. Cette désignation du futur successeur était conforme à la tradition et lui semblait d'autant plus logique que, déjà en 1625, la Diète hongroise avait reconnu l'archiduc comme roi de Hongrie et que, en 1627, la Diète de Bohême en avait fait de même.

C'est le 3 juillet 1630 que se tint la première réunion du Collège électoral. Seuls les Princes-Électeurs catholiques et l'empereur avaient fait le voyage à Ratisbonne. Le duc Maximilien de Bavière était là aux côtés des Électeurs ecclésiastiques, l'archevêque de Mayence Wambold, l'archevêque de Cologne Ferdinand de Bavière, et le nouvel Archevêque-Électeur de Trèves, Philip von Sötern, dont les sympathies à l'égard de la France étaient connues de tous. Les Électeurs protestants, le luthérien Jean-Georges de Saxe et le calviniste Georges-Guillaume de Brandebourg, mécontents de l'édit de restitution, s'étaient fait représenter par leurs ambassadeurs. Mais il y avait aussi à Ratisbonne la plupart des membres du Collège des princes ainsi que les délégués de nombreuses villes libres d'Empire. Autour de cette véritable Diète, la présence de nombreux représen-

1. G. Parker, *La Guerre de Trente Ans*, *op. cit.*, p. 172-173.

tants des États étrangers, notamment ceux d'Espagne, d'Angleterre, de la plupart des États italiens, du pape, avait transformé ce qui au départ n'était qu'une simple réunion de Collège électoral en un véritable congrès européen. Richelieu avait dépêché sur place, outre deux diplomates, Brulart de Léon et Sillery, son homme de confiance, le père Joseph. Tous arrivèrent à Ratisbonne à la fin de juillet. L'importance et la qualité des délégations officieuses envoyées par les cours européennes faisaient clairement voir que les affaires du Saint Empire étaient devenues maintenant un véritable problème européen.

Dès la première séance, les intervenants dressèrent devant l'empereur un sombre tableau du monde allemand, ruiné par dix années de guerre et dévasté par le passage des armées. Et tous de dénoncer avec force détails les violences et les exactions de toutes sortes commises par les hommes de Wallenstein. Tous étaient unanimes pour exiger de l'empereur la destitution du général en chef. Wallenstein et son état-major se trouvaient alors à quelque deux cent cinquante kilomètres de là, à Memmingen ; il disposait de suffisamment de troupes dans la région pour intervenir rapidement au cas où l'empereur aurait eu besoin d'aide. Mais Ferdinand II, exclusivement préoccupé par l'élection de son fils, ne voulait pas se brouiller avec les Électeurs et cherchait surtout à gagner du temps.

Le père Joseph et les agents français encouragèrent les Électeurs à poursuivre leur offensive contre Wallenstein et à différer l'élection du roi des Romains. Selon le père Joseph, Wallenstein était dangereux pour les intérêts français. Son maintien à la tête de l'armée impériale pouvait renforcer le pouvoir de l'empereur et inciter celui-ci à apporter une aide militaire à l'Espagne. Un autre mobile poussait la France à soutenir les adversaires de Wallenstein. En éliminant le meilleur général de l'empereur, on permettait à la Suède d'avoir les mains libres en Allemagne du Nord. À ce moment-là, en effet, pour Richelieu, le roi de Suède Gustave-Adolphe était devenu un allié potentiel avec lequel on échafaudait déjà des projets d'alliance. Conscients ou inconscients, les Électeurs catholiques et de nombreux princes allemands, aveuglés par leur haine contre Wallenstein, ne se rendaient pas compte que les diplomates français les manipulaient sous prétexte de défendre les « libertés germaniques ».

À Ratisbonne, l'action des envoyés de Richelieu s'avéra payante. Ferdinand II céda. Après avoir consulté son entourage peu favorable à son généralissime, l'empereur, le 13 août, fit connaître aux Électeurs son intention de procéder à une réorganisation du commandement de l'armée impériale. Le 24 août, la décision impériale fut communiquée à Wallenstein à qui l'on annonça également que les Électeurs ne le reconnaissaient pas comme prince d'Empire ni comme duc de Mecklembourg. Wallenstein ne réagit pas immédiatement et sembla se résigner à sa disgrâce. Il quitta aussitôt Memmingen et se retira dans ses terres de Bohême. Le généralissime déchu n'en ressentait pas moins une profonde amertume à l'égard de l'empereur, et surtout à l'égard du duc de Bavière et de tous ceux qui avaient contribué à sa chute. On lui prêta cette remarque lourde de menaces : « L'empereur et toute sa maison sentiront dans la douleur ce qu'il en coûte d'outrager un chevalier [1]. » Brusquement renaissait en cet homme blessé dans son amour-propre toute la rancœur latente de la petite noblesse tchèque à l'égard de la Maison d'Autriche. Désormais, Wallenstein se considérait comme délié de son serment de fidélité à l'empereur et libre d'agir au mieux de ses intérêts, et il n'allait pas s'en priver.

★

L'Allemagne était lasse de la guerre, et tous les Allemands, du plus humble des paysans jusqu'au plus puissant des princes territoriaux, en avaient subi les malheurs. Mais la paix de Lübeck, déjà fragilisée par la politique de reprise en main menée par Ferdinand II dans le cadre de l'édit de restitution, n'était pas souhaitée par tous les voisins de l'Empire. Les conflits en cours se poursuivaient sur ses confins occidentaux et méridionaux. À l'ouest, la guerre qui opposait les Provinces-Unies, soutenues par l'Angleterre et la France, au roi d'Espagne Philippe III, cousin de Ferdinand II, redoublait d'intensité. En Italie du Nord, l'Espagne se trouvait opposée à la France par princes italiens inter-

1. V. L. Tapié, *La France de Louis XIII et de Richelieu*, *op. cit.*, p. 275.

posés pour le contrôle des routes stratégiques transalpines. En fait, deux des principales puissances de l'Europe d'alors, la France et l'Espagne, qui n'étaient pourtant pas directement concernées par la guerre qui avait ensanglanté l'Empire depuis 1618, suivaient de près l'évolution des événements en Allemagne afin d'en tirer un quelconque avantage pour la réalisation de leurs objectifs politiques.

Pour l'Espagne, dont l'influence était grande à la cour de Vienne, le retour à la paix en Allemagne, la restauration, voire le renforcement du pouvoir impérial, était souhaitable au plus haut point. L'empereur, libéré de la guerre, pourrait ainsi fournir à l'Espagne un appui militaire lui permettant de régler définitivement la question hollandaise en replaçant les Provinces-Unies sous l'autorité de Madrid. L'Espagne, qui par ailleurs exerçait son autorité sur le Milanais et le royaume de Naples, serait donc encore plus redoutable pour les intérêts français.

Richelieu redoutait effectivement que la victoire de Ferdinand II et le retour à la paix en Allemagne ne le poussent à s'engager activement aux côtés de son cousin espagnol, ce qui menacerait sérieusement la sécurité de la France. Or, en 1629, au moment où la paix de Lübeck semblait consacrer le triomphe de Ferdinand II, la France, on l'a dit, sortait affaiblie des conflits internes permanents depuis 1610, en particulier de celui qui avait opposé le pouvoir royal au parti protestant. Le trésor royal était vide et le pays était épuisé. Richelieu n'était donc pas en mesure d'agir directement en Allemagne pour contrer la politique impériale et empêcher ainsi une participation de l'Empire aux entreprises de l'Espagne. Il ne lui restait plus que les moyens diplomatiques, et il ne s'en priva pas lors de la Diète de Ratisbonne comme nous venons de le voir. Dans l'immédiat, pour Richelieu, il fallait parer au plus pressé, c'est-à-dire renforcer les alliances avec les adversaires de l'empereur et du roi d'Espagne, soutenir les princes allemands inquiets des dérives centralisatrices du pouvoir impérial, et se présenter à eux comme défenseur des « libertés germaniques ».

Parmi ceux qui, en 1629-1630, étaient en mesure d'agir pour contrer les ambitions impériales, le plus apte et le plus décidé était le roi de Suède Gustave-Adolphe, le petit-fils du fondateur de la dynastie, Gustave Vasa, qui avait fait de son pays un bastion du luthéranisme dans le monde balte.

Né en 1594, le futur roi de Suède fut élevé à la dure par son père Charles IV auquel il succéda alors qu'il n'avait que dix-sept ans. Dès son plus jeune âge, Gustave-Adolphe accompagna son père dans toutes les campagnes que celui-ci mena contre la Pologne. Cette formation militaire de base acquise sur le terrain même fut complétée par l'enseignement de la stratégie qu'il reçut des meilleurs officiers venus de toute l'Europe à l'invitation de son père. Parallèlement, le jeune prince bénéficia d'une impressionnante formation intellectuelle grâce à son précepteur Johann Schoderus qui l'initia aux lettres latines. Gustave-Adolphe eut dès son adolescence la passion des langues. Outre le suédois et l'allemand — qui était sa seconde langue maternelle grâce à sa mère Kristina de Holstein —, Gustave-Adolphe parlait le français, l'italien et le néerlandais et avait de solides notions en anglais, en polonais et en russe. Son entourage luthérien et les fréquents contacts qu'il avait avec les théologiens avaient fait de lui un luthérien convaincu, un antipapiste militant. Devenu roi en 1611 grâce à l'appui d'Axel Oxenstierna, Gustave-Adolphe fit de ce conseiller royal le chancelier du royaume. Très au courant des problèmes de l'Allemagne, Oxenstierna appuya la politique ambitieuse de son roi qui voulait étendre à l'extérieur le prestige de la Suède et faire de la Baltique un « lac suédois ». Les talents de diplomate du chancelier aboutirent à la conclusion du mariage du roi de Suède avec la princesse Marie-Eléonore, sœur de l'Électeur de Brandebourg Georges-Guillaume, l'un des champions de la cause protestante en Allemagne [1].

À son avènement, Gustave-Adolphe régnait sur un territoire qui comprenait la plus grande partie de la Suède actuelle — à l'exception des provinces de Halland et de Scanie alors possessions danoises —, la Finlande ainsi que le nord de l'Estonie conquis en 1561. La richesse du pays reposait principalement sur l'exploitation de ses immenses forêts, et surtout sur l'extraction des minerais de fer et de cuivre qui représentaient de 60 à 80 pour cent des exportations suédoises. Au début du XVIIᵉ siècle, la Suède exportait chaque année de six à sept mille tonnes d'un minerai de fer

1. H. Sacchi, *La Guerre de Trente Ans*, *op. cit.*, t. II, p. 330 et ss.

d'excellente qualité ; en 1650, c'était près de dix-huit mille tonnes qui étaient exportées chaque année, principalement vers l'Angleterre[1]. Une partie de la production de fer était transformée sur place et alimentait essentiellement les manufactures d'armes. Si l'Angleterre entretenait avec la Suède d'importantes relations commerciales, l'influence des artisans et des marchands allemands était loin d'être négligeable, d'autant plus qu'un certain nombre de villes suédoises comme Stockholm, Kalmar et Visby appartenaient à la Ligue hanséatique[2]. La ville de Lübeck disposait depuis 1607 d'une position privilégiée dans le commerce suédois puisqu'elle avait obtenu, pour ses marchands et eux seuls, le monopole d'achat des produits miniers et des peaux et fourrures de Finlande destinés à la Hanse[3]. Gustave-Adolphe, pour se dégager quelque peu de la tutelle commerciale hanséatique, avait créé en 1619 une Compagnie commerciale chargée d'exploiter et de commercialiser le minerai de cuivre ; il avait attiré aussi de nombreux techniciens étrangers, principalement des Anglais et des Ecossais, mais aussi des Flamands, grâce auxquels il put développer d'une façon significative les industries d'armement[4].

Pour réaliser ses ambitions politiques à l'extérieur, Gustave-Adolphe, outre la puissance économique, disposait d'autres atouts. Et tout d'abord son armée, l'une des meilleures de l'Europe de cette époque. L'armée suédoise, en effet, disposait d'un armement d'excellente qualité et très performant, produit dans le pays même ; elle avait à sa disposition des mousquets légers utilisant des cartouches, ce qui permettait d'introduire d'un seul coup la poudre et les balles ; ainsi, le tir était de trois à quatre fois plus rapide que celui des mousquets classiques utilisés par les adversaires. Elle était également équipée de canons légers en fer reposant sur un affût à grandes roues tiré par deux chevaux, et que l'on chargeait soit de boulets soit de mitraille : les servants de ces canons disposaient de *gargouzes*, petits sacs

1. P. Jeannin, *L'Europe du Nord-Ouest et du Nord aux* XVIIe *et* XVIIIe *siècles*, Paris 1969, p. 92-93.
2. Ph. Dollinger, *La Hanse*, Paris 1964, p. 531.
3. *Ibid.*, p. 443.
4. R. Svanstrom et C.F. Palmstierna, *Histoire de Suède*, Paris, 1944, p. 102-104.

contenant la poudre nécessaire à l'allumage, ce qui donnait la possibilité d'avoir un tir plus rapide, donc plus efficace. Les batteries d'artillerie étaient généralement intégrées aux unités d'infanterie par groupe de six ou huit pièces. La tactique du combat, elle aussi, était originale, et plus souple que celle des adversaires grâce à l'adoption de l'« ordre mince » constitué de longues lignes de fantassins de trois ou quatre hommes en profondeur au lieu des bataillons compacts de dix ou douze rangs, ce qui permettait à la fois un tir plus nourri et des pertes humaines réduites. En outre, les mousquetaires et les piquiers étaient mêlés, ce qui assurait une défense plus efficace face aux charges de la cavalerie adverse.

L'armée suédoise était essentiellement au départ une armée nationale recrutée parmi les paysans, solidement encadrée, maintenue dans une stricte discipline et soumise à une pratique religieuse astreignante. Les chants de marche étaient le plus souvent des psaumes tirés de la Bible. À côté des fantassins répartis en régiments formés chacun de huit compagnies de cent quarante-quatre hommes, l'armée suédoise comprenait aussi une cavalerie formée de cuirassiers lourdement équipés et de dragons armés à la légère. Chaque régiment de cavalerie était constitué de huit escadrons d'une soixantaine de chevaux chacun. À cela s'ajoutaient les forces navales fortes d'une trentaine de navires [1]. L'armée suédoise disposait également d'un service de renseignements très actif et, cas exceptionnel dans l'Europe de cette époque, d'un service de santé présent dans toutes les unités. Il est vrai que, dans ce pays peu peuplé, on ne pouvait recruter qu'un nombre restreint de combattants, et tout était fait pour réduire au minimum les pertes en vie humaine. Les limites du recrutement national — guère plus de quinze mille hommes en général, ce qui suffisait d'ordinaire pour des actions militaires limitées dans le temps et dans l'espace — expliquent que, pour les campagnes lointaines et de grande envergure, le commandement suédois ait eu recours au service de mercenaires. Ainsi, en 1623, lors de sa campagne en Pologne, Gustave-Adolphe disposait de quatorze mille fantassins et de trois à quatre mille cavaliers issus du recrutement national, auxquels s'ajoutait un nombre à peu

1. G. Livet, *La Guerre de Trente Ans*, *op. cit.*, p. 76 et ss.

près équivalent de mercenaires, allemands pour la plupart[1]. Quant au commandement des troupes, c'est le roi Gustave-Adolphe qui l'assura en personne au cours de toutes les campagnes qu'il mena jusqu'à sa mort en 1634 ; il était assisté de généraux de grande valeur, suédois comme Baner, Horn ou Torstensson, ou étrangers comme Bernard de Saxe-Weimar.

Au moment de son avènement, Gustave-Adolphe se trouvait confronté à trois adversaires — le Danemark, la Pologne et la Russie — qui mobilisaient toutes les forces du royaume. Pour lui cependant, luthérien intransigeant, le principal adversaire était la Pologne sur laquelle régnait depuis 1587 son cousin Sigismond, de la branche restée catholique des Vasa. Pour venir à bout de cet adversaire, Gustave-Adolphe s'efforça de régler au plus vite le contentieux avec le roi Christian IV de Danemark, luthérien comme lui : par le traité de Knäred conclu en 1613, la Suède renonça à ses prétentions sur le Finnmark mais récupéra contre paiement d'une somme de un million de rikstalers la ville d'Aelvsborg qui lui donnait un accès libre à la mer du Nord. De même, Gustave-Adolphe conclut avec la Russie la paix de Stolbova en 1617. Par ce traité, la Suède se voyait confirmer la possession de ses conquêtes antérieures, la Carélie orientale et toute l'Ingrie depuis Narva jusqu'au lac Ladoga, assurant ainsi la continuité territoriale entre ses possessions d'Estonie et la Finlande et renforçant ses positions sur les rives méridionales de la Baltique[2]. Restait enfin la question de la Pologne avec laquelle la Suède était en conflit à la fois pour des raisons religieuses et politiques : la Suède souhaitait en effet prendre le contrôle de la Livonie. À la fin de l'été 1621, Gustave-Adolphe reprit les hostilités et occupa Riga, la capitale de la Livonie, puis, au cours des campagnes suivantes, s'empara de Dorpat (Tartu). En 1626, les troupes suédoises renforcées de mercenaires écossais s'attaquèrent à la Prusse occidentale. En trois campagnes, toute la province fut occupée. Cette guerre mobilisait toutes les forces suédoises, ce qui les empêchait

---

1. G. Pagès, *La Guerre de Trente Ans*, *op. cit.*, p. 92-93.
2. R. Svantsrom et C.F. Palmstierna, *Histoire de la Suède*, *op. cit.*, p. 97-98 ; et J. Parijogi, T. Alma et J. Koit, *Eesti ajalugu noorsoole* (« Histoire d'Estonie pour la jeunesse »), Stockholm, 1954, p. 94.

d'intervenir en Allemagne contre l'empereur. C'est pour cette raison que l'envoyé de Richelieu, Hercule de Charnacé, et le représentant anglais, sir Thomas Roe, poussèrent Gustave-Adolphe à trouver un compromis avec la Pologne. La médiation franco-anglaise permit la conclusion d'une trêve de six ans entre les deux pays. Par le traité d'Altmark conclu le 26 septembre 1629, la Suède conservait la Livonie mais renonçait à la Prusse occidentale à l'exception de quelques ports où elle pouvait tenir garnison[1].

Pour Richelieu comme pour l'Angleterre, la paix conclue avec la Pologne permettrait à Gustave-Adolphe d'intervenir avec toutes ses forces en Allemagne.

★

Avec la défaite du roi de Danemark qui avait tenté de se poser en défenseur de la cause protestante en Allemagne du Nord, avec le risque de retour en force d'une Contre-Réforme active annoncée par l'édit de restitution, la situation des princes protestants du nord de l'Allemagne devenait critique. Gustave-Adolphe restait leur seul espoir. Jusqu'en 1629, le roi de Suède s'était borné à soutenir d'une façon purement formelle les protestants allemands, et notamment le palatin déchu Frédéric V. Il avait conclu des alliances défensives avec les Provinces-Unies et avec l'Angleterre ; il était en relations constantes avec les représentants de Richelieu, mais il ne s'était pas encore engagé militairement aux côtés de ses amis protestants.

La menace sérieuse qui pesait maintenant sur les protestants d'Allemagne du Nord avec l'application des dispositions de l'édit de restitution poussa Gustave-Adolphe à s'engager personnellement. Dès le 16 mai 1630, à l'occasion d'une réunion extraordinaire de la Diète suédoise — le Rigsdag —, Gustave-Adolphe annonça clairement son désir de répondre « aux cris de détresse poussés par [ses] voisins, par [ses] parents et même par des souverains lointains qui [le] supplient d'entreprendre cette campagne » et « de délivrer [ses] coreligionnaires du joug papal ». Gustave-Adolphe haïssait tellement le papisme et les Jésuites qu'on ne sait si

1. G. Parker, *La Guerre de Trente Ans*, *op. cit.*, p. 199.

ce sont les motivations religieuses ou les ambitions territoriales qui inspiraient sa politique [1].

Avec quinze mille hommes transportés sur deux cents navires réquisitionnés dans tous les ports du pays, Gustave-Adolphe se mit en route et débarqua le 6 juillet 1630 dans l'île d'Usedom à l'embouchure de l'Oder, tandis que la garnison suédoise de Stralsund avait déjà occupé l'île de Rügen.

Le moment qu'avait choisi le roi de Suède pour intervenir en Allemagne était particulièrement favorable, car c'était précisément le moment où, à Ratisbonne, la Diète était en train d'obtenir la destitution de Wallenstein, privant ainsi l'empereur de l'un de ses meilleurs généraux. D'autre part, sur le terrain, les Suédois ne rencontrèrent qu'une résistance limitée de la part des troupes impériales stationnées en Poméranie. Gustave-Adolphe en profita pour prendre pied solidement dans la région. Le vieux duc de Poméranie, Boguslav XIV, fit mine de résister, mais ses moyens militaires étaient des plus réduits. Aussi abandonna-t-il facilement aux Suédois la ville de Stettin qui contrôlait les bouches de l'Oder. Peu après, Boguslav, qui n'avait pas d'héritier direct, signa avec Gustave-Adolphe un traité par lequel il faisait du roi de Suède son héritier. Cela n'empêcha pas les Suédois de traiter la Poméranie en pays conquis. Outre de fortes contributions financières, le duché dut fournir à ses « protecteurs » des troupes qui furent intégrées à l'armée suédoise et encadrées par des officiers suédois. La Poméranie devenait ainsi la base de départ pour des opérations militaires à l'intérieur de l'Allemagne. Les Suédois étaient maintenant directement au contact des possessions de l'Électeur de Brandebourg, mais ils ne pouvaient guère compter sur lui dans l'immédiat. En revanche, l'intervention de Gustave-Adolphe avait été bien accueillie par le duc déchu de Mecklembourg, par le duc de Saxe-Weimar, par les autorités municipales de Magdebourg, archevêché sécularisé où Ferdinand II tentait de rétablir le catholicisme, et par le landgrave de Hesse-Kassel dont le territoire était occupé par les troupes impériales [2].

---

1. V. Valentin, *Deutsche Geschichte* (« Histoire d'Allemagne »), München-Zürich, 1969, t. I, p. 224 et ss.

2. G. Parker, *La Guerre de Trente Ans*, *op. cit.*, p. 201.

Pendant que les troupes de Gustave-Adolphe s'apprêtaient à prendre leurs quartiers d'hiver en Poméranie, les diplomates français et suédois achevaient la mise au point d'un traité d'alliance. Ces pourparlers aboutirent le 23 janvier 1631 à la conclusion du traité de Bärwalde. La France, qui ne pouvait pas encore se lancer directement dans le conflit, s'engageait à fournir à la Suède un subside annuel d'un million de livres pendant cinq ans, et cela à partir du 1er mars 1631. L'argent ainsi versé était destiné à entretenir une armée de trente-six mille hommes pour lutter contre l'empereur, et ainsi l'empêcher d'aider son parent espagnol. Une réserve toutefois était incluse dans le traité. Gustave-Adolphe prenait l'engagement de ne pas attaquer les possessions du duc de Bavière ni celles des princes de la Ligue catholique aussi longtemps que ceux-ci resteraient neutres ; il s'engageait également à maintenir le culte catholique là où il se pratiquait. Ces dispositions avaient un double objectif, en premier lieu de calmer les inquiétudes du parti dévot encore influent dans l'entourage de Louis XIII, ensuite de ménager le duc de Bavière avec lequel la France tentait de négocier par l'intermédiaire du père Joseph. D'ailleurs, un peu plus tard, un traité d'alliance défensive pour une durée de huit ans fut conclu à Munich le 8 mai 1631 : le roi de France et le duc de Bavière promettaient de ne pas aider ceux qui s'attaqueraient aux possessions de l'autre [1].

L'aide financière accordée par la France à la Suède venait à point pour Gustave-Adolphe. Les finances du pays étaient alors dans un état déplorable car les conflits successifs menés par la Suède depuis le début du XVIIe siècle les avaient mises à mal. Il est vrai que Gustave-Adolphe entretenait une armée de soixante-dix mille hommes en Suède et en Finlande, mais aussi en Livonie et en Allemagne du Nord. En dépit des lourdes contributions imposées aux pays soumis et des pillages effectués çà et là, le déficit du budget suédois était considérable [2].

Gustave-Adolphe profita de l'hiver 1630-1631 pour renforcer ses positions en Allemagne du Nord. Il prit le contrôle de plusieurs villes hanséatiques et obtint de Lübeck

1. V. L. Tapié, *La France de Louis XIII et de Richelieu*, *op. cit.*, p. 295-296.

2. G. Parker, *La Guerre de Trente Ans*, *op. cit.*, p. 201.

un prêt de vingt-six mille thalers pour prix du respect de sa neutralité [1]. Mais les princes protestants les plus puissants de la région, l'Électeur de Brandebourg et l'Électeur de Saxe, entendaient se tenir à l'écart du conflit, tout en essayant d'obtenir de l'empereur la suspension de l'application de l'édit de restitution en échange de leur fidélité. C'est dans cet esprit que, au début de mars 1631, l'Électeur Jean-Georges de Saxe convoqua à Leipzig une assemblée générale des protestants ; y prirent part des représentants de la plupart des villes libres d'Empire ainsi que de nombreux princes protestants comme le landgrave de Hesse-Kassel, le margrave de Bade, le duc Bernard de Saxe-Weimar, l'Électeur palatin déchu Frédéric V et l'Électeur de Brandebourg. La Suède avait dépêché sur place l'historiographe officiel du royaume, Chemmitz ; la France et l'empereur Ferdinand II y étaient représentés par leurs ambassadeurs en Saxe, Charnacé et Trauttmannsdorf. Lorsque l'assemblée se sépara le 28 mars, un manifeste fut publié où l'on dénonçait pêle-mêle les atteintes aux libertés et privilèges commises par les commissaires impériaux, les interventions étrangères ainsi que l'édit de restitution et les tentatives de recatholicisation qu'il entraînait. Toutefois, dans leur immense majorité, les princes et les villes libres d'Empire protestantes proclamaient leur fidélité à l'empereur et se déclaraient prêts à le soutenir contre toutes les interventions étrangères pour peu que Ferdinand II renonçât à l'édit de restitution. Seuls Bernard de Saxe-Weimar, le duc de Poméranie, les représentants de Magdebourg et l'Électeur palatin prirent ouvertement position en faveur de l'alliance avec la Suède. Fort de l'appui de la grande majorité des princes protestants, l'Électeur de Saxe tenta une démarche en direction de l'empereur en lui demandant de renoncer à l'édit de restitution. La réponse de Ferdinand II fut un non catégorique ; l'empereur en faisait une question de principe. Cette réponse négative mettait, il va sans dire, dans une position des plus inconfortables les partisans de la neutralité [2].

Tandis que les princes protestants tenaient leur réunion à Leipzig, Gustave-Adolphe, profitant de l'arrivée du prin-

1. Ph. Dollinger, *La Hanse*, *op. cit.*, p. 447-448.
2. H. Sacchi, *La Guerre de Trente Ans*, *op. cit.*, t. II, p. 355-357.

temps, avait repris les hostilités. Fort de l'alliance conclue avec le duc de Mecklembourg, il s'emparait le 13 avril de Francfort-sur-l'Oder et de Küsztrin dont les garnisons impériales furent chassées, puis occupa la Nouvelle-Marche *(Neumarkt)* sur la rive droite de l'Oder. Les possessions de l'Électeur de Brandebourg se trouvaient ainsi directement menacées.

Depuis la destitution de Wallenstein et le licenciement de la plupart de ses mercenaires, c'était à Tilly et aux armées de la Ligue catholique que revenaient la charge d'épauler les forces impériales dispersées à travers toute l'Allemagne du Nord et de contenir la progression de l'armée suédoise. Sur le conseil de son second, le général Pappenheim, Tilly décida de marcher sur Magdebourg et de s'emparer de la ville avant que les autorités municipales n'ouvrent ses portes aux Suédois. C'est au début du mois d'avril que commencèrent les premières opérations d'encerclement de Magdebourg. Tandis que Pappenheim s'affairait autour de la ville avec une partie des forces de la Ligue, Tilly se livrait à des opérations d'intimidation en direction des régions tenues par les Suédois, dévastait et pillait la région de Neu-Brandebourg sur la rive droite de l'Elbe. Puis Tilly s'en vint rejoindre les assiégeants de Magdebourg. Ils disposaient d'une trentaine de milliers d'hommes, provenant en majorité des forces de la Ligue catholique auxquelles avaient été incorporées une partie des anciennes troupes de Wallenstein, et d'une centaine de pièces d'artillerie. La ville de Magdebourg avait un bon système de fortifications, mais les forces affectées à leur défense étaient des plus réduites, quelque trois mille hommes d'origines diverses dont environ un millier de Suédois commandés par le colonel Falkenberg. Dès le 10 avril, les forces catholiques avaient enlevé une partie des redoutes qui défendaient la ville ; le lendemain, toutes les défenses extérieures étaient aux mains des assiégeants. Dans la ville même, la population civile ne se faisait plus guère d'illusions. Les autorités municipales étaient partagées sur la conduite à tenir. D'un côté, elles redoutaient qu'une résistance acharnée de leur part ne provoquât lors de l'assaut final une vengeance terrible des assiégeants, mais, d'un autre côté, elles n'étaient pas insensibles aux arguments du représentant suédois Falkenberg qui annonçait l'arrivée prochaine d'une armée de secours envoyée par Gustave-Adolphe. Pour mieux assurer la défense en attendant l'arrivée des renforts promis, Falkenberg obtint du Conseil de la ville l'autorisation d'incendier le faubourg de Sudenbourg, ce qui fut fait dans la nuit du 1er au 2 mai. À ce moment-là, Magdebourg était encerclée de toutes parts, ce qui amena Falkenberg à envisager l'incendie du faubourg de Neustadt. Beaucoup de conseillers protestèrent contre la mesure envisagée par le Suédois ; pour eux, la ville allait tomber à coup sûr, et, pour éviter un massacre général, il ne restait plus qu'à implorer la clémence de l'empereur et obtenir un cessez-le-feu. Le 4 mai, Tilly fit parvenir à Falkenberg et à l'administrateur de l'archevêché, Christian-Guillaume de Brandebourg, un ultimatum. Pour éviter une « boucherie inévitable », Tilly demandait aux deux responsables militaires de la ville « de cesser d'encourager les Magdebourgeois dans leur rébellion » en vue de trouver « un accommodement convenable » permettant ainsi « la soumission de la cité à Sa Majesté impériale » qui saurait se montrer clémente. La population, lasse de la guerre et des privations qu'elle entraînait, se montrait favorable à l'idée d'une reddition. Mais Falkenberg, pour redonner du moral aux habitants, annonçait que, d'un instant à l'autre, l'armée de Gustave-Adolphe allait arriver, obligeant ainsi les Impériaux à lever le siège. Les arguments du Suédois, quelques succès ponctuels remportés sur les assiégeants eurent tôt fait de redonner courage aux Magdebourgeois.

À ce moment-là, Gustave-Adolphe se trouvait encore à Francfort-sur-l'Oder, mais, de tous côtés, on s'attendait à son arrivée imminente, les Magdebourgeois avec espoir, les Impériaux avec inquiétude. C'est ce qui amena Tilly à précipiter les événements. Après avoir adressé un nouvel appel aux Magdebourgeois pour qu'ils fassent leur soumission, il donna l'ordre à ses artilleurs de commencer le bombardement des défenses intérieures de la ville, provoquant déjà de nombreux dégâts. Les bombardements se poursuivirent pendant plusieurs jours. Le 17 mai, Tilly lança aux habitants et aux autorités de la ville l'ultimatum de la dernière chance, les invitant à se « soumettre sans retard à l'obéissance due à l'empereur... unique moyen de [les] sauver » ; sinon, ce serait l'assaut avec toutes les conséquences malheureuses qui en résulteraient pour la population. Tilly dégageait ainsi sa responsabilité qu'il rejetait sur ceux qui poussaient les Magdebourgeois à résister, c'est-à-dire les Suédois.

À la réception de ce message, les magistrats de la ville tinrent réunion, et tous se prononcèrent pour la capitulation. C'était notamment le point de vue du bourgmestre Kühlwein, mais Falkenberg mettait tout en œuvre pour retarder la capitulation. Tandis que le Conseil de la ville et Falkenberg s'affrontaient dans de stériles discussions, Tilly, dans la nuit du 19 au 20 mai, poussé par Pappenheim, donna l'ordre de préparer une attaque générale pour le lendemain matin.

C'est dans les toutes premières heures de la matinée du 20 mai que les troupes impériales donnèrent l'assaut à Magdebourg. En quelques heures, la ville tomba aux mains des assaillants. Sa prise fut accompagnée d'un carnage épouvantable. Non seulement les défenseurs furent systématiquement massacrés, mais la population civile n'échappa pas à la cruauté des vainqueurs. Hommes, femmes, enfants, vieillards, presque personne ne fut épargné. La ville fut incendiée après avoir été systématiquement pillée. La plupart des édifices religieux, dans lesquels des milliers d'habitants de Magdebourg s'étaient entassés avec l'espoir insensé d'échapper à la folie meurtrière des soldats, furent le théâtre de scènes de tueries, de viols, avant d'être pillés et saccagés. Tilly, malgré tous les efforts qu'il déploya, ne put ramener ses troupes à la raison et à l'obéissance. L'un de ses lieutenants parvint non sans mal à arracher à une mort certaine l'administrateur épiscopal Christian-Guillaume qui avait été blessé au cours des combats et que des soldats s'apprêtaient à tuer. Christian-Guillaume, après une longue captivité en Bavière, devait plus tard se convertir au catholicisme. À de rares exceptions près, les prisonniers étaient systématiquement massacrés par les soldats ivres et rendus comme fous par les flammes des incendies qui embrasaient la cité. Ces incendies allumés par les soldats de Tilly s'ajoutaient aux explosions provoquées par les mines déposées dans de nombreux bâtiments par les Suédois afin de ralentir la progression de l'ennemi. C'est du moins ce que prétendirent plus tard les catholiques, après que la nouvelle du sac de Magdebourg eut fait le tour de l'Europe et provoqué une indignation générale[1]. Ceux des princes protestants d'Allemagne qui jusque-là étaient restés neutres n'eurent plus désormais d'autre choix que de se rallier à Gustave-Adolphe et aux Suédois, au nom de la solidarité protestante.

L'attitude de Tilly lors du sac de Magdebourg fut sévèrement jugée par les contemporains. À la suite des travaux d'historiens catholiques allemands sur le personnage de Tilly, une romancière allemande, Gertrud von Le Fort, a publié en 1937 *Les Noces de Magdebourg*[2] où elle a tenté, non pas de réhabiliter le chef de la Ligue, mais d'en tracer un portrait beaucoup plus nuancé. Gertrud von Le Fort impute la responsabilité des tragiques événements de Magdebourg à la cruauté du second de Tilly, Pappenheim, et aux intrigues du Suédois Falkenberg qui fit échouer toutes les tentatives de capitulation. L'auteur nous présente au contraire Tilly comme un chef de guerre humain, un de ceux qui « font la guerre sans l'aimer ». Pour elle, Tilly est l'antithèse de Wallenstein, l'aventurier chanté par Schiller[3].

Lorsque, le 22 mai, Tilly, entouré de son état-major, fit son entrée dans Magdebourg, la ville était un champ de ruines encore fumantes où les odeurs des corps brûlés infestaient l'atmosphère. Le général en chef se rendit à la cathédrale Saint-Maurice, la seule église à avoir été épargnée lors de la chute de la ville ; il fit libérer les centaines de femmes, d'enfants et de vieillards qui s'y trouvaient et leur fit distribuer de la nourriture. Trois jours plus tard, la cathédrale fut rendue au culte catholique, et Tilly et ses officiers assistèrent à un *Te Deum*.

Le savant physicien Otto von Guericke qui, en tant que membre du Conseil de la ville, avait la responsabilité des travaux de défense, avait réussi à échapper aux soldats. Il a évalué le nombre de morts à environ vingt mille. Pour beaucoup d'historiens, le chiffre de vingt-cinq mille semble plus vraisemblable. La vieille cité épiscopale, au lendemain de sa mise à sac, comptait alors moins de cinq mille habitants. Quant aux pertes des assaillants, elles étaient infiniment

1. H. Sacchi, *La Guerre de Trente Ans*, *op. cit.*, t. II, p. 368-377.

2. L'ouvrage fut publié en 1937 à Zürich sous le titre *Die Magdeburgische Hochzeit*. Il a été traduit en français par Maurice de Gandillac et publié au Seuil en 1954.

3. X. Tilliete, « Un chef humain : Tilly dans "Les Noces de Magdebourg" » in *Communio*, XIX-4 juillet-août 1994, p. 105-113.

moins élevées, quelques centaines de morts et un peu plus d'un millier de blessés.

« La chute de ce vieux centre religieux et culturel d'Allemagne du Nord réveilla le monde protestant[1]. » Moins d'un mois après la prise de Magdebourg, l'Électeur Georges-Guillaume de Brandebourg rallia le camp suédois. Quant à l'Électeur Jean-Georges de Saxe, longtemps indécis, il fit de même le 11 septembre et accepta de se mettre sous les ordres du roi de Suède « tant que dureraient les circonstances critiques ». La Saxe s'engageait aussi à fournir un contingent de dix-huit mille hommes à l'armée suédoise. Il est vrai que la Saxe se trouvait directement aux prises avec l'armée de Tilly qui, au cours de l'été, avait mis à sac les confins occidentaux de son territoire et avait obtenu la soumission de plusieurs villes. Fort de l'alliance conclue avec l'Électeur Jean-Georges, Gustave-Adolphe déploya aussitôt ses troupes en Saxe où se trouvait déjà Tilly avec l'armée de la Ligue catholique renforcée de contingents impériaux. La rencontre décisive entre les deux armées eut lieu le 17 septembre à Breitenfeld, à une vingtaine de kilomètres au nord-ouest de Leipzig dont Tilly cherchait à s'emparer.

Face aux quarante mille hommes de Gustave-Adolphe appuyés par une puissante artillerie, l'armée de Tilly, avec ses trente et un mille soldats, dont près du quart arrivait épuisé d'Italie, fut taillée en pièces, laissant sur le terrain plus de sept mille tués et blessés et abandonnant à l'ennemi toutes ses pièces d'artillerie ainsi que neuf mille prisonniers[2].

*

Au lendemain de sa victoire sur Tilly, Gustave-Adolphe décida de confier à l'Électeur de Saxe la mission d'aller attaquer l'empereur en Bohême, au cœur même de ses possessions héréditaires. L'Électeur Jean-Georges confia au général Arnim le commandement de l'armée saxonne, grossie de contingents d'émigrés tchèques, et le chargea de marcher sur Prague. Le général Arnim (1581-1641) avait derrière lui, comme la plupart des chefs militaires qui pri-

1. V. Valentin, *Deutsche Geschichte*, *op. cit.*, t. I, p. 225.
2. G. Parker, *La Guerre de Trente Ans*, *op. cit.*, p. 202-204.

rent part à la guerre de Trente Ans, une carrière assez mouvementée. D'origine brandebourgeoise, il avait, après des études en théologie, rejoint l'armée suédoise, puis servi dans l'armée impériale où il avait obtenu le grade de colonel avant de passer au service de la Saxe, écœuré qu'il avait été par les massacres de Magdebourg.

Le 15 novembre 1631, les troupes de l'Électeur de Saxe faisaient leur entrée à Prague sans rencontrer grande résistance. Selon une tradition solidement établie, la capitale de la Bohême fut mise à sac par les vainqueurs, malgré les protestations des émigrés tchèques. Toutefois, l'Électeur de Saxe, qui supportait mal la tutelle suédoise et qui voulait ménager l'empereur, ne poussa pas plus avant ses avantages et refusa de gagner en Moravie, ce qui aurait constitué une menace directe contre Vienne.

Wallenstein, toujours en disgrâce, avait observé l'évolution des événements depuis sa principauté de Friedland où il s'était retiré. Là, en novembre 1631, il eut l'occasion de rencontrer le général Arnim auquel il fit part de sa rancœur à l'égard de la Maison d'Autriche. Mais, à ce moment-là déjà, Wallenstein était sollicité par Ferdinand II de reprendre son ancien commandement. Wallenstein disposait à la cour de Vienne d'appuis solides, notamment du côté du prince Eggenberg, le directeur du Conseil privé de l'empereur, avec lequel il avait toujours maintenu de bonnes relations et qu'il considérait comme « le seul ami qu'il ait eu sur cette terre ». Après de longues tergiversations, Wallenstein accepta de rencontrer Eggenberg le 9 décembre et lui promit de reprendre son commandement pour une durée de trois mois afin de réorganiser l'armée[1].

La situation militaire désastreuse en cette fin de l'année 1631 avait suffi à écarter les dernières réticences de Ferdinand II à l'égard de son généralissime. En effet, aussitôt après sa victoire à Breitenfeld, Gustave-Adolphe avait lancé une grande offensive en direction des pays rhénans et de l'Allemagne du Sud. Les armées suédoises s'étaient dirigées d'abord vers la Thuringe dont elles occupèrent la capitale, Erfurt, dès le 2 octobre, puis, de là, elles avaient gagné le sud en direction des possessions du prince-évêque de

1. H. Sacchi, *La Guerre de Trente Ans*, *op. cit.*, t. II, p. 418.

Wurzbourg — la ville elle-même tomba le 14 octobre. La Bavière se trouvait maintenant directement menacée. Les Suédois occupèrent ensuite la plus grande partie de la Franconie où les villes protestantes comme Rothenburg-ob-der Tauber leur ouvrirent leurs portes.

Tilly, tant bien que mal, essayait d'enrayer la progression des Suédois. Il réussit à reprendre Rothenburg le 30 octobre après un siège de deux jours au cours duquel la population de cette vieille cité protestante fit preuve d'une détermination impressionnante. Rendu furieux par cette résistance, Tilly décida de livrer la ville au pillage de ses soldats et de faire exécuter à titre d'exemple quatre des magistrats de la cité. Là se place un événement pittoresque qui, chaque année depuis cette date, est commémoré le lundi de Pentecôte par les fêtes somptueuses du *Meistertrunk*. En effet, pour tenter d'amadouer le vieux général, un habitant de la ville décida de lui faire goûter le vin de Franconie en lui présentant un gigantesque hanap contenant plus de trois litres du précieux breuvage. Surpris par cette démarche, Tilly promit de pardonner à la ville et de l'épargner à la condition que l'un des magistrats parvienne à vider d'un seul trait le contenu du hanap dans sa totalité. L'ancien bourgmestre Nusch réussit à relever le défi, évitant ainsi à ses concitoyens la colère du vainqueur et sauvant la vie des magistrats promis à l'exécution.

En dépit de ce succès local, Tilly, dont les troupes étaient décimées par la maladie, ne fut plus en mesure d'agir efficacement et préféra se retirer en Haute-Franconie. Puis les Suédois prirent possession de la ville de Mariental/Mergentheim d'où fut chassée la garnison impériale. La ville était depuis 1525 la résidence officielle du Grand Maître de l'ordre des chevaliers Teutoniques. Cela n'empêcha pas les Suédois de la mettre à sac et de la piller. Les autres commanderies de l'ordre situées dans le bailliage de Franconie connurent le même sort, notamment celle de Heilbronn.

L'hiver 1631-1632 amena une accalmie sur le front des combats. Gustave-Adolphe, comme nous l'avons vu, s'était installé à Mayence dans le palais de l'Archevêque-Électeur, entouré du chevalier Oxenstierna et des princes protestants allemands qui le soutenaient, notamment l'Electeur palatin déchu Frédéric V qui comptait bien pouvoir reconquérir son éphémère royaume de Bohême. Tilly, de son côté, avait pris ses quartiers d'hiver aux confins de la Franconie et de la Bavière septentrionale, aux environs de Nuremberg.

*

Les opérations militaires reprirent dès le mois de mars 1632 à l'initiative de Tilly. Gustave-Adolphe prit prétexte de l'attaque contre la ville épiscopale de Bamberg pour lancer une grande offensive en direction de la Bavière. L'alliance défensive conclue avec la France n'assurait plus aucune protection à la Bavière. Le duc de Bavière, en effet, ne pouvait plus invoquer sa position de neutralité pour demander l'aide de la France, car, depuis déjà bien longtemps, Tilly était engagé dans la guerre contre la Suède avec l'armée de la Ligue composée essentiellement de soldats recrutés en Bavière. Quant au duc de Bavière lui-même, il restait l'allié le plus fidèle de Ferdinand II.

À marches forcées, Gustave-Adolphe fit remonter à ses troupes la vallée du Main en direction de la moyenne Franconie, reprenant au passage le contrôle d'un certain nombre de positions conquises par Tilly pendant l'hiver. Le 31 mars, le roi de Suède faisait une entrée triomphale dans Nuremberg en liesse qui saluait en lui le défenseur du protestantisme en Allemagne. Tilly et ses troupes suivaient à distance raisonnable la progression des Suédois. Le généralissime de la Ligue était persuadé que Gustave-Adolphe allait marcher directement sur la capitale de la Bavière en passant par Ingolstadt, ville symbole de la Contre-Réforme en raison de la présence de son célèbre collège jésuite. Afin de protéger Munich, Tilly se porta avec le gros de ses troupes en direction d'Ingolstadt. En fait, Gustave-Adolphe se dirigea vers Donauwörth dont il commença le siège le 5 avril. Tilly ramena une grande partie de ses forces sur la ville que défendait le duc Rodolphe de Saxe-Lauenbourg. La ville tomba le lendemain, et Gustave-Adolphe put ainsi franchir le Danube et foncer en direction de Munich [1].

Tilly se replia avec ses troupes à une dizaine de kilomètres de la ville et prit position sur la rive droite de la Lech. Il disposait à présent d'à peu près trente mille hommes grâce

---

1. H. Sacchi, *La Guerre de Trente Ans*, *op. cit.*, t. II, p. 422-424.

aux renforts que lui avait envoyés son ancien rival Wallenstein.

Le condottiere tchèque, en effet, sollicité de toutes parts, avait enfin consenti à reprendre du service. Le 13 avril, il avait rencontré à Göllersdorf, non loin de la frontière entre l'Autriche et la Moravie, un envoyé de l'empereur, le prince Eggenberg, avec lequel il avait toujours entretenu des relations amicales. L'accord conclu avec lui à Göllersdorf avait donné à Wallenstein les pleins pouvoirs, non seulement pour recruter des soldats et nommer leurs officiers, mais aussi pour négocier une éventuelle paix avec la Saxe[1]. Ces pouvoirs considérables et le titre de généralissime *(Generalobersт Feldhauptmann)* qu'il portait désormais renforçaient singulièrement la position de Wallenstein face à l'empereur Ferdinand II qui devenait ainsi son obligé, ce qui ne pouvait manquer à plus ou moins brève échéance de créer des tensions dans les relations entre les deux hommes, tant étaient encore profondes les traces des blessures liées à leur rupture de 1630.

Tilly, pendant ce temps, déployait ses troupes face à l'ennemi suédois ; il les disposa à la hauteur du confluent entre le Danube et la Lech, à proximité du village de Rain. Le 14 avril, les Suédois prirent position sur les hauteurs qui dominaient la rive gauche de la Lech et commencèrent à bombarder les positions de l'adversaire qui riposta. En dépit du feu croisé des salves d'artillerie, les pionniers finlandais de Gustave-Adolphe parvinrent, au prix de lourdes pertes, à jeter un pont sommaire, ce qui leur permit de prendre pied le lendemain sur la rive opposée de la rivière. Tilly qui, en compagnie de quelques hommes, tentait de faire une reconnaissance, fut grièvement blessé et ramené au camp. Le duc Maximilien de Bavière, pressé par ses officiers, donna l'ordre aux troupes catholiques de se replier sur Ingolstadt. Avec la disparition de Tilly, Wallenstein était le seul maintenant qui pouvait sauver la cause de l'empereur, mais il prenait tout son temps pour rassembler ses troupes. Le sort du duc de Bavière était loin d'être la première de ses préoccupations.

Et pourtant, c'était bien en ce printemps de 1632 que se jouait le sort de la Bavière. Aussitôt après avoir forcé le pas-

1. V. L. Tapié, *Monarchie et peuples du Danube*, *op. cit.*, p. 126.

sage de la Lech, Gustave-Adolphe fonça sur Augsbourg où la population protestante de la vieille cité des Függer l'accueillit favorablement et lui prêta serment de fidélité. Puis le roi de Suède remonta vers le nord en direction d'Ingolstadt qu'il atteignit le 29 avril. Alors que commençait le siège de la ville, Tilly, qui luttait contre la mort depuis les graves blessures reçues à Rain, rendit l'âme. Le duc Maximilien, qui avait assisté aux derniers moments de son fidèle général, était maintenant seul pour affronter le roi de Suède. Le salut de la Bavière dépendait du bon vouloir de Wallenstein, mais celui-ci était davantage préoccupé par la libération de sa terre natale de Bohême occupée par les armées de l'Électeur de Saxe que par l'aide à apporter à Maximilien dont le rôle avait été décisif lors de sa disgrâce.

La ville d'Ingolstadt résista vigoureusement aux assauts suédois. Le duc de Bavière, officiellement allié du roi de France, tenta d'obtenir l'intervention de la diplomatie française, mais Gustave-Adolphe fit savoir à l'ambassadeur français en poste à Munich, Saint-Étienne, que si la France cherchait à envoyer des troupes pour aider les Bavarois, il les traiterait comme des troupes ennemies[1]. Maximilien chargea également l'ambassadeur Saint-Étienne d'une démarche auprès de Gustave-Adolphe en vue de connaître ses conditions pour un retour à la paix. Le roi de Suède exigea que le duc de Bavière dépose les armes, qu'il s'engage à ne pas reprendre la guerre contre la Suède pendant un délai de trois mois, qu'il rende à ses alliés — c'est-à-dire au Palatin Frédéric V — les possessions dont il s'était emparé et, enfin, qu'il ouvre aux Suédois les portes d'Ingolstadt. À ce prix-là seulement, Gustave-Adolphe consentirait à retirer ses troupes de Bavière. Les exigences du Suédois étaient telles que le duc de Bavière les repoussa.

Gustave-Adolphe, voyant que la résistance d'Ingolstadt risquait d'immobiliser ses troupes, préféra lever le siège et choisit d'aller porter la guerre au cœur même de la Bavière. Après avoir obtenu au passage la soumission de la ville de Landshut, il remonta la vallée de l'Isar, s'empara de Moosburg et de Freising. Là, une délégation du Conseil de la ville de Munich vint trouver le roi de Suède pour implorer le salut de la cité. Gustave-Adolphe répondit qu'il était prêt

1. H. Sacchi, *La Guerre de Trente Ans*, *op. cit.*, t. II, p. 428.

à empêcher le pillage en échange du versement d'une contribution de deux cent cinquante mille thalers. La municipalité de Munich préféra payer. Le 17 mai, Gustave-Adolphe, qui avait à ses côtés le Palatin déchu, fit son entrée dans la capitale de la Bavière. Pour le Palatin, c'était un sentiment de satisfaction qui dominait ; il entrait en vainqueur dans la capitale de celui qui l'avait dépossédé de sa dignité électorale et d'une partie de ses possessions territoriales. Munich ne fut pas pillée, conformément aux promesses du roi de Suède, mais Gustave-Adolphe s'empara de l'arsenal où était entreposée une quantité impressionnante d'armes et de munitions. Le duc de Bavière, de son côté, avait fui ses États en compagnie de sa famille. La duchesse Elisabeth trouva refuge auprès du prince-évêque de Salzbourg, tandis que le duc se précipitait chez Wallenstein pour y implorer son intervention[1]. Seuls les paysans de Bavière, aux prises avec les exactions de la soldatesque suédoise, opposèrent une résistance de tous les instants, obligeant ainsi le commandement suédois à mettre en place un important dispositif de sécurité sur les principaux axes de circulation.

Pendant que, à la tête de ses troupes, Gustave-Adolphe menait à bien la conquête de la Bavière, son allié, Bernard de Saxe-Weimar, avait depuis Mayence dirigé ses troupes vers l'Alsace encore tenue par les Impériaux. Là, les relations entre les autorités impériales et les protestants étaient particulièrement tendues depuis la publication de l'édit de restitution. Les états protestants d'Alsace ne cachaient pas leur inquiétude face à la recatholicisation rampante qui se mettait en route, mais ils hésitaient cependant à s'engager aux côtés des ennemis de l'empereur. Le secrétaire du Conseil des Quinze, Glaser, fut envoyé à Paris en juillet 1631 pour obtenir une aide financière afin de pouvoir mettre la ville en état de défense. Richelieu et le père Joseph promirent que, si Strasbourg était attaquée, le roi de France viendrait à son secours, mais, dans l'immédiat, il ne s'agissait que de promesses verbales. En effet, ni Louis XIII ni Richelieu ne souhaitaient s'engager activement dans le conflit en cours, faute de moyens ; ils optaient l'un et l'autre

1. H. Sacchi, *La Guerre de Trente Ans*, *op. cit.*, t. II, p. 428-429 ; et R. Svanstrom et C. F. Palmstierna, *Histoire de Suède*, *op. cit.*, p. 111-112.

« pour une politique d'attente, mais aussi de vigilance[1] ». En effet, la position de la France à cette époque était des plus délicates. Le roi de France était l'allié de la Suède, mais il redoutait en même temps que se constitue en Allemagne du Nord un vaste Empire suédois ; de plus, en tant que souverain catholique, il ne voulait pas abandonner les Électeurs ecclésiastiques de l'Empire dont une partie des possessions, celles des Archevêques-Électeurs de Mayence et de Trèves notamment, étaient déjà occupées par les armées de Gustave-Adolphe[2].

Les hésitations de la diplomatie française amenèrent alors les protestants d'Alsace à se tourner vers Gustave-Adolphe qui, depuis sa victoire sur l'armée de Tilly, était le champion incontesté de la cause protestante dans l'Empire. Le début de l'année 1632 fut marqué par l'entrée en Alsace d'éléments militaires incontrôlés théoriquement rattachés à l'armée impériale ou à celle du duc de Lorraine, mais qui, le plus souvent, opéraient pour leur propre compte sous l'autorité de chefs de fortune, et dont la motivation essentielle était le pillage et la recherche de butin. L'Alsace, jusque-là, avait été relativement épargnée par la guerre ; elle était maintenant livrée aux exactions des armées de passage. Cette situation nouvelle amena les autorités de Strasbourg à conclure le 11 juillet 1632 une alliance militaire offensive et défensive avec le représentant de Gustave-Adolphe.

Les forces suédoises, commandées par Horn, pénétrèrent en Alsace à la fin du mois d'août en franchissant le pont de Kehl face à Strasbourg, puis s'emparèrent les unes après les autres des villes de la Décapole, Obernai, Molsheim, Turckheim, Sélestat, Munster. Quant au gouverneur impérial, il alla se réfugier en Franche-Comté avant que la ville d'Ensisheim ne soit prise par les Suédois. À la fin de l'année 1632, toute l'Alsace était aux mains des Suédois, à l'exception de Saverne et de la forteresse épiscopale de Dachstein défendue par les troupes du duc de Lorraine[3].

Wallenstein, pendant que les armées suédoises occupaient la Bavière et se préparaient à entrer en Alsace, se

1. G. Pagès, *La Guerre de Trente Ans*, *op. cit.*, p. 145 ; et R. Reuss, *Histoire d'Alsace*, *op. cit.*, p. 98.
2. V. L. Tapié, *La France de Louis XIII et de Richelieu*, *op. cit.*, p. 363.
3. R. Reuss, *Histoire d'Alsace*, *op. cit.*, p. 98-100.

trouvait encore en Bohême occidentale à son quartier général d'Eger (Cheb). C'est là que vint le rejoindre le 11 juin 1632 le duc de Bavière aux abois avec ce qui lui restait de troupes. Wallenstein se résolut enfin à agir. À partir d'Eger, il lança dans un premier temps une attaque en direction de Nuremberg que Gustave-Adolphe venait d'occuper au grand soulagement de la population protestante locale. Avec une armée de soixante mille hommes, Wallenstein se présenta dès le 11 juillet sous les murs de la vieille cité franconienne et établit son camp dans l'*Alte Feste*, une ancienne forteresse située sur des hauteurs à l'ouest de la ville. Les Suédois reçurent des renforts conduits par Guillaume et Bernard de Saxe-Weimar, constitués de mercenaires recrutés dans toute l'Allemagne protestante et renforcés de contingents saxons. Gustave-Adolphe disposait maintenant de près de cent mille hommes prêts à repousser les Impériaux. Malgré leur supériorité numérique, les Suédois et leurs alliés ne parvinrent pas à l'emporter après deux mois de combats incessants autour de l'Alte Feste. « Pour la première fois était interrompue la série des succès remportés en Allemagne par le roi de Suède[1]. »

Le roi de Suède tenta alors de négocier avec Wallenstein, mais celui-ci, en position de force, repoussa ses offres. À ce moment-là, en effet, une autre armée impériale, commandée par le comte de Holk, qui venait de chasser les Saxons de Bohême était entrée en Saxe et avait occupé Leipzig le 1er novembre. Dès que lui était parvenue la nouvelle des premiers succès de Holk, Gustave-Adolphe, conscient du danger, avait abandonné Nuremberg. Dès le début d'octobre, il avait pris la route du nord afin d'arrêter la progression de l'armée de Holk. Wallenstein l'avait suivi ; il entendait en effet opérer sa jonction avec l'armée de Holk.

Tout le monde se retrouva donc en Saxe. Gustave-Adolphe voulait à tout prix éviter que Wallenstein s'installe en Saxe, ce qui aurait constitué une menace sérieuse pour la sécurité de ses lignes de communication. La Bavière se trouva ainsi momentanément libérée de l'occupation suédoise. Quand Wallenstein — qui s'était installé à Leipzig — apprit l'arrivée de Gustave-Adolphe, il se porta à sa ren-

1. I. Andersson, *Histoire de la Suède des origines à nos jours*, Roanne, 1973, p. 148.

contre avec des effectifs réduits — moins de vingt mille hommes. La rencontre entre les deux armées eut lieu non loin de Leipzig, à Lützen, le 16 novembre 1632. L'armée impériale subit de lourdes pertes, et on dénombra parmi les morts l'un des lieutenants de Wallenstein, Pappenheim, qui, sous les ordres de Tilly, s'était en son temps illustré lors du sac de Magdebourg. Pour éviter une défaite cuisante, Wallenstein préféra décrocher, mais il eut au moins la consolation d'apprendre que au cours des combats, son adversaire, le roi Gustave-Adolphe, le « lion du Nord », avait trouvé la mort, ce qui le débarrassait d'un chef de guerre à sa taille[1]. Le généralissime donna l'ordre à ses troupes d'évacuer la Saxe et leur fit prendre leurs quartiers d'hiver en Bohême. À Prague, Wallenstein constitua un tribunal militaire spécial pour juger un certain nombre de ses officiers qui avaient fait preuve de lâcheté lors de la bataille de Lützen : huit d'entre eux, condamnés à mort, furent exécutés en place publique le 14 février 1633[2].

La mort de Gustave-Adolphe — à laquelle beaucoup de gens refusaient de croire tant la réputation de force et de puissance du roi de Suède était grande — jeta le trouble dans le camp des protestants qui perdait ainsi son meilleur défenseur. C'est à la princesse Christine, la fille du roi défunt, que revint la couronne de Suède. Mais la jeune princesse n'avait alors que six ans, si bien que ce furent les conseillers de son père qui prirent en main la direction des affaires du royaume. La réalité du pouvoir fut exercée par le chancelier Axel Oxenstierna qui, pour bien marquer la volonté du Conseil de poursuivre l'œuvre de Gustave-Adolphe, reçut le titre de « suprême ambassadeur » en Allemagne et fut doté des pleins pouvoirs[3]. Mais le chancelier était davantage un diplomate qu'un chef de guerre, si bien que les généraux, dont l'entente n'était pas toujours parfaite, les Baner, Horn, Torstensson, tentèrent souvent d'imposer leurs vues.

Malgré les demandes pressantes de l'Électeur Jean-Georges de Saxe et du général Arnim — le commandant en chef

1. G. Parker, *La Guerre de Trente Ans, op. cit.*, p. 210-211.
2. E. Zöllner, *Histoire de l'Autriche des origines à nos jours*, Roanne 1965, p. 213 ; et H. Sacchi, *La Guerre de Trente Ans, op. cit.*, t. II, p. 456.
3. R. Svanstrom et C. F. Palmenstierna, *Histoire de Suède, op. cit.*, p. 114.

de l'armée saxonne — de lancer immédiatement une attaque en direction de la Bohême où Wallenstein s'était retiré, Oxenstierna préféra s'en tenir au plan élaboré par Gustave-Adolphe et opta pour la reprise des opérations en Allemagne du Sud. Il chargea Bernard de Saxe-Weimar d'aller rejoindre avec ses troupes l'armée du maréchal Horn qui, après avoir guerroyé en Alsace, avait reçu l'ordre de prendre position en pays de Bade et en Forêt-Noire. À partir de là, les deux armées devaient marcher ensemble sur la Bavière que le duc Maximilien avait réoccupée après le départ de Gustave-Adolphe. En mars 1633, les forces suédoises étaient prêtes à reprendre l'offensive. Au même moment, le chancelier Oxenstierna réunissait à Heilbronn les représentants des quatre Cercles d'Empire favorables à la Suède — la Franconie, la Souabe, la Basse et la Haute-Alsace. De nombreux princes protestants s'étaient joints à eux, en particulier le duc de Wurtemberg, les margraves de Bade-Durlach, d'Ansbach et de Kulmbach, ainsi que des envoyés de plusieurs villes libres d'Empire protestantes comme Francfort-sur-le-Main, Nuremberg, Ulm et Strasbourg. Le résultat de la réunion fut la constitution d'une nouvelle Ligue protestante qui reprenait à son compte la vieille idée de Gustave-Adolphe visant à créer en Allemagne un *corpus evangelicorum* destiné à contrecarrer l'influence de l'empereur et du parti catholique.

À l'occasion de la réunion d'Heilbronn, le marquis de Feuquières, envoyé de Louis XIII, eut des entretiens avec le chancelier suédois avec lequel il renouvela l'alliance conclue précédemment à Bärwalde : moyennant le versement annuel d'une somme de un million de livres, la Suède s'engageait à entretenir en Allemagne une armée de trente mille fantassins et de six mille cavaliers. La France, qui n'était pas encore en mesure de s'engager directement, entretenait ainsi la guerre en Allemagne et finançait les opérations militaires de la Suède contre l'empereur afin d'empêcher celui-ci de soutenir activement la guerre menée par l'Espagne contre les alliés hollandais de Louis XIII.

Et pourtant, à ce moment-là, dans le monde allemand, la lassitude à l'égard de la guerre était générale. Au moment où se formait la Ligue d'Heilbronn, un certain nombre de princes officiellement alliés de la Suède, l'Électeur de Saxe en particulier ainsi que le margrave de Brandebourg, avaient, par l'intermédiaire du landgrave Georges de Hesse-Darmstadt, tenté une ouverture en direction de Ferdinand II. Le 14 mars 1633, à Litomerice, le landgrave de Hesse-Darmstadt avait pris contact avec des envoyés de l'empereur. Si un début d'accord semblait pouvoir s'esquisser sur la question de la restitution des biens d'Église indûment sécularisés, le problème du Palatinat et de son éventuel restitution à la famille de l'Électeur Frédéric V fut l'objet d'âpres discussions qui ne donnèrent aucun résultat. Mais l'espoir d'une paix de compromis, souhaitée par tous, n'était pas éteint.

Dans l'immédiat, la guerre continuait, et chacun demeurait sur ses positions. Cependant, Wallenstein était persuadé qu'il fallait détacher la Saxe et le Brandebourg de l'alliance suédoise. Aussi, dès mai 1633, mit-il en route une démonstration de force face à la Silésie tenue par les Saxons et décida-t-il d'établir son quartier général à Königgrätz (Hradec-Kralove), non loin de la frontière silésienne. Puis, en juillet, les troupes de Wallenstein pénétrèrent en Haute-Silésie. Mais, parallèlement à cette action militaire, Wallenstein avait pris contact par l'intermédiaire de son beau-frère, Adam Trcka, avec le général saxon Arnim. Une rencontre entre les deux chefs de guerre fut organisée. Wallenstein proposa à son homologue une trêve valable jusqu'au début de septembre, en vue de préparer une paix avec la Suède. On parla des compensations à donner à la Suède en échange d'une restitution des biens enlevés aux Électeurs ecclésiastiques. On évoqua même le cas du Palatin déchu : Wallenstein ne se montrait pas hostile à une restitution du Palatinat à la famille de Frédéric V. On retrouvait ainsi les thèmes déjà développés à Litomerice. Mais, à Vienne, l'attitude de Wallenstein donna lieu à de violentes critiques chez les partisans de l'Espagne. Le comte Schlick, président du Conseil de guerre, dénonçait la part trop belle faite aux protestants par Wallenstein. Quant au duc Maximilien de Bavière, il parlait ouvertement de trahison ; il se sentait directement menacé par le programme de paix défendu par Wallenstein car, en cas d'une éventuelle restitution des biens de Frédéric V, il risquait de devoir abandonner le Haut-Palatinat[1].

1. H. Sacchi, *La Guerre de Trente Ans*, *op. cit.*, t. II, p. 464-466.

Malgré le climat de méfiance à l'égard de Wallenstein qui se développait dans le camp catholique, le généralissime, tout en maintenant les contacts avec la Saxe, continuait la mission que lui avait confiée l'empereur. À l'expiration de la trêve conclue avec Arnim, Wallenstein reprit la guerre en Silésie, battit les Suédois devant Steinau (Scinawa) dont il s'empara [1], puis occupa Legnitz (Legnica) et Glogow. L'un de ses lieutenants, le comte Isolani, à la tête de ses cavaliers croates, se dirigea vers Francfort-sur-Oder qu'il occupa, puis prit Landsberg (Gorzow Wielkopolski), place forte située sur la rive septentrionale de la Warta et qui lui permettait d'avoir une base d'opérations en direction de la Poméranie. Wallenstein, lui, poursuivait sa marche à travers la Silésie en direction de l'ouest, occupait Görlitz et prenait pied en Lusace, réoccupant ainsi une région ayant, jusqu'à une date récente, fait partie du royaume de Bohême. De son quartier général de Görlitz, il poursuivit la négociation avec les Électeurs de Saxe et de Brandebourg, les invitant à se rallier à lui en échange de la sécurité pour leurs possessions et de la liberté religieuse dans leurs États.

Les succès remportés en Silésie par Wallenstein rassurèrent quelque peu l'empereur quant à la fidélité de son généralissime, mais Ferdinand II n'apprécia pas du tout que Wallenstein ait libéré Mathias de Thurn, fait prisonnier lors de la prise de Steinau. Les ennemis de Wallenstein s'acharnaient à dénoncer le double jeu qu'il menait. Le plus monté contre lui — et ce n'était pas nouveau — était Maximilien de Bavière dont les territoires venaient une seconde fois d'être envahis par les coalisés protestants menés par Bernard de Saxe-Weimar et le maréchal Horn. Pourtant, au début, les Impériaux avaient d'abord remporté quelques succès de ce côté, mais le gros des troupes de Wallenstein était engagé sur le front silésien. Une fois encore, Munich tomba aux mains des Suédois après avoir été pillée par ses propres habitants. Le duc de Saxe-Weimar manifestait d'autant plus de zèle dans son action contre le duc de Bavière que le chancelier Oxenstierna venait de lui céder

1. H. Sacchi, *La Guerre de Trente Ans*, *op. cit.*, t. II, p. 469 ; le commandant de la garnison suédoise n'était autre que Mathias de Thurn, le rebelle qui avait été à l'origine de la révolte de la Bohême en 1618.

d'importants territoires en Allemagne moyenne, le duché de Franconie et les évêchés de Bamberg et de Wurzbourg.

Le duc Maximilien, réfugié à Braunau-sur-l'Inn, à la frontière autrichienne, demanda avec insistance l'aide de Wallenstein. Celui-ci, occupé par sa campagne en Silésie et par les négociations secrètes qu'il poursuivait avec la Saxe, resta sourd à ces appels. Pourtant, en Bavière, la situation se révélait particulièrement critique. Les troupes de Bernard de Saxe-Weimar, qui avaient pris la direction du Danube, s'étaient emparées de Donauwörth, d'Eichstätt, et entrèrent à Ratisbonne le 14 novembre 1633 après un siège de dix jours. Bernard de Saxe-Weimar en expulsa tous les prêtres catholiques et attribua aux protestants la totalité des lieux de culte.

La chute de Ratisbonne, ville symbole car c'était là que siégeait traditionnellement la Diète d'Empire, n'allait pas tarder à provoquer celle de Wallenstein accusé de tous les côtés de ne pas avoir répondu aux demandes de secours formulées par le duc de Bavière. On lui reprochait aussi de ne pas s'être porté en Allemagne du Sud pour y faire sa jonction avec les troupes d'Aldringen venues d'Alsace et avec les renforts venus du Milanais sous les ordres du Cardinal-Infant, frère du roi d'Espagne. La Bavière était à feu et à sang, alternativement dévastée par les soldats de Bernard de Saxe-Weimar et par les Impériaux. Près de vingt mille paysans, excédés par les exactions des armées de passage, prirent les armes et se soulevèrent. Tout le pays compris entre l'Isar et l'Inn fut touché par cette jacquerie. Le duc Maximilien tenta en vain de réprimer cette insurrection, mais les troubles se poursuivirent durant tout l'hiver 1633-1634. Finalement, pour calmer les esprits, il s'engagea à retirer au plus vite les troupes du pays.

★

À Vienne, on était persuadé que la passivité de Wallenstein, au moment où Ratisbonne était sur le point de tomber, était un acte délibéré qui s'expliquait par sa rancœur et sa haine à l'égard du duc de Bavière. Mais les adversaires de Wallenstein oubliaient un peu vite que celui-ci, mené par la maladie et influencé par son entourage d'astrologues plus ou moins désintéressés, n'était plus aussi déterminé et aussi sûr dans ses jugements qu'autrefois. Wallenstein devait aussi tenir compte de l'attitude de ses soldats à son égard. L'armée ne lui obéissait plus aussi spontanément que par le passé. Elle lui tenait rigueur des sanctions capitales qui avaient frappé un certain nombre d'officiers au lendemain de la bataille de Lützen, et de son refus de gracier les condamnés [1].

L'indécision et les hésitations de Wallenstein poussèrent ses ennemis à agir. Certains de ses lieutenants, en particulier Gallas et Piccolomini, surveillaient ses moindres gestes et envoyaient régulièrement des rapports à Vienne, qui confortaient ses ennemis dans leur volonté de se débarrasser du généralissime. On évoquait maintenant ouvertement la trahison. Il est certain que les faits parlaient contre Wallenstein. Depuis plus d'un an, il était en contact avec les ennemis de l'empereur. Cela n'avait rien de surprenant, dans la mesure où l'accord de Göllersdorf avait donné au généralissime la faculté de négocier directement des armistices avec les adversaires sans en référer au Conseil de guerre de Vienne. Wallenstein, cependant, allait bien au-delà de l'esprit et de la lettre des accords de Göllersdorf. Ce qu'il recherchait avant tout, c'était le retour à la paix, et, en ce sens, ses préoccupations étaient les mêmes que celles de la plupart des sujets de l'Empire. Pour y parvenir, il était prêt à dépasser largement le cadre de la mission que Ferdinand II lui avait confiée.

On attribue à Wallenstein l'élaboration de deux projets pour rétablir la paix dans l'Empire. Le *petit projet*, qui reposait surtout sur l'idée d'une entente avec les Electeurs de Saxe et de Brandebourg pour les détacher de la Suède, visait à conclure une paix allemande en imposant à l'empereur l'abandon de l'édit de restitution et le respect des « libertés germaniques ». Ce « petit projet » était dans la droite ligne des principes qui avaient été défendus lors des discussions entamées précédemment à Litomerice. Le *grand projet*, en revanche, allait beaucoup plus loin et concernait également la France et la Suède. A Dresde, où résidaient de nombreux protestants émigrés originaires de Bohême, l'un d'entre eux, le comte Vilem Kinsky, qui avait des liens de parenté avec la famille de Wallenstein, avait pris contact avec le représen-

1. V. Valentin, *Deutsche Geschichte, op. cit.*, t. I, p. 228.

tant de la France, le marquis de Feuquières. L'objet de la discussion était d'obtenir pour Wallenstein une aide financière pour lui permettre de lever de nouvelles troupes et de marcher avec elles contre l'empereur. L'objectif final aurait été de reconstituer un grand État de Bohême indépendant qui aurait retrouvé ses anciennes institutions et où la Diète aurait recouvré le droit de désigner le roi. Bien sûr, dans l'esprit de Wallenstein, ce roi n'aurait pu être que lui-même, et la Bohême aurait alors renoué avec l'ancienne tradition d'un roi national élu. Wallenstein aurait ainsi fait siennes les revendications des émigrés tchèques. Les contacts avec le représentant de la France s'accompagnèrent de discussions avec le chancelier Oxenstierna, mais celui-ci, bien qu'intéressé par le « grand projet » de Wallenstein, n'avait guère de confiance dans le condottiere [1].

Les négociations furent momentanément interrompues à l'automne 1633, au moment de la reprise des opérations en Silésie, mais elles recommencèrent à la fin de l'année. Au début de janvier, le comte Kinsky alla rejoindre à Pilsen Wallenstein qu'il ne devait plus quitter, le suivant même dans la mort.

Wallenstein était au courant de ce qui était en train de se tramer contre lui à la cour de Vienne où on l'accusait ouvertement de trahison. À la fin de janvier 1634, il rassembla à Pilsen, où l'armée prenait ses quartiers d'hiver, ses principaux officiers pour exiger d'eux un serment d'obéissance : ce fut le *Pilsener revers*. À ce moment-là, l'empereur Ferdinand II avait déjà décidé de lui retirer son commandement. La décision de révoquer Wallenstein avait été tenue secrète mais on avait déjà désigné ceux qui devaient le remplacer à la tête de l'armée. Ottavio Piccolomini fut nommé par ordonnance impériale feld-maréchal de l'armée, et Mathias Gallas lieutenant-général ; ce dernier reçut mission le 24 janvier de s'assurer de la personne de Wallenstein au moment qu'il jugerait opportun et de l'éliminer physiquement s'il n'y avait pas d'autre possibilité. Lorsque le 19 février, Wallenstein apprit par ses agents de renseignements que l'on préparait son élimination, il chercha à obte-

1. V. L. Tapié, *La Guerre de Trente Ans*, *op. cit.*, p. 192-193 ; et, du même, *La France de Louis XIII et de Richelieu*, *op. cit.*, p. 384 ; également J. Macek et R. Mandrou, *Histoire de la Bohême*, *op. cit.*, p. 216.

nir de ses officiers un nouveau serment d'obéissance. C'est alors que Piccolomini et Gallas firent état de leur lettre de commandement et rendirent publique l'ordonnance impériale qui destituait Wallenstein, le déclarait lui et ses partisans traîtres et comme tels mis au ban de l'Empire, et enjoignait à tous ses officiers et soldats de lui refuser obéissance[1].

Wallenstein, plutôt que d'être arrêté, quitta précipitamment Pilsen en compagnie de son beau-frère Adam Trcka, de son chancelier Niemann, du comte Kinsky et de quelques fidèles. Tous prirent la route d'Eger et pensaient de là rejoindre Bernard de Saxe-Weimar et les Suédois[2]. Les responsables de la garnison d'Eger, deux officiers écossais, le colonel John Gordon et son adjoint le major Walter Leslie, tous deux de religion presbytérienne, ce qui ne les empêchait pas d'ailleurs d'être au service de l'empereur, accueillirent Wallenstein et ses compagnons. Tandis que le généralissime destitué s'installait dans une demeure mise à sa disposition par les autorités locales, Gordon et Leslie s'entendirent avec le chef d'une unité militaire fidèle à l'empereur, le colonel irlandais, Walter Butler. Celui-ci avait escorté Wallenstein jusqu'à Eger en faisant mine de lui obéir, mais il était décidé, en accord avec Gordon et Leslie, à exécuter les instructions de Ferdinand II. Wallenstein, qui se savait menacé, envoya l'un de ses plus fidèles lieutenants, Franz-Albert de Saxe-Lauenbourg, auprès du général Arnim et de Bernard de Saxe-Weimar pour demander leur aide. Il était déjà trop tard.

Dans la nuit du 25 au 26 février 1634, le sort de Wallenstein et de ses plus fidèles partisans fut réglé d'une façon expéditive. Le complot ourdi par Gordon, Leslie et Butler se déroula en deux temps. Tout d'abord, Adam Trcka, le colonel Illow, le chancelier Niemann et le comte Kinsky furent invités par Gordon et Leslie à un banquet donné en leur honneur dans le château ; au cours du repas, des soldats de Butler, introduits sur ordre de Gordon, se jetèrent sur les invités et les massacrèrent. Quant à Wallenstein, il

---

1. Schiller, *La Mort de Wallenstein*, (« *Wallenstein Tod* »), Paris 1934, p. XII-XIII.

2. V. L. Tapié, *La France de Louis XIII et de Richelieu*, *op. cit.*, p. 388-389.

attendait son destin en compagnie de son astrologue Seni dans une maison située près de la place du marché. C'est là qu'il trouva la mort, poignardé par un capitaine irlandais, Walter Deveroux, qui appartenait au régiment de Butler[1].

Ainsi s'achevait la carrière exceptionnelle d'Albert de Wallenstein. Dans *La Mort de Wallenstein*, dernière partie de la trilogie qu'il consacra à ce personnage hors du commun, Schiller a prêté au généralissime ces paroles qui tenaient lieu d'explication à sa « trahison » : « L'empereur m'a poussé aux dernières extrémités. Je ne puis honorablement continuer à le servir. C'est pour ma sûreté, pour ma juste défense que je fais ce pas difficile et que ma conscience réprouve[2]. »

La ville d'Eger apprit le jour suivant les tragiques événements qui s'étaient déroulés dans ses murs. Des soldats fidèles à Wallenstein essayèrent de se mutiner, mais les troupes loyalistes écrasèrent rapidement cette tentative. Franz-Albert de Saxe-Lauenburg, survenant sur ces entrefaites pour annoncer à Wallenstein l'arrivée de troupes envoyées par Arnim et Bernard de Saxe-Weimar, fut aussitôt arrêté. Les autorités municipales d'Eger, pourtant favorables à Wallenstein, firent leur soumission aux vainqueurs.

L'assassinat de Wallenstein suscita partout une vive émotion. Les protestants rendirent l'empereur et son entourage de Jésuites et d'Espagnols responsables de l'assassinat. En Silésie, certaines unités de l'armée impériale demeurées fidèles à leur ancien chef se soulevèrent. Mais la lassitude était générale et les tragiques événements d'Eger tombèrent vite dans l'oubli.

Pour l'historien tchèque Josef Pekar, c'est le sentiment qu'avait Wallenstein d'appartenir à la nation tchèque qui a guidé sa conduite au début des années trente, avec, à l'arrière-plan, le violent ressentiment qu'il éprouvait à l'égard de Ferdinand II et du duc de Bavière à cause de sa disgrâce de 1630 ; en outre, la maladie, l'influence de son entourage d'astrologues, son caractère introverti l'auraient poussé à l'intrigue[3]. Pour d'autres historiens, allemands et autrichiens pour la plupart, qui se sont penchés sur le cas Wallenstein, en particulier Heinrich von Srbik et Golo

1. H. Sacchi, *La Guerre de Trente Ans*, *op. cit.*, t. II, p. 481-482.
2. Schiller, *La Mort de Wallenstein*, acte I, scène V, *op. cit.*, p. 13.
3. J. Pekar, *Valdstejn*, 2 vol., Prague, 1933-1934.

Mann[1], ce que recherchait avant tout le généralissime, c'était le rétablissement de la paix dans l'Empire sur la base d'un compromis religieux acceptable par les catholiques et par les protestants. Pour cela, Wallenstein s'opposait à l'intransigeance des Jésuites et du parti espagnol.

L'attitude de Ferdinand II au lendemain de l'assassinat de Wallenstein fut quelque peu ambiguë. L'empereur chercha à justifier *a posteriori* un meurtre qu'il n'avait pas formellement ordonné mais qui avait été perpétré par des subordonnés trop zélés. L'empereur fit dresser un état des délits et crimes commis par Wallenstein par une commission formée de trois de ses conseillers, le prince Eggenberg, le comte Trauttmannsdorf et l'évêque de Vienne Wolfrat. Les membres de la commission n'étaient pas parmi les adversaires les plus virulents de Wallenstein, mais, du résultat de leurs travaux, il ressortait clairement que le généralissime avait outrepassé ses pouvoirs et s'était livré à des actes délibérés de trahison[2]. En tout cas, ses biens et ceux de son beau-frère Trcka furent confisqués ; une partie fut vendue, le reste attribué à des étrangers au service de l'empereur, ce qui renforça une fois de plus le poids des étrangers dans l'aristocratie de Bohême[3]. Ce qui n'empêcha pas, d'ailleurs, Ferdinand II par la suite de rendre à la veuve de Wallenstein une partie des biens de son mari. Et l'empereur, toujours autant tourmenté par ses scrupules religieux, répéta le geste qu'il avait fait au lendemain de l'exécution en 1621 des responsables de la révolte de la Bohême, il fit célébrer trois mille messes à l'intention du repos de l'âme de son ancien général et de ses compagnons[4].

Une fois Wallenstein éliminé, l'empereur Ferdinand II confia aussitôt après le commandement suprême des armées impériales à son fils et héritier, l'archiduc Ferdinand, déjà roi « élu » de Hongrie, avec, à ses côtés, les généraux Gallas et Piccolomini. Leur mission consistait en premier lieu à chasser les Suédois des territoires allemands

1. H. von Srbik, *Wallensteins Ende* (« La fin de Wallenstein »), Salzbourg 1952, et G. Mann, *Wallenstein, sein Leben* (« Wallenstein, sa vie »), Francfort-sur-le-Main 1971.
2. E. Zöllner, *Histoire d'Autriche, op. cit.*, p. 215.
3. V. L. Tapié, *Monarchie et peuples du Danube, op. cit.*, p. 127.
4. H. Sacchi, *La Guerre de Trente Ans, op. cit.*, t. II, p. 481.

qu'ils occupaient encore. Du côté suédois, la mort de Gustave-Adolphe avait laissé une situation délicate et provoqué un manque de confiance dans les milieux militaires. Depuis l'hiver 1633-1634, le chancelier Oxenstierna avait de plus en plus de difficultés pour assurer l'entretien des troupes et le paiement des soldes. Faute de nouvelles conquêtes et de nouvelles victoires, on ne pouvait plus compter sur le butin ni sur les tributs payés par les vaincus. En outre, l'armée suédoise était beaucoup moins disciplinée qu'à l'époque de Gustave-Adolphe, et le comportement des mercenaires tout autant que celui des recrues suédoises suscitait de plus en plus de réprobation de la part des populations protestantes d'Allemagne qui, pourtant, au départ, les avaient accueillis en libérateurs [1]. Les alliés de la Suède se montraient moins confiants et différaient leur aide. Les membres de la Ligue de Heilbronn, réunis à Francfort-sur-le-Main au début de 1634, hésitaient à financer une guerre qui mettait l'Allemagne à feu et à sang et dont l'issue paraissait de plus en plus incertaine. Pourtant, la France continuait à miser sur la Suède et était disposée à l'aider financièrement mais voulait à titre de garantie se faire céder la place forte de Philippsbourg qui commandait l'un des passages sur le Rhin. Oxenstierna refusa dans un premier temps, puis s'y résigna à la condition que ce fût la Ligue de Heilbronn qui fasse elle-même cette cession pour la durée de la guerre.

L'aide financière de la France était vitale pour la Suède qui devait faire face au renforcement de la puissance militaire des Impériaux. En effet, l'Espagne envoyait depuis le Milanais des troupes toujours plus nombreuses qui allaient grossir les rangs de l'armée impériale. Le commandant des armées suédoises, le maréchal Horn, à la demande de Bernard de Saxe-Weimar menacé en Bavière, l'avait rejoint avec des renforts à Augsbourg dès le 12 juillet 1634 pour faire face avec lui à l'offensive des Impériaux. Au même moment, à partir de la Saxe, le général Arnim lançait une attaque en Bohême et ses troupes mettaient une nouvelle fois le siège devant Prague. Les troupes de Horn et de Bernard de Saxe-Weimar, depuis Augsbourg, se dirigèrent vers le sud en direction de Landshut dont elles s'emparèrent

1. I. Andersson, *Histoire de la Suède*, *op. cit.*, p. 152.

le 22 juillet. Au cours des combats, l'un des généraux de l'armée impériale, Aldringen, trouva la mort.

Pendant ce temps, l'archiduc Ferdinand remontait la vallée du Danube, reprenant au passage Ratisbonne puis, marchant vers l'ouest, s'en alla mettre le siège devant Nordlingen. Bernard de Saxe-Weimar, Horn et Baner tentèrent de secourir la ville, et, bien que disposant d'une large supériorité numérique, les coalisés protestants se trouvèrent bientôt confrontés à l'armée des renforts espagnols qui firent leur jonction avec les Impériaux le 2 septembre devant Nordlingen. Les Impériaux s'établirent dans un camp retranché sur les collines qui dominaient la ville du côté sud. Lorsque, le 6 septembre, la bataille s'engagea, les Impériaux disposaient maintenant de la supériorité numérique et ils remportèrent sur leurs adversaires « la plus grande victoire de [leur] temps », selon le mot prêté à Olivarès, le Premier ministre du roi d'Espagne. Les coalisés protestants avaient subi de lourdes pertes, une dizaine de milliers de morts, près de la moitié de leurs effectifs et quatre mille prisonniers, dont le maréchal Horn[1]. La ville de Nordlingen ouvrit aussitôt ses portes aux vainqueurs. Bernard de Saxe-Weimar se retira vers l'ouest en direction de l'Alsace tandis que les Suédois évacuaient l'Allemagne du Sud. La Bavière, dont le territoire avait été ravagé par le passage des armées pendant trois ans, retrouvait enfin la tranquillité.

La défaite de Nordlingen mit à mal la coalition qu'avait organisée Gustave-Adolphe. Oxenstierna, très critiqué en Suède, hésitait sur la conduite à tenir. Fallait-il continuer la guerre ou bien négocier dans des conditions particulièrement défavorables ? L'Electeur de Saxe et celui de Brandebourg étaient prêts à faire défection malgré les efforts de la France et de la Suède pour les en dissuader. Les troupes saxonnes avaient déjà évacué la Bohême tandis que l'Électeur Jean-Georges et le général Arnim entamaient de nouvelles négociations avec des envoyés de Ferdinand II. Une rencontre décisive eut lieu près de Dresde, au château de Pirna. Là, l'Electeur et Arnim reçurent une délégation impériale conduite par le comte Trauttmannsdorf accompagné du landgrave de Hesse-Darmstadt qui, depuis long-

1. G. Parker, *La Guerre de Trente Ans*, *op. cit.*, p. 222-223.

temps, avait servi d'intermédiaire entre les parties en conflit. Cette rencontre aboutit le 23 novembre à la signature de préliminaires de paix. L'enjeu de la discussion portait sur l'épineuse question des biens d'Église sécularisés indûment et repris par les catholiques depuis l'édit de restitution. L'Electeur de Saxe proposait comme date de référence l'année 1612, mais il se rallia à la date fixée par l'empereur, c'est-à-dire le 12 novembre 1627. En échange de cette importante concession, l'empereur abandonna définitivement à l'Electeur de Saxe les deux Lusaces qu'il avait reçues en gage en 1620. Le fils de l'Electeur de Saxe reçut à titre viager l'évêché de Magdebourg. Restait l'édit de restitution. Non sans hésitation, les délégués impériaux admirent la suspension de l'application de l'édit pendant une période de quarante ans dans tout l'Empire, à l'exception des possessions héréditaires des Habsbourg, ce qui équivalait à son abolition de fait. Il fut également convenu que, dorénavant, la chambre d'Empire, le tribunal suprême, serait formée en nombre égal de juges catholiques et de juges protestants. Quant à l'armée impériale, elle ne pourrait plus être utilisée que pour la défense des intérêts communs de l'Empire [1].

Les préliminaires de Pirna furent confirmés par le traité de Prague signé le 30 mai 1635, mais, pour que l'on arrive à cette heureuse conclusion, il fallait encore que le scrupuleux Ferdinand II se ralliât à l'idée que la recatholicisation complète de l'Empire était impossible, c'est-à-dire qu'il renonçait implicitement au but qu'il s'était fixé lors de son accession au trône. Une commission de théologiens fut consultée en février 1635 ; elle se prononça à une grande majorité en faveur du rétablissement de la paix. Les artisans de la Contre-Réforme en Bohême et en Hongrie, les cardinaux Dietrichstein et Pázmány, et même le confesseur jésuite de Ferdinand II, le père Lamormain, prirent également position en faveur de la paix. Malgré les réticences de certains princes catholiques, dont le duc de Bavière, l'empereur donna son consentement à la signature du traité. La paix de Prague était « ouverte » à tous les princes allemands et ne se limitait pas à un simple traité entre l'empereur et l'Électeur de Saxe. Le 6 septembre 1635, l'Electeur de

1. P. Rassow, *Histoire d'Allemagne des origines à nos jours*, Roanne 1969, t. I, p. 372.

Brandebourg y souscrivit à son tour. Il est vrai qu'il avait obtenu une concession de taille puisqu'on lui avait promis le duché de Poméranie lorsque le duc régnant Boguslav XIV, qui n'avait pas d'héritier, viendrait à mourir, mais à la condition expresse qu'aucune troupe suédoise ne fût autorisée à y séjourner.

L'Allemagne semblait avoir retrouvé ainsi la paix civile, une paix fondée sur les principes de la paix d'Augsbourg de 1555. Le luthéranisme demeurait privilégié parmi les confessions issues de la Réforme, le calvinisme ne bénéficiant que d'une simple tolérance. L'amnistie accordée à de nombreux princes qui avaient pris les armes contre l'empereur leur permit de récupérer leurs possessions jusque-là sous séquestre : ce fut entre autres le cas des ducs de Mecklembourg dont les biens avaient été autrefois attribués à Wallenstein. Bernard de Saxe-Weimar aurait pu, lui aussi, bénéficier de l'amnistie, mais il refusa de mettre son armée au service de l'empereur. Il continua à guerroyer au service de la Suède, puis ensuite du roi de France. Le problème des possessions du Palatin Frédéric V fut résolu d'autant plus facilement que l'Electeur déchu était mort le 29 novembre 1632. On décida que ses fils, pour peu qu'ils se montrent fidèles et loyaux envers l'empereur, recevraient des compensations territoriales. En attendant, le duc de Bavière conservait la dignité électorale enlevée à Frédéric V et gardait à titre définitif le Haut-Palatinat. La paix de Prague confirma les autres dispositions des préliminaires de Pirna concernant la composition de la chambre d'Empire et l'armée. L'armée impériale, forte de soixante mille hommes, devenait l'« armée de l'empereur et de l'Empire » *(Kaiserliche und Reichsarmee)* et se substituait aux ligues existantes [1].

Toutes les conditions paraissaient maintenant réunies pour le retour à la paix dans une Allemagne exsangue. La Maison d'Autriche se trouvait légitimée dans sa primauté d'honneur au sein de l'Empire au nom d'un véritable « *patriotisme d'Empire* » *(Reichspatriotismus)* marqué par l'attachement aux institutions du « Saint Empire romain de nationalité germanique », mais s'ajoutant au « *patriotisme de pays* » *(Landespatriotismus)*, véritable amour pour la patrie

1. V. L. Tapié, *La Guerre de Trente Ans*, *op. cit.*, p. 214-218.

locale, qu'elle soit une principauté puissante ou une modeste bourgade érigée en ville libre d'Empire. L'Allemagne retrouvait en même temps la paix religieuse fondée sur la coexistence entre princes catholiques et princes protestants [1].

Mais sur le terrain subsistaient encore de nombreux obstacles, et en premier lieu la présence sur le sol allemand d'armées étrangères, suédoises en Allemagne du Nord, françaises dans la plus grande partie de l'Alsace à l'exception du Sundgau. Le maintien d'une paix durable dans l'Empire dépendait à présent des puissances étrangères qui, depuis plus de dix ans, n'avaient cessé d'attiser les conflits en cours, mais aussi des princes protestants demeurés hostiles à la paix de Prague et qui comptaient bien sur l'aide extérieure pour faire prévaloir leur point de vue. En Espagne, Philippe IV et son Premier ministre Olivarès saluaient ce retour à la paix ; cette paix, ils l'appelaient de tous leurs vœux depuis 1633 car elle était la condition essentielle pour une alliance militaire efficace entre l'Espagne et l'Empire dans la perspective d'une guerre inévitable avec la France [2].

1. V. L. Tapié, *La Guerre de Trente Ans*, *op. cit.*, p. 212-213.
2. J. H. Elliott, *Olivarès*, Paris, 1992, p. 534 et ss.

8

LES FOSSOYEURS DE LA PAIX : OXENSTIERNA, RICHELIEU, OLIVARÈS

La paix de compromis qui avait été conclue à Prague était l'aboutissement d'une longue série de tractations plus ou moins secrètes qui avaient débuté trois ans auparavant avec la rencontre de Litomerice. Wallenstein, à cette époque, avait été accusé de trahison pour avoir recherché cette paix souhaitée par tous. Et pourtant, la paix de Prague était dans la droite ligne de ce que l'ancien généralissime de Ferdinand II avait toujours souhaité, une paix de compromis telle qu'elle apparaissait déjà dans son *petit projet* que nous évoquions précédemment. Ainsi la politique de Wallenstein se voyait confortée *a posteriori*. Le héros de Schiller remportait ainsi sa dernière victoire, victoire posthume sans doute mais combien symbolique, au cœur de sa chère Bohême, dans cette ville de Prague où le somptueux palais du Malá Straná qui porte encore son nom aujourd'hui témoignait de sa gloire passée.

Cependant, la paix de Prague ne concernait en réalité qu'un nombre limité de belligérants, l'empereur Ferdinand II et son allié de toujours Maximilien de Bavière pour le camp catholique, l'Électeur de Saxe, puis celui de Brandebourg pour le camp protestant. Mais beaucoup de princes protestants du nord comme du sud de l'Allemagne, une grande majorité de villes libres d'Empire, et *a fortiori* les héritiers du Palatin déchu, Frédéric V et leur entourage d'émigrés protestants de Bohême, s'y montraient, à des titres divers, résolument hostiles et n'y avaient pas souscrit bien que cette paix fût déclarée « ouverte » à tous. Ils demeuraient donc, selon le langage diplomatique de l'époque, « États non réconciliés ».

Les adversaires allemands de la paix de Prague, regroupés au sein de la Ligue de Heilbronn pourtant sérieusement ébranlée par la défection de la Saxe et du Brandebourg, étaient d'autant plus confortés dans leur attitude de refus qu'ils se sentaient soutenus par leurs alliés étrangers. Au moment où se concluait la paix de Prague, en effet, des armées étrangères — en fait des bandes de mercenaires pour la plupart recrutées en Allemagne même, encadrées d'officiers en général d'origine étrangère et parfois aussi allemande, mais au service d'États extérieurs à l'Allemagne — occupaient encore d'importantes fractions du territoire du Saint Empire. Ces armées s'y livraient impunément au pillage dans les régions qu'elles parcouraient, ou bien extorquaient de lourds tributs aux villes ou aux princes en échange d'une sauvegarde illusoire. Ces armées, indisciplinées et irrégulièrement soldées, indépendamment du fait qu'elles étaient au service de la politique d'un État, constituaient de véritables « corps sociaux » au sein desquels les mercenaires, toutes nationalités et toutes religions confondues, vivaient pour et par la guerre.

*

Deux puissances étrangères à l'Empire s'obstinaient à entretenir la guerre en Allemagne : la Suède et la France. Le chancelier Oxenstierna entendait s'assurer le contrôle permanent des rives méridionales de la Baltique et exercer un protectorat de fait sur les protestants allemands. Les Suédois et leurs alliés tenaient encore de solides positions en Allemagne du Nord, y compris même à l'intérieur des États « réconciliés » comme le Brandebourg ; ils régnaient en maîtres grâce à leurs garnisons établies aux points stratégiques sur tout l'espace compris entre les confins néerlandais et la Prusse, épargnée jusque-là par la guerre mais au prix d'un lourd tribut. Les Suédois contrôlaient ainsi les débouchés maritimes des grands fleuves d'Allemagne du Nord, la Weser, l'Elbe et l'Oder, avec le soutien des ports hanséatiques avec lesquels ils avaient passé alliance. De la sorte, la Suède était en train de s'assurer une position commerciale dominante en Europe du Nord. Seul le contrôle des détroits du Sund tenus par le Danemark de Christian IV leur échappait encore.

Dans les pays rhénans, Bernard de Saxe-Weimar, qui avait dû évacuer précipitamment la Bavière et la Franconie au cours de l'hiver 1634-1635, tenait encore, pour le compte de la Suède, la région de Mayence et une partie du Bas-Palatinat avec Heidelberg et la Hesse. À plusieurs reprises, le chancelier Oxenstierna, critiqué par le Sénat suédois en raison des dépenses entraînées par l'entretien de tout ce dispositif militaire, avait été tenté de négocier avec l'empereur. La paix de Prague venait de priver la Suède de son allié saxon et des troupes qu'il avait mises à sa disposition. À titre de dédommagement, la Saxe avait bien proposé le versement d'une somme de un million cinq cent mille guldens, mais le gouvernement suédois estima que cette indemnité aurait pu être avantageusement remplacée par une cession de territoire.

Le seul soutien sur lequel pouvait compter la Suède était la France qui, depuis 1629, finançait une partie de ses dépenses de guerre. Ce que redoutait le plus Richelieu, répétons-le, c'est que la guerre cessât en Allemagne. Aussi était-il indispensable pour lui de continuer à aider la Suède afin d'empêcher l'écrasement du parti protestant. Au lendemain de la défaite suédoise de Nordlingen, Richelieu, dans son *Avis au Roi* daté du 11 septembre 1634, pressentait déjà la défection de la Saxe malgré les pressions de toutes sortes exercées sur elle, et insistait sur la nécessité de s'opposer aux ambitions de Ferdinand II. Si l'empereur avait les mains libres, il serait en mesure d'aider l'Espagne, ce qui risquait de menacer gravement les intérêts français. Le Cardinal sentait bien que, bientôt, la France devrait directement s'engager dans le conflit, et la Suède d'ailleurs l'y poussait, brandissant la menace de s'entendre avec l'empereur.

Si jusque-là la France n'était pas intervenue directement dans les conflits en cours, c'était principalement pour des raisons de politique intérieure. Le pouvoir royal était confronté en permanence à l'agitation nobiliaire en province, aux révoltes paysannes provoquées par le poids de la fiscalité, aux intrigues et aux complots visant à écarter du pouvoir Richelieu et dont les instigateurs se trouvaient au sein même de la famille royale, sans parler de la guerre menée contre les huguenots qui mobilisait la plus grande partie de l'armée.

Les grandes lignes de la politique extérieure de la France avaient déjà été tracées par Richelieu lui-même dans son *Avis au Roi* de janvier 1629. D'après ce document, l'objectif essentiel était d'assurer militairement la sécurité des frontières du royaume et de protéger les petits États d'Allemagne et d'Italie, voisins de la France, et de leur porter secours au cas où ils seraient menacés par un quelconque agresseur. À cet effet, il fallait à la fois tenir solidement la frontière des Alpes pour s'assurer un accès à l'Italie du Nord où la présence espagnole dans le Milanais et autrichienne dans le Trentin pouvaient menacer la sécurité de la France, et également contrôler la route de l'Est qui, par le duché de Lorraine et l'Alsace, conduisait au Rhin, voie d'accès naturelle à l'Allemagne [1].

Déjà, en 1627, la France avait dû intervenir en Italie au moment du décès du duc de Mantoue, Vincent de Gonzague. Le plus proche héritier du défunt était un prince français, Charles de Gonzague duc de Nevers. L'héritage de Mantoue se composait de deux territoires distincts, le duché de Mantoue et le marquisat de Montferrat, tous deux fiefs d'Empire, et pour l'entrée en possession desquels l'investiture de Ferdinand II était nécessaire. Le duché de Mantoue se trouvait dans la basse vallée du Pô au contact du Milanais, de la république de Venise, du duché de Modène et des États pontificaux. Quant au marquisat de Montferrat, il était situé plus à l'ouest, dans la moyenne vallée du Pô, enclavé entre le Piémont, possession du duc de Savoie, et le Milanais. Avant même que Charles de Gonzague, soutenu par la France, n'ait pu prendre possession effectivement de l'héritage, l'empereur Ferdinand II, à la demande du roi d'Espagne et du duc de Savoie, Charles-Emmanuel Ier, plaça sous séquestre l'héritage mantouan. En revanche, Venise et le pape, qui redoutaient une extension de l'influence des Habsbourg en Italie du Nord, soutenaient Charles de Gonzague. En novembre 1628, peu après la prise de La Rochelle qui marquait un tournant décisif dans la guerre menée contre les huguenots, Louis XIII et Richelieu prirent la tête d'une armée qui se diri-

1. G. Zeller, *Histoire des relations internationales*, t. II, 1re partie, *op. cit.*, p. 240-241.

gea vers l'Italie afin d'y faire valoir les droits du duc de Nevers. Après avoir pris au passage la place de Suze, possession du duc de Savoie, l'armée royale rebroussa chemin car, entre-temps, la guerre huguenote s'était rallumée en France. Au début de 1630, une deuxième campagne fut entreprise qui permit aux troupes françaises de s'emparer de la forteresse savoyarde de Pignerol en mars, puis d'occuper en juillet le marquisat de Saluces, sans provoquer de réaction majeure de la part de Ferdinand II car, à ce moment-là, les positions impériales en Allemagne du Nord se trouvaient directement menacées par l'intervention armée de Gustave-Adolphe. L'empereur préféra négocier. Le 25 octobre 1630, à l'occasion de la Diète de Ratisbonne, Ferdinand II conclut un accord avec le père Joseph et les diplomates français présents, mais Richelieu trouva ce compromis trop favorable à la partie adverse et refusa de le ratifier. Sur ces entrefaites, la position de Richelieu à la Cour s'était renforcée à la suite de la journée dite des « dupes », le 11 novembre 1630, à l'issue de laquelle ses principaux adversaires avaient été écartés de la Cour. Richelieu maintenant disposait d'une plus grande liberté d'action pour mener sa politique italienne. De plus, le nouveau duc de Savoie, Victor-Amédée Ier (1630-1637), était résolument francophile, ce qui renforçait la sécurité du royaume du côté des Alpes. Le pape Urbain VIII proposa sa médiation pour régler la question de l'héritage mantouan, ce qui aboutit à la conclusion du traité de Cherasco signé le 26 avril 1631, traité qui avait été préparé avec la collaboration de Giulio Mazarini — notre Mazarin —, un jeune diplomate qui, bien qu'au service de la diplomatie pontificale, défendait pour le compte de Richelieu les intérêts de la France en Italie. Par ce traité, l'empereur reconnaissait Charles de Gonzague, le candidat français, comme duc de Mantoue et de Montferrat, mais Charles de Gonzague acceptait de céder au duc de Savoie une partie du Montferrat. En revanche, la Savoie abandonnait à la France la forteresse de Pignerol. Charles de Gonzague put ainsi entrer en possession de son héritage, mais, à son arrivée, le spectacle qui s'offrait à lui à Mantoue ne put que le désoler ; les troupes de Ferdinand II, lors d'une incursion dévastatrice, s'y étaient livrées à un pillage en règle [1].

1. J. Bérenger, *Histoire de l'Empire des Habsbourg*, *op. cit.*, p. 309-310 ; et G. Parker, *La Guerre de Trente Ans*, *op. cit.*, p. 227.

C'est au même moment et dans le même état d'esprit que Richelieu s'efforçait d'assurer à la France un accès au Rhin afin d'avoir ainsi une ouverture sur l'Allemagne. Aux confins orientaux du royaume, la route du Rhin se trouvait en grande partie sous le contrôle du duc de Lorraine. Mais la route stratégique espagnole qui unissait la Franche-Comté aux Pays-Bas traversait également les possessions du duc de Lorraine. Le statut du duché de Lorraine était assez ambigu. Depuis 1542 sous l'autorité de ses ducs, la Lorraine avait été reconnue comme un pays « libre et non incorporable », mais ses différentes composantes territoriales relevaient les unes du royaume de France, les autres de l'Empire, ce qui faisait du duché une cause permanente de conflit entre ces deux souverainetés. Depuis 1552, les « Trois-Évêchés » de Metz, Toul et Verdun, et leurs dépendances qui relevaient du Saint Empire étaient occupés par des garnisons françaises. La châtellenie de Vaucouleurs, elle, était sous souveraineté française depuis le XIVe siècle. Le duché de Bar, uni au duché de Lorraine depuis 1431, était pour sa partie occidentale — le « Barrois mouvant » — un fief de la couronne de France. Le duc de Lorraine, en tant que duc de Bar, était tenu de prêter hommage au roi de France pour le Barrois mouvant. Le duché de Lorraine ainsi que le Barrois non mouvant relevaient de la seule autorité du duc Charles IV qui, en 1624, avait succédé à son oncle Henri II. Toutefois, à l'intérieur du duché subsistaient quelques enclaves étrangères, la principauté de Salm, les comtés de Saarwerden et de Créhange [1].

★

Dès son avènement, le duc de Lorraine Charles IV se trouva confronté aux ambitions de Richelieu et chercha avant tout à préserver l'indépendance de son duché. Ce fut une des raisons qui le poussa à prendre parti pour Ferdinand II au cours de la guerre de Trente Ans et à lui fournir des troupes et des subsides. Il est vrai aussi que, en tant que prince catholique régnant sur des sujets catholiques, tout le poussait à soutenir la cause de l'empereur, d'autant plus, également, que la Lorraine était très liée au Saint Empire. Les relations entre le duc de Lorraine et le roi de France

1. S. Gaber, *La Lorraine meurtrie*, Nancy, 1979, p. 21 et ss.

s'en ressentaient ; elles tournèrent rapidement à l'affrontement lorsque Charles IV prit pour habitude d'accueillir à sa cour les ennemis de Richelieu. C'est ainsi que, en 1627, la duchesse de Chevreuse, maîtresse du comte de Chalais impliqué dans un complot contre le cardinal, trouva refuge à la cour de Lorraine. Plus tard, ce fut Gaston d'Orléans, le frère de Louis XIII et héritier du trône jusqu'à la naissance du futur Louis XIV, qui fut accueilli à Nancy, une première fois en 1629, une seconde fois d'avril 1631 à janvier 1632. Au cours de son dernier séjour en Lorraine, Gaston d'Orléans tomba amoureux de la sœur du duc Charles IV, Marguerite de Vaudémont, qu'il épousa malgré les vives protestations de Louis XIII.

À ce moment-là, Charles IV était devenu un participant actif à la guerre de Trente Ans. Il combattait aux côtés de Tilly contre les Suédois, alliés du roi de France à l'occasion des campagnes de 1631 en Allemagne du Sud. En outre, depuis février 1630, Charles IV avait autorisé l'installation de garnisons impériales dans les forteresses de Vic et Moyenvic, qui contrôlaient la route de Nancy à Strasbourg. L'attitude provocatrice du duc de Lorraine poussa Louis XIII et Richelieu à intervenir. En décembre 1631, la France exigea par ultimatum que les garnisons impériales installées en Lorraine se retirent. Puis, à la tête d'une armée commandée par les maréchaux d'Effiat et de La Force, Louis XIII se rendit à Metz, puis, descendant vers le sud, se dirigea vers Nancy. Charles IV, rentré précipitamment de Munich où il séjournait auprès de son oncle Maximilien de Bavière, accepta de négocier et signa avec Louis XIII le 6 janvier 1632 le traité de Vic-sur-Seille par lequel il s'engageait à renoncer à toute alliance avec un État ou un souverain dont la politique pourrait nuire aux intérêts français. En outre, à titre de gage, le duc de Lorraine cédait à la France pour une durée de trois ans la place de Marsal, et s'engageait à laisser le libre passage à travers la Lorraine pour les troupes françaises.

Malgré l'accord conclu, le duc de Lorraine n'en continua pas moins à servir la cause impériale. À plusieurs reprises au cours du printemps 1632, Charles IV reçut des envoyés de Ferdinand II et du roi d'Espagne. Une seconde intervention armée fut décidée. Les armées des maréchaux d'Effiat et de La Force reprirent le chemin de la Lorraine. Elles s'emparèrent de Bar-le-Duc, de Saint-Mihiel et de Pont-à-Mousson, puis de Champigneulles et de Frouard aux portes même de Nancy[1]. Une nouvelle fois, Charles IV préféra la voie du compromis. Par le traité de Liverdun du 26 janvier 1632, le duc renouvela les engagements qu'il avait pris quelques mois plus tôt à Vic-sur-Seille ; il céda en outre au roi de France pour une durée de quatre ans les villes de Dun-sur-Meuse, de Jametz et de Stenay, ainsi que le comté de Clermont-en-Argonne, mais, là, en échange du versement d'une indemnité. Louis XIII, trop confiant dans les bonnes dispositions du duc de Lorraine, lui rendit les villes qu'il avait occupées pendant la campagne. Mais une fois encore, dans l'esprit de Charles IV, le traité de Liverdun n'avait aucune valeur car il l'avait signé sous la contrainte. Le duc de Lorraine entendait rester fidèle à l'alliance impériale et laissa ses officiers se battre aux côtés des Impériaux. Mieux même, il renouvela son alliance avec Ferdinand II qui le chargea d'assurer la défense de Haguenau et de la Basse-Alsace menacée par les Suédois. En fait, les troupes lorraines se livrèrent au pillage des campagnes du nord de l'Alsace jusqu'à ce qu'elles en soient chassées par les Suédois. Les manquements répétés de Charles IV aux engagements qu'il avait souscrits provoquèrent une troisième intervention militaire de la France.

Après que le Parlement de Paris eut, en août 1633, prononcé la saisie du Barrois mouvant pour lequel le duc de Lorraine n'avait pas encore prêté l'hommage requis, Louis XIII décida de marcher sur Nancy. Le 24 août, les troupes royales occupaient Bar-le-Duc, puis, le 28, Pont-à-Mousson, avant de contourner par le nord la capitale lorraine et de s'emparer de Saint-Nicolas-du-Port. Nancy était donc maintenant encerclée par une puissante armée forte de quarante-cinq mille fantassins et de cinq mille cavaliers. Le siège commença tandis que Charles IV se réfugiait à Lunéville. Les assiégeants entreprirent aussitôt la construction d'une ligne de circonvallation longue d'une quinzaine de kilomètres, tandis que des pièces d'artillerie étaient disposées sur les hauteurs de Brabois. La ville résista pendant trois semaines et se rendit le 20 septembre, le jour même où Charles IV signait à Charmes la capitulation.

1. S. Gaber, *La Lorraine meurtrie*, *op. cit.*, p. 23.

Le 24 septembre, les troupes royales faisaient leur entrée à Nancy au milieu d'une population hostile. Par le traité de Charmes, Charles IV renonçait « à toutes les alliances contraires à celles de la France » ; il acceptait que Nancy soit occupée pendant une durée de quatre ans, à moins que soit livrée Marguerite de Vaudémont et que son mariage avec Monsieur soit dissous. En fait, Nancy resta occupée par les troupes françaises jusqu'en 1663 ! Le duc de Lorraine préféra abdiquer et, le 19 janvier 1634, abandonna le pouvoir à son frère Nicolas-François, puis il alla reprendre du service dans les armées impériales[1]. A ce moment-là, le Parlement de Paris entamait une procédure en vue d'annuler le mariage de Gaston d'Orléans et de Marguerite de Vaudémont, et une autre contre Charles IV accusé d'enlèvement et de séquestration de l'héritier de la Couronne[2]. La Lorraine était ainsi dans sa presque totalité occupée par des garnisons françaises. La route de l'Alsace et du Rhin était maintenant ouverte.

L'Alsace, à ce moment-là, était l'enjeu d'affrontements entre les Impériaux et leurs alliés lorrains d'une part, et les Suédois et leurs alliés de la Ligue d'Heilbronn d'autre part, des affrontements dont les principales victimes étaient les habitants des campagnes, malmenés et rançonnés par les soudards de passage. Les villes, elles aussi, subissaient le contrecoup de la guerre. Au moment où les troupes de Louis XIII avaient achevé l'occupation de la Lorraine, la plus grande partie de l'Alsace était aux mains des Suédois du général Horn. Les positions suédoises étaient solides en Haute-Alsace, malgré la résistance des paysans catholiques du Sundgau, laquelle entraînaient de sanglantes représailles — exécutions de prêtres et de moines, incendies d'églises et parfois de villages tout entier. En Basse-Alsace, les Suédois étaient aux prises avec les Impériaux et les Lorrains, et ici aussi c'était le même spectacle de désolation. La *Chronique des Franciscains de Thann* résume ainsi le drame vécu par les populations : « Tantôt les Impériaux venaient battre les

1. R. Tavenaux (sous la direction de), *Histoire de Nancy*, Toulouse, 1978, p. 167-172.

2. J. Bérenger, *Turenne*, Paris, 1987, p. 111-112. En fait, l'annulation du mariage de Monsieur fut prononcée par le Parlement de Paris dans un arrêt du 5 septembre 1634, ce qui entraîna une protestation du pape. Monsieur en profita pour regagner Paris, laissant à Bruxelles Marguerite de Vaudémont.

Suédois et tantôt les Suédois venaient battre les Impériaux ; c'était un sempiternel massacre[1]. »

Pour les autorités des cités alsaciennes, le salut ne pouvait venir que de la France. Les Suédois, encore en position de force, ne semblaient pas favorables à une intervention française, mais, après leur défaite de Nordlingen en septembre 1634, ils se montrèrent plus conciliants. Par une convention signée le 9 octobre de la même année entre le maréchal de La Force et le résident suédois en Alsace, Mockhel, il fut convenu que les troupes suédoises évacueraient l'Alsace à l'exception de la ville de Benfeld et qu'elles seraient relevées par des troupes françaises. Et, effectivement, dans les jours qui suivirent, les troupes royales prirent possession de la plupart des villes d'Alsace, dont Colmar et Sélestat. Un nouveau traité, conclu à Worms le 22 octobre suivant, entre la France, la Suède et la Ligue d'Heilbronn, garantissait à Louis XIII — mais seulement lorsqu'il se serait pleinement engagé aux côtés de ses alliés protestants — le contrôle de toutes les villes d'Alsace, y compris la forteresse de Brisach sur le Rhin ainsi que le libre usage du pont de Strasbourg-Kehl. L'accord prévoyait en outre que, lorsque la paix générale serait enfin revenue, la France devrait évacuer toutes ses garnisons de la rive gauche du Rhin[2]. La France en cette fin de 1634 tenait ainsi toute la ligne du Rhin de Bâle à Strasbourg, ainsi que, plus au nord, la forteresse de Philippsbourg qui avait été cédée par la Ligue d'Heilbronn et occupée en août 1634. Avec l'installation de garnisons françaises en Alsace et sur le Rhin, c'est encore un des objectifs de la politique extérieure de Richelieu qui venait d'être réalisé, et de façon pacifique.

Malgré l'alliance avec la Suède, Richelieu redoutait la constitution d'un vaste empire suédois en Allemagne et, s'il acceptait volontiers que la Suède exerce une sorte de protectorat sur les princes protestants, il entendait défendre les intérêts de ceux des princes catholiques qui ne s'étaient pas directement engagés aux côtés de Ferdinand II. À la demande de Richelieu, Gustave-Adolphe s'était déjà engagé en avril 1632 à respecter la neutralité de l'Électeur de Trèves et à ne pas envahir ses États. Le roi de Suède accepta

---

1. R. Reuss, *Histoire d'Alsace, op. cit.*, p. 100.
2. *Ibid.*, p. 102.

même, pour complaire à son allié français dont les subsides lui étaient nécessaires, que des troupes françaises s'établissent dans l'Électorat. C'est ainsi que en mai 1632, une garnison française s'était installée à Coblence, et, le mois suivant, une autre à Ehrentbreitstein face à Coblence. Avec ces deux points d'appui solidement fortifiés, auxquels s'ajoutait la présence d'une garnison française à Trèves, la France était en mesure de contrôler toute la vallée de la Moselle et avait pris position sur le Rhin moyen[1]. Ainsi, en assurant la protection de l'Archevêque-Électeur de Trèves, le roi de France pouvait-il se présenter comme le défenseur des « libertés germaniques », et, en soutenant un prince catholique, il rendait moins crédible l'argument selon lequel il était l'allié et le défenseur des intérêts protestants. Mais c'est précisément à cause de la protection accordée à l'Archevêque-Électeur de Trèves que la France va entrer en guerre.

★

La France se trouvait désormais, qu'elle le veuille ou non, directement engagée dans les affaires allemandes. Ses troupes étaient présentes le long du Rhin et collaboraient étroitement avec les alliés suédois. Le vicomte de Turenne, qui servait sous les ordres du maréchal de La Force, tenait garnison à Philippsbourg et, de là, assurait la défense de la Basse-Alsace. Des éléments de l'armée de Bernard de Saxe-Weimar occupaient les possessions du Palatin situées sur la rive droite du Rhin. Leur situation devint instable au lendemain de la bataille de Nordlingen quand les Impériaux, sous les ordres du général Gallas aux côtés duquel combattait le duc de Lorraine, reprirent l'offensive à l'ouest. Turenne réussit le 26 décembre 1634 à récupérer Heidelberg, mais, à la suite d'une nouvelle attaque des Impériaux, Turenne dut repasser le Rhin à la mi-janvier 1635 en abandonnant Philippsbourg[2]. Partout, sur le front du Rhin, les Impériaux progressaient. Le duc de Lorraine et une partie de l'armée impériale franchissaient le Rhin à Brisach et tentaient de prendre pied en Alsace.

1. G. Parker, *La Guerre de Trente Ans, op. cit.*, p. 229.
2. J. Bérenger, *Turenne, op. cit.*, p. 118-120.

Des événements bien plus graves se déroulaient au même moment dans l'Électorat de Trèves. En effet, les Espagnols, depuis le Luxembourg, s'apprêtaient à intervenir. Le Premier ministre, Olivarès, qui dirigeait les affaires de l'Espagne depuis 1625, estimait depuis longtemps que la politique étrangère espagnole devait reposer sur une étroite collaboration entre Madrid et Vienne, mais la guerre avec les Provinces-Unies mobilisait toutes les forces du pays et l'empêchait d'agir plus efficacement en Allemagne [1]. Au lendemain de la victoire suédoise de Lützen où Gustave-Adolphe trouva la mort, Olivarès présentait au Conseil d'État, le 9 janvier 1633, ses vues sur la situation : « C'est le moment de tout terminer, de régler les affaires de l'Empire, d'assurer l'élection du fils de l'empereur comme roi des Romains, de signer une paix honorable avec les Hollandais, de résoudre le problème de l'Italie, de restaurer la Lorraine et semer en France la discorde qu'elle méritait tellement [2]. » Déjà, à ce moment-là, Olivarès considérait comme inévitable une guerre avec la France, mais il comptait sur Wallenstein pour mettre fin au conflit en Allemagne afin d'utiliser ensuite son armée pour le compte de l'Espagne. Les plans d'Olivarès furent contrariés, à la fois parce que Wallenstein était hostile à une collaboration avec l'Espagne, et aussi parce que ce dernier fut éliminé en février 1634. Les succès impériaux, au lendemain de Nordlingen, et la perspective d'une paix avec les Hollandais, qui s'éloignait à la suite du renouvellement de l'alliance franco-hollandaise le 8 février 1635, poussèrent Olivarès à prendre les devants en tentant un coup de force contre le protégé de la France, l'Archevêque-Électeur de Trèves Philippe de Sötern. Ce fut le prince Thomas de Savoie, passé au service de l'Espagne — alors que son frère, le duc régnant Victor-Amédée Ier, était l'allié de la France — qui fut chargé de mener l'opération.

Le 19 mars 1635, le colonel Maillard, un officier lorrain de l'armée de Thomas de Savoie, avec une petite troupe constituée en grande partie de Lorrains, s'empara de la petite ville de Sierck située sur la frontière entre le duché de Lorraine et l'Électorat de Trèves, tenue depuis 1634 par

1. J.H. Elliott, *Olivarès, op. cit.*, p. 385-386.
2. Cité par J.H. Elliott, *op. cit.*, p. 534.

une garnison française peu nombreuse. À ce moment-là, le gros des forces françaises de l'armée du Rhin, sous les ordres des maréchaux Brézé et de La Force, combattaient dans l'est de la Lorraine et en Alsace pour en chasser les Impériaux, laissant à Bernard de Saxe-Weimar le soin de tenir le Palatinat rhénan. La prise de Sierck ouvrait la route de Trèves où résidait Philippe de Sötern sous la protection d'une garnison française commandée par le baron de Bussy-Lameth[1]. Un coup de force audacieux fut mené par un commando espagnol sous les ordres du colonel Maillard : transporté en barques, il descendit la Moselle à partir de Sierck et se présenta à Trèves dans les premières heures de la journée du 26 mars. Après s'être fait ouvrir les portes de la ville, la petite troupe s'introduisit dans la cité et se rendit directement au palais de l'Archevêque-Électeur. Là, le colonel Maillard et ses hommes pénétrèrent à l'intérieur du palais grâce à la complicité d'un des officiers de la garde, Charles de Metternich, qu'un conflit personnel opposait à l'archevêque et qui, de ce fait, n'avait pas hésité à le trahir. Le colonel Maillard annonça aussitôt à Philippe de Sötern qu'il était désormais le prisonnier du roi d'Espagne. La garnison française, dont le commandant était alors absent de la ville, se laissa facilement désarmer, et la ville fut aussitôt occupée par une garnison espagnole. Quant à l'Archevêque-Électeur, il fut d'abord conduit à Luxembourg, puis transféré à Gand avant d'être emmené à Vienne où on le retint prisonnier jusqu'en 1645 !

L'arrestation de Philippe de Sötern, protégé du roi de France, et l'occupation de Trèves par des troupes au service du roi d'Espagne constituaient pour Richelieu un véritable *casus belli*. On ne pouvait pas laisser sans riposte un tel acte de violence sans perdre toute crédibilité aux yeux des Suédois et des princes protestants, tout comme aux yeux des alliés hollandais. En outre, si la France ne relevait pas le défi lancé par l'Espagne, elle pourrait difficilement se prévaloir de son rôle de protectrice des « libertés germaniques ». Lors d'un Conseil tenu le 1er avril 1635 à Saint-Germain en présence de Louis XIII, Richelieu prit ouvertement position en faveur d'une action armée contre l'Espagne, car le roi devait « venger l'affront qu'il venait de recevoir, par l'empri-

1. H. Sacchi, *La Guerre de Trente Ans, op. cit.*, t. II, p. 528-529.

sonnement d'un prince qui s'était mis sous sa protection » ; mais, avant de déclarer la guerre, il fallait obtenir l'appui suédois.

La France venait déjà de renouveler son alliance traditionnelle avec les Provinces-Unies par le traité du 8 février 1635. Le traité précédent, conclu le 15 avril 1634, n'était qu'une simple alliance défensive limitée à une durée d'un an. Le traité du 8 février allait beaucoup plus loin dans la voie de la collaboration militaire et politique entre les deux pays. Non seulement l'alliance devenait offensive et prévoyait une action militaire conjointe de la France et des Provinces-Unies contre les Pays-Bas espagnols, mais encore, le traité envisageait un compromis sur l'avenir des Pays-Bas. Les deux alliés projetaient la constitution d'un État belge divisé en cantons sur le modèle suisse, protégé par eux, avec en outre quelques avantages territoriaux pour les deux États protecteurs. Cette solution n'était envisageable que si les Belges se soulevaient contre l'occupant espagnol. Dans le cas où les Belges prendraient parti pour l'Espagne, la France et les Provinces-Unies envisageaient de se partager, en cas de victoire, le territoire des Pays-Bas[1].

Il restait maintenant à Richelieu à obtenir une réactualisation de l'alliance suédoise. Depuis la fin mars, le représentant suédois à la cour de France, Hugo Grotius, préparait la visite que devait faire le chancelier Oxenstierna. C'est à Compiègne qu'Oxenstierna rencontra Louis XIII et Richelieu et que fut conclu un nouveau traité d'alliance le 28 avril 1635. La France s'engageait à rompre avec l'empereur, à la condition que les Électeurs de Brandebourg et de Saxe maintiennent leur alliance avec la Suède et restent fidèles au parti protestant ; dans ce cas, et dans ce cas seulement, la France lèverait à ses frais douze mille hommes en Allemagne. La Suède et la Ligue de Heilbronn autorisaient la France à « protéger » l'Alsace et à y mettre des garnisons dans toutes les villes, y compris Benfeld et Brisach. En échange, la France garantissait à la Suède la possession de l'archevêché de Mayence et de l'évêché de Worms, ce qui allait à l'encontre des intérêts catholiques, mais la Suède s'engageait à rétablir le culte catholique dans les territoires

1. F. van Kalken, *Histoire de la Belgique et de son expansion coloniale*, Bruxelles, 1954, p. 368.

qu'elle occupait. La liberté du culte évangélique — c'est-à-dire le calvinisme — était garantie, ce qui était une nouveauté, car le calvinisme avait toujours été exclu des accords de paix religieuse conclus jusque-là. Les deux parties, enfin, s'engageaient à ne faire aucune paix séparée avec l'empereur. Certes, la ratification du traité par la Suède était liée à l'entrée en guerre de la France contre l'empereur. Mais, Richelieu, préoccupé essentiellement de la question des Pays-Bas, se garda de dire qu'il n'entendait pas rompre avec Ferdinand II [1].

★

Forts de ces appuis diplomatiques et du renforcement des alliances traditionnelles, Louis XIII et Richelieu estimèrent qu'il n'était pas possible de différer plus longtemps la riposte armée au coup de force perpétré par les Espagnols contre l'Archevêque-Électeur de Trèves. Depuis l'été 1634, en prévision de la guerre, Richelieu avait commencé à rassembler des troupes en Picardie et en Champagne face à la frontière avec les Pays-Bas espagnols. Conformément aux accords passés en février 1635, la mission de ces troupes était de faire jonction avec les forces hollandaises du stathouder Frédéric-Henri de Nassau pour marcher ensemble sur Bruxelles. La responsabilité de cette mission avait été confiée aux maréchaux Brézé et Chatillon. La France disposait également d'une armée stationnée en Lorraine sous les ordres du maréchal de La Force ; elle pouvait compter aussi sur l'armée d'Allemagne commandée par le cardinal de La Valette assisté de Turenne, et qui collaborait avec les armées protestantes de Bernard de Saxe-Weimar — les *weimariens* — et du landgrave de Hesse-Kassel. En outre, du côté de la frontière des Alpes, la France pouvait compter sur le duc de Savoie ; elle disposait aussi des troupes du duc de Rohan qui, en mars 1635, venait d'occuper la Valteline en vue d'interdire ce passage aux troupes espagnoles du Milanais [2].

---

1. G. Pagès, *La Guerre de Trente Ans, op. cit.*, p. 192 ; et J. Bérenger, *Turenne, op. cit.*, p. 126.
2. L'alliance officielle entre la France et le duché de Savoie à laquelle se rallia le duc de Parme fut scellée par le traité de Rivoli en juillet 1635.

Toutes les conditions étaient à présent réunies pour passer à l'action. Louis XIII, depuis Saint-Quentin, avait confié au héraut d'armes du royaume de France Jean Gratiolet et au trompette Gratien Elissarvide la mission de se rendre à Bruxelles pour y porter au Cardinal-Infant, gouverneur des Pays-Bas, la déclaration de guerre, avec tout le cérémonial hérité de l'ancienne monarchie capétienne. C'est le 19 mai 1635 au matin que les deux messagers de Louis XIII se présentèrent aux portes de Bruxelles. Après d'interminables discussions, Gratiolet et Elissarvide, qui avaient attendu en vain d'être reçus par le Cardinal-Infant, regagnèrent la France, non sans avoir répandu de nombreuses copies du texte de la déclaration royale. Deux jours plus tard, ils affichèrent sur un poteau situé au village frontière de Larouillies en Thiérache le texte de la déclaration de guerre qu'ils n'avaient pu remettre en mains propres au gouverneur des Pays-Bas. La France était maintenant engagée dans la guerre.

Le texte signé par Louis XIII et le secrétaire d'État à la guerre Servien résumait ainsi les griefs du roi de France : « Je viens vous trouver de la part du roi mon maître, pour vous dire que, puisque vous n'avez pas voulu rendre la liberté à monseigneur l'archevêque de Trèves, Électeur de l'Empire, qui s'était mis sous sa protection lorsqu'il ne pouvait la recevoir de l'empereur, ni d'aucun prince, et que contre la dignité de l'Empire et le droit des gens, vous avez retenu un prince souverain avec lequel vous n'avez point de guerre, Sa Majesté est résolue de tirer raison par les armes de cette offense en laquelle sont intéressés tous les princes de la chrétienté [1]. » Le roi de France se posait ainsi en défenseur des « libertés germaniques ».

La réaction du roi d'Espagne était inspirée par d'autres motivations. Philippe IV, dans une déclaration faite devant le Conseil d'État le 2 juin 1635, se plaçait, lui, sur le terrain religieux et se posait en défenseur de la foi catholique : « Le roi de France, défiant Dieu, la loi et la nature, a ouvert les hostilités contre moi... À un moment où je tentais de réduire les hérétiques, il me fait la guerre sans raison et sans avertissement pour soutenir l'hérésie [2]. »

1. V.L. Tapié, *La France de Louis XIII et de Richelieu*, *op. cit.*, p. 400-401.
2. J.H. Elliott, *Olivarès*, *op. cit.*, p. 569.

En dépit des efforts du pape Urbain VIII qui déplorait l'affrontement entre les deux grandes monarchies catholiques de l'Europe occidentale, la France et l'Espagne s'engageaient ainsi dans un long affrontement qui allait se prolonger jusqu'en 1659, bien longtemps après que les armes se furent tues en Europe centrale. La guerre de Trente Ans se doublait maintenant d'une guerre franco-espagnole.

Dans les jours qui suivirent la déclaration de guerre, les troupes de Louis XIII passèrent immédiatement à l'offensive, conformément au plan mis au point avec les Hollandais. Comme prévu, les maréchaux Brézé et Chatillon marchèrent à la rencontre des troupes hollandaises massées autour de Maastricht que Frédéric-Henri de Nassau avait occupé en 1632. Une partie de l'armée, après avoir traversé le duché de Luxembourg, se dirigea directement vers Maastricht après avoir traversé le territoire de la principauté de Liège où elle pouvait compter sur l'appui du parti des Grignioux, hostile aux Espagnols et à la politique antifrançaise du prince-évêque Ferdinand de Bavière [1]. Une autre partie de l'armée française se porta à la rencontre d'une armée espagnole commandée par le prince Thomas de Savoie. Le choc entre les deux armées eut lieu le 20 (ou le 22) mai près de Huy, au lieu-dit Avins-en-Condroz ; les troupes espagnoles subirent une cuisante défaite, abandonnant sur le terrain des milliers de morts et de blessés. Puis, le 3 juin, l'armée française fit jonction avec les Hollandais à Meersen ; les deux armées placées sous le commandement de Frédéric-Henri de Nassau marchèrent alors en direction de Bruxelles. Le 7 juin, elles se présentèrent devant la petite ville de Tirlemont [2] dont la garnison, malgré la modestie de ses effectifs, résista énergiquement. Le lendemain, la ville se rendit. Les assiégeants se livrèrent alors aux pires exactions sur les civils, pillant tout sur leur passage, violant les femmes, incendiant les maisons et profanant églises et cimetières. Puis les armées coalisées s'en vinrent assiéger

1. F. van Kalken, *Histoire de la Belgique*, *op. cit.*, p. 391-392. Ferdinand de Bavière, prince-évêque de Liège de 1612 à 1650, était également Archevêque-Électeur de Cologne, évêque de Munster et de Hildesheim. De ce fait, il résidait la plupart du temps dans ses possessions allemandes et soutenait la cause impériale.

2. Aujourd'hui, Tienen, en flamand.

Louvain mais ne purent venir à bout de la résistance de la garnison renforcée par le soutien actif de la population. Les Franco-Hollandais, décimés par le typhus, mal approvisionnés et affaiblis par les dissensions qui s'étaient fait jour entre les généraux français et le prince d'Orange, levèrent le siège dès le 4 juillet et abandonnèrent l'idée de marcher sur Bruxelles.

Les troupes françaises se retirèrent vers l'est en direction de Roermond. Au cours de ce repli, les soldats payèrent cher les exactions commises lors de la prise de Tirlemont. Les paysans belges harcelaient les groupes isolés de soldats et arboraient fièrement des chapelets d'oreilles coupées prises sur leurs victimes[1]. Quant aux Hollandais, ils regagnèrent en toute hâte leur pays pour y faire face à une contre-offensive menée par le Cardinal-Infant et appuyée par des troupes impériales sous les ordres du général Piccolomini qui venait de s'emparer de nombreuses places fortes du duché de Clèves.

La campagne de 1635 en Belgique se terminait mal pour les Franco-Hollandais. Et, au même moment, en Lorraine et du côté du Rhin, la situation n'était guère plus brillante. À ce moment-là en effet, comme nous avons eu l'occasion de le voir plus haut, la paix de Prague avait privé les alliés de la France de deux de leurs principaux soutiens en Allemagne du Nord, la Saxe puis le Brandebourg. Les Suédois, outre leurs propres forces souvent lasses de la guerre, ne pouvaient plus compter en Allemagne que sur les armées du landgrave de Hesse-Kassel et de Bernard de Saxe-Weimar qui, d'ailleurs, n'allait pas tarder à se mettre au service du roi de France[2].

Les « malheurs de la guerre » dépeints avec tant de réalisme par les gravures du Nancéien Jacques Callot et qui, jusqu'à présent, n'avaient touché que le monde germa-

1. F. van Kalken, *Histoire de la Belgique*, *op. cit.*, p. 370-371.

2. Par le traité de Saint-Germain du 27 octobre 1635, Bernard de Saxe-Weimar acceptait de se mettre, lui et ses troupes — 12 000 fantassins et 6 000 cavaliers — au service du roi de France en échange du versement d'une indemnité de quatre millions de livres. Il obtenait également « le landgraviat d'Alsace, y compris le bailliage d'Haguenau avec tous les droits qui ont appartenu ci-devant à la Maison d'Autriche », et cela tant que durerait la guerre. À la fin de la guerre, si la France conservait l'Alsace, le duc de Saxe-Weimar recevrait une compensation territoriale. Cf. R. Reuss, *Histoire d'Alsace*, *op. cit.*, p. 103.

nique, allaient maintenant s'étendre à l'Europe occidentale. La mise à sac de Tirlemont et les atrocités commises sur les soldats français par les paysans belges n'étaient que l'avant-goût de ce que n'allait pas tarder à connaître le duché de Lorraine et des régions bordières. Les Impériaux avaient repris l'offensive en Rhénanie contre les positions tenues par les Suédois et les Franco-Weimariens. Malgré la prise de Mayence et de Bingen par les Franco-Weimariens, l'entrée des troupes impériales à Francfort-sur-le-Main était un succès incontestable et qui ne passa pas inaperçu compte tenu du prestige qui s'attachait à cette ville où se déroulait traditionnellement l'élection de l'empereur. Les Franco-Weimariens se replièrent sur Metz, non sans avoir infligé aux Impériaux une sévère défaite près de Boulay le 27 septembre.

Le duc de Lorraine, Charles IV, chercha à profiter de cette situation pour reprendre le contrôle de ses possessions toujours occupées par les armées de Louis XIII. L'attaque lorraine fut menée sur plusieurs fronts. Au nord, les Lorrains du colonel Maillard reprirent Sierck, tandis qu'un peu plus tard, Gallas, à la tête de ses mercenaires croates, hongrois et polonais, s'emparait de Saint-Avold et dévastait les campagnes environnantes. Au sud, Charles IV lui-même, aidé des Croates de Jean de Werth, occupait Remiremont, Saint-Dié et Raon, avec l'intention de marcher sur Nancy. Tandis que Louis XIII se dirigeait vers la Lorraine avec des renforts, les armées des mercenaires des deux camps, suédois et weimariens tout autant que croates et allemands, se livraient dans tout le duché à des violences indescriptibles à l'égard des populations civiles terrorisées.

Parmi les épisodes les plus dramatiques de la guerre en Lorraine, le sac de Saint-Nicolas-de-Port du 4 au 11 novembre occupa une place particulière. Cette petite cité devait sa célébrité aux reliques de saint Nicolas qui étaient conservées dans la basilique. La ville fut livrée à la soldatesque ; les maisons et les églises furent pillées, des prêtres massacrés alors qu'ils étaient en train de célébrer la messe, des femmes, même des religieuses, violées ; un peu partout, des incendies furent allumés. On attribue d'ordinaire la responsabilité des événements de Saint-Nicolas-de-Port à des éléments de l'armée de Gallas, croates et allemands pour la plupart ; certains ont accusé les Weimariens et les Suédois d'avoir commis ces crimes. Mais l'épisode de Saint-Nicolas-de-Port n'était qu'une des manifestations du comportement des armées qui parcouraient alors la Lorraine. Les troupes lorraines elles-mêmes, celles du colonel Maillard, en particulier, n'hésitaient pas à dévaster leur propre pays : il est vrai que les officiers comme les soldats ne recevaient aucune solde et n'hésitaient donc pas à recourir au pillage[1]. Les Suédois et les Weimariens, là où ils passaient, avaient un comportement identique ; les régions vosgiennes et le pays de Briey en firent l'expérience dans les derniers mois de l'année.

L'historiographe du duc de Lorraine, le marquis de Beauveau, a ainsi décrit le drame vécu par les Lorrains en cette année terrible : « 1635 a plus causé de calamités à la Lorraine que toutes les précédentes, parce qu'elle fut inondée de toutes les bêtes dont parle l'Apocalypse, savoir de l'écume des Nations, polonaises, hongroises, bohémiennes, allemandes, suédoises, lorraines, françaises, italiennes et espagnoles à qui le duc la laissa à l'abandon[2]. » Même si l'on modère un peu la grandiloquence du style de l'auteur qui rend compte des faits bien longtemps après leur déroulement, il est clair que le passage des mercenaires dans le duché a provoqué des ruines considérables tant sur le plan humain que matériel. Comme le souligne J. Florange, « tous les maux, toutes les calamités qui peuvent se dérouler sur un pays en état de guerre, la Lorraine les a connus pendant la désastreuse année 1635[3]. »

★

Oxenstierna, depuis la mort de Gustave-Adolphe, avait tout mis en œuvre pour obtenir une participation directe de la France au conflit qui opposait la Suède et les protestants allemands à l'empereur Ferdinand II. Malgré la paix de Prague qui l'avait privé de ses alliés saxons et brandebourgeois, le chancelier suédois pouvait être satisfait car Richelieu avait maintenant engagé la France dans la guerre.

---

1. J. Florange, « La Guerre de Trente Ans en Lorraine » in *Annuaire de la Société d'Histoire et d'Archéologie de Lorraine*, 1935, p. 79-80.
2. S. Gaber, *La Lorraine meurtrie*, *op. cit.*, p. 25-26.
3. J. Florange, « La Guerre de Trente Ans en Lorraine », *loc. cit.*, p. 83.

Pourtant, Oxenstierna n'avait pas totalement réalisé ses objectifs. Richelieu, en effet, avait déclaré la guerre au roi d'Espagne, non pas à l'empereur ; son adversaire à lui, c'était Philippe IV, et non pas Ferdinand II. Du côté espagnol aussi, Olivarès avait poussé à la guerre, non pour servir les intérêts de la cour de Vienne, mais pour contrer les visées françaises sur les Pays-Bas espagnols et sur l'Italie du Nord, et aussi pour tenter de récupérer au moins en partie les Provinces-Unies sécessionnistes. Le duel franco-espagnol, commencé sous François Ier et Charles Quint, reprenait, mais il se greffait sur un conflit propre au monde allemand.

En cette fin d'année 1635, alors que les différents belligérants faisaient prendre les quartiers d'hiver à leurs armées, les Habsbourg de Madrid, comme ceux de Vienne, semblaient maîtres de la situation. Nul alors n'était encore en mesure de prévoir la fin prochaine d'un conflit qui depuis plus de quinze ans avait ravagé une grande partie de l'Europe centrale et qui maintenant prenait l'aspect d'une véritable guerre européenne.

9

LA GUERRE SUR TOUS LES FRONTS : DE CORBIE (1636) À ROCROI (1643)

Depuis la rupture avec l'Espagne, la France se trouvait maintenant totalement impliquée dans le conflit qui, depuis près de vingt ans, faisait rage en Europe centrale. Les deux grands souverains catholiques d'Occident, le *Roi Très-Chrétien* et le *Roi Catholique*, malgré les tentatives de la papauté pour les en dissuader, se faisaient la guerre. Cette guerre de Trente Ans, qui trouvait son origine dans la révolte des protestants de Bohême attachés à leurs privilèges contre leur souverain catholique et absolutiste, se transformait à présent en un affrontement entre deux souverains catholiques, l'un et l'autre symboles de la monarchie absolue. La guerre de Trente Ans qui, jusque-là, pouvait encore être considérée comme le prolongement des guerres de religion du XVIe siècle, se métamorphosait désormais en une guerre moderne où s'opposaient des intérêts nationaux contradictoires.

Si les campagnes de 1635 n'avaient été que des actions militaires ponctuelles dont, une fois de plus, les populations civiles avaient été les premières victimes — l'exemple lorrain est là pour nous le rappeler —, les suivantes entraînèrent les belligérants dans des opérations de beaucoup plus grande envergure qui se déroulèrent dans un espace géographique beaucoup plus vaste. On se bat désormais sur tous les fronts, sur terre comme sur mer, même si, de part et d'autre, on ne néglige pas de recourir à la diplomatie secrète pour trouver une issue à une guerre ruineuse pour les finances de tous les États engagés.

*

Au cours de l'hiver, les belligérants ont refait leurs forces en prévision de la campagne de 1636. Mais, à ce moment-là, certains États impliqués précédemment dans la guerre avaient retrouvé la paix. C'était le cas des possessions héréditaires des Habsbourg, et notamment de la Bohême où l'autorité de Ferdinand II avait été restaurée et où l'œuvre de recatholicisation était menée activement ; c'était le cas également des possessions du duc de Bavière qui, depuis 1634, se trouvaient en dehors de la zone des combats et où l'on profitait de la paix recouvrée pour panser les blessures consécutives au passage des gens de guerre. La Saxe, elle aussi, était redevenue une zone de paix ; les troupes de l'Electeur avaient profité de la paix de réconciliation avec l'empereur pour expulser les dernières garnisons suédoises et pour pousser leur avance jusqu'à Magdebourg qui passe alors sous leur contrôle. En revanche, le Brandebourg, dont une partie du territoire est encore occupée par les Suédois, reste sous la menace d'une reprise des hostilités à ses frontières et ne peut s'appuyer que sur les armées de l'empereur pour assurer sa sécurité.

La Suède, en effet, demeure toujours présente et active en Allemagne du Nord. Ses armées, que commande maintenant le maréchal Baner, sont solidement implantées dans le Mecklembourg et en Poméranie. Elle peut tabler sur la neutralité bienveillante des villes hanséatiques et sur l'appui militaire des princes protestants « non réconciliés ». La paix de Stumhsdorf, signée avec la Pologne le 20 septembre 1635, grâce à l'arbitrage français, a renouvelé la trêve de six ans conclue en 1629 à Altmark. Bien que peu favorable à la Suède qui doit rendre à la Pologne les ports de Prusse orientale, ce traité a cependant l'avantage de libérer les Suédois de la menace d'une attaque polonaise sur leurs arrières et leur permet ainsi de concentrer tous leurs efforts sur l'Allemagne. Le chancelier Oxenstierna, après de longues négociations, a obtenu le maintien de la coopération avec la France, et le traité de Wismar du 30 mars 1636 lui a assuré de nouveaux subsides pour l'entretien de ses troupes.

Aux confins occidentaux de l'Empire, la situation des protestants et de leurs alliés s'est quelque peu dégradée à l'issue de la campagne de 1635. Tandis que l'Électorat de

Cologne et une partie de celui de Trèves sont tenus par les Espagnols, le Bas-Palatinat, l'Alsace et la Lorraine sont l'objet d'affrontements entre les armées du roi de France et de ses alliés, et celles de l'empereur renforcées de contingents espagnols, bavarois et lorrains. Si les Franco-Weimariens tiennent solidement la plus grande partie de la Lorraine, les Impériaux de Gallas et de Jean de Werth se sont emparés de la plupart des places fortes d'Alsace ; seules, Colmar, Sélestat et Haguenau sont encore tenues par des garnisons françaises au début de 1636. C'est d'ailleurs le seul secteur où les armées de Louis XIII sont aux prises directement avec les forces impériales. Partout ailleurs, les armées françaises mènent le combat contre les Espagnols. C'est le cas sur la frontière septentrionale du royaume face aux Pays-Bas où le Cardinal-Infant dispose de forces nombreuses. C'est le cas aussi du côté de la Franche-Comté, fief d'Empire, mais où stationnent des troupes espagnoles, et dans une moindre mesure du côté des Alpes : ici, les troupes françaises contrôlent la Valteline et occupent Pignerol, tandis que celles du duc de Savoie font face aux Espagnols du Milanais.

*

Pendant l'hiver, Louis XIII et Richelieu ont mis au point les plans d'opérations pour la campagne de 1636. Compte tenu des déboires de la campagne précédente dans les Pays-Bas au cours de laquelle on avait pu juger de la combativité des soldats du Cardinal-Infant, on se borna à une politique strictement défensive dans ce secteur. La situation sur cette frontière largement ouverte faute d'obstacles naturels conséquents était d'autant plus préoccupante que le Cardinal-Infant était en train de rassembler en Hainaut une puissante armée d'une quarantaine de mille hommes, en majorité des Espagnols et des Wallons auxquels s'étaient joints des contingents impériaux sous les ordres de Piccolomini et les cavaliers croates de Jean de Werth envoyés par le duc de Bavière, le tout placé sous le commandement du prince Thomas de Savoie[1]. Pour faire diversion et retarder l'attaque espagnole au nord, le prince de Condé fut chargé

1. H. Sacchi, *La Guerre de Trente Ans*, *op. cit.*, t. III, p. 66 et ss.

de mener, à partir de la Bourgogne, une attaque en direction de la Franche-Comté. Condé s'en vint donc mettre le siège devant Dole au début de mai 1636, sans venir cependant à bout de la résistance de la garnison.

L'offensive française en Franche-Comté n'empêcha pas le Cardinal-Infant d'attaquer. Dans les premiers jours de juillet en effet, les *tercios* espagnols franchirent la frontière et vinrent mettre le siège devant La Capelle : pressé par la population de la cité, le marquis de Vardes qui commandait la place fit sa reddition le 9 juillet. Le gros des forces espagnoles s'emparèrent ensuite du Catelet puis firent mouvement vers l'ouest en direction de la Somme, évitant la vallée de l'Oise défendue par les troupes du maréchal de Guébriant et du duc de Chaulnes. Les Espagnols s'emparaient de Bray-sur-Somme puis s'en allaient mettre le siège devant Corbie à moins de vingt kilomètres d'Amiens. La place de Corbie se rendit le 15 août après un siège de neuf jours. Pendant ce temps, les cavaliers croates de Jean de Werth s'étaient emparés de Roye et de Montdidier et avaient poussé jusque sous les murs de Compiègne. Leurs éclaireurs avaient même effectué des reconnaissances jusqu'à Pontoise et avaient ainsi pu constater l'absence de défenses au nord de Paris. Malgré l'avis de Jean de Werth qui souhaitait lancer immédiatement une attaque en direction de la capitale, le commandement espagnol préféra temporiser. Ce répit permit à Louis XIII et à Richelieu d'organiser une riposte à l'offensive ennemie. Le maréchal de La Force fut chargé de coordonner la défense. On fit appel à toutes les forces disponibles : nobles, bourgeois, simples artisans furent réquisitionnés. Le jour même de la chute de Corbie, le 15 août, le roi décréta la levée en masse et, à son appel, des milliers de volontaires vinrent se mettre à la disposition des autorités. Gaston d'Orléans, malgré les nombreux conflits qui l'avaient opposé à son frère, apporta sa propre contribution à l'effort de guerre en levant à ses frais plus de quatre mille hommes qui s'ajoutèrent aux trente mille fantassins et dix mille cavaliers rassemblés devant Paris. Louis XIII prit lui-même le commandement des troupes puis alla s'installer à Senlis auprès du maréchal de La Force où vinrent les rejoindre Gaston d'Orléans et Richelieu.

Devant cette réaction française, le Cardinal-Infant donna l'ordre à ses troupes de décrocher et de se replier vers les

Pays-Bas où il redoutait une attaque des Hollandais. Dans les derniers jours d'août, les troupes espagnoles commencèrent à évacuer le territoire conquis. Les unes après les autres, les villes et les places fortes conquises par les Espagnols furent reprises par les Français. Puis, Louis XIII et Richelieu se dirigèrent vers Amiens d'où ils supervisèrent le siège de Corbie. Ce fut au tour des Espagnols de subir la rigueur d'un siège. Corbie résista pendant plus de cinq semaines ; finalement, la garnison espagnole capitula le 14 novembre. Paris était maintenant sauvé, mais l'alerte avait été chaude.

L'année 1636 restera dans la mémoire collective des Français comme « l'année de Corbie » et « pour la France, l'année la plus sombre » de toute la guerre [1], une année où, aux difficultés militaires liées à l'invasion étrangère, s'ajoutèrent les troubles intérieurs, les révoltes populaires dues à l'accroissement de la fiscalité provoqué par les dépenses de guerre, sans parler des intrigues politiques et des complots contre Richelieu [2].

Du côté de la Franche-Comté, le siège de Dole entrepris par Condé fut levé en août à la suite de l'intervention des troupes impériales commandées par Gallas. Les Impériaux passèrent à leur tour à l'offensive, franchirent la Saône, pénétrèrent en Bourgogne et s'en vinrent mettre le siège devant Saint-Jean-de-Losne. Les quelques centaines d'hommes de la garnison résistèrent héroïquement aux milliers d'assiégeants qui disposaient de nombreuses pièces d'artillerie. Les renforts franco-weimariens envoyés de Dijon au secours des assiégés obligèrent Gallas à lever le siège le 4 novembre 1636. Saint-Jean-de-Losne reçut pour sa résistance le surnom de « Saint-Jean-Belle-Défense ». Ici aussi, comme en Picardie, l'offensive ennemie avait été stoppée, mais, une fois encore, ce furent les habitants des campagnes francomtoises qui eurent à souffrir le plus du passage des armées ; toute la partie occidentale de la Franche-Comté, le « bas pays », fut livrée au pillage des différentes armées et totalement dévastée.

1. G. Pagès, *La Guerre de Trente Ans*, *op. cit.*, p. 204.

2. Alors même que Richelieu se trouvait à Amiens pour superviser les opérations devant Corbie, il faillit être assassiné dans le cadre d'une conspiration ourdie contre lui par Gaston d'Orléans et le comte de Soissons ; cf. M. Carmona, *Richelieu*, Paris 1983, p. 585.

L'intervention française en Franche-Comté avait provoqué une vive réaction de l'empereur Ferdinand II qui se sentait directement attaqué. Comme ce territoire était fief d'Empire, l'empereur demanda à la Diète, réunie à Ratisbonne depuis le 15 septembre 1636, de déclarer la guerre au roi de France. La Diète hésita à s'engager sur ce terrain mais elle fit sienne la demande de l'empereur visant à obtenir de la France l'évacuation de tous les territoires d'Empire que ses armées occupaient. Finalement, une déclaration de guerre fut bien adressée à Louis XIII, mais elle n'émanait que du seul empereur et non de l'Empire. La France se trouvait maintenant en guerre avec les deux branches de la Maison d'Autriche, les Habsbourg de Madrid et les Habsbourg de Vienne[1].

★

L'importance des opérations militaires à l'ouest en 1635-1636 ne doit pas occulter cependant ce qui se passait au même moment en Allemagne du Nord. Au cours de l'hiver, le commandant en chef des armées suédoises, le maréchal Baner, qui avait à sa disposition une armée forte de vingt-cinq mille hommes, avait préparé un plan d'attaque contre l'Electeur de Saxe considéré comme un traître à la cause protestante depuis qu'il s'était réconcilié avec Ferdinand II. Dès mars 1636, les Suédois se mirent en devoir de dévaster les campagnes saxonnes, allant même jusqu'à pousser des incursions sur les terres de l'Électeur de Brandebourg. Jean-Georges de Saxe se tourna alors vers l'empereur qui lui envoya quelque quinze mille hommes sous les ordres du général Hatzfeld. Les Impériaux et les Saxons, après s'être emparés de Magdebourg en juillet, s'efforcèrent de repousser les Suédois vers le nord afin de libérer la Saxe de leur présence. Baner se retira en direction du Brandebourg. C'est là qu'il livra combat le 4 octobre 1636, non loin du lac de Müritz, près de la ville de Wittstock. La bataille dura deux longues journées ; après des affrontements longtemps indécis, les Suédois restèrent maîtres du terrain. Les pertes furent considérables dans les deux camps : onze mille tués et blessés du côté des Impériaux et des Saxons, plus de cinq

1. M. Carmona, *Richelieu*, *op. cit.*, p. 593.

mille tués et blessés chez les Suédois. Et le nom de Wittstock s'inscrira au nombre des batailles les plus meurtrières de la guerre de Trente Ans. Cette coûteuse victoire n'apporta pas aux Suédois le succès décisif qu'ils escomptaient, mais elle leur donnait une plus grande crédibilité aux yeux de leurs alliés, en particulier de la France. Le souvenir de la défaite de Nordlingen s'en trouvait maintenant effacé. Après avoir poursuivi les restes de l'armée impériale jusqu'en Thuringe et en Hesse, Baner ramena ses troupes en Saxe pour y prendre les quartiers d'hiver.

La nouvelle de la défaite à Wittstock parvint à l'empereur Ferdinand II alors qu'il se trouvait à Ratisbonne. C'est dans cette ville que se tenait la réunion du Collège électoral afin de procéder à l'élection du « roi des Romains ». Ferdinand II, gravement malade depuis plusieurs mois, souhaitait régler sa succession au plus vite. Après de longues tractations, le fils de Ferdinand II, l'archiduc Ferdinand-Ernest, déjà roi de Hongrie, fut finalement élu « roi des Romains », le 22 décembre 1636, par un vote unanime des six Électeurs présents ; le septième Electeur, l'archevêque de Trèves Philippe de Sötern, toujours retenu prisonnier à Vienne, ne put prendre part au scrutin. Selon la tradition, les Electeurs imposèrent au successeur désigné de Ferdinand II une *Wahlkapitulation*, c'est-à-dire un document par lequel le futur empereur s'engageait à épargner aux Princes-Electeurs la présence de troupes impériales sur leur territoire au moment des quartiers d'hiver et à payer la solde des officiers allemands de l'armée impériale.

La succession de Ferdinand II était donc réglée. L'empereur mourut peu de temps après, le 15 février 1637, une semaine après son retour à Vienne. Ainsi disparaissait celui qui avait voué toute sa vie à la défense de la cause catholique. Son corps fut transféré le 21 mars à Graz, la capitale de la Styrie, où il avait vu le jour et où il avait mis en route la politique de recatholicisation des États patrimoniaux de la Maison d'Autriche.

Le nouvel empereur Ferdinand III (1637-1657) était né en 1608 à Graz, comme son père. Sa mère, l'impératrice Maria-Anna, était la sœur du duc Maximilien de Bavière. Lui-même avait épousé une infante espagnole, Maria-Anna, fille du roi Philippe III et sœur d'Anne d'Autriche ; il était donc le beau-frère par alliance de Louis XIII. Comme

Ferdinand II, le jeune empereur était « d'une loyauté absolue envers la cause catholique [1] », mais aussi très soucieux de « la sauvegarde des intérêts de la Maison des Habsbourg [2] ». Toutefois, Ferdinand III montrait « beaucoup plus de souplesse et d'intelligence que son père » et disposait « d'un réel talent pour le métier des armes [3] », comme il l'avait déjà prouvé lors de la bataille de Nordlingen. Il conserva auprès de lui comme chef du Conseil privé le comte Trauttmannsdorf qui occupait cette charge depuis 1635.

Au moment où Ferdinand III accède à la dignité impériale, le territoire du Saint Empire reste livré aux gens de guerre. Les Suédois, au lendemain de leur victoire de Wittstock, avaient occupé une grande partie de la Saxe électorale. En janvier 1637, Baner avait même tenté de s'emparer de Leipzig, mais une action conjuguée des Impériaux et des forces saxonnes l'avait obligé à lever le siège et à se retirer plus au nord en direction de Torgau où il parvint à se maintenir jusqu'au mois de juin. Menacés une nouvelle fois, Baner et ses troupes évacuèrent la Saxe et cherchèrent à se replier vers la Poméranie. Les Impériaux tentèrent en vain de leur barrer la route près de Landsberg, mais Baner réussit non sans mal à ramener en Poméranie ses troupes à court de munitions et épuisées par les campagnes précédentes. Il devait y séjourner jusqu'en septembre 1638, mettant à profit cette longue période d'inactivité pour reconstituer ses forces [4].

Le contrôle de la Poméranie était d'une importance vitale pour la Suède. En effet, le trône du duché était vacant depuis la mort de Boguslav XIV, décédé sans héritier en janvier 1637. La Suède revendiquait la succession en s'appuyant sur l'accord passé en 1630 entre Gustave-Adolphe et Boguslav XIV. Mais l'Électeur de Brandebourg revendiquait également la Poméranie qui lui avait été attribuée par la paix de Prague de 1635. L'installation des troupes de Baner en Poméranie mettait la Suède en position de force pour faire valoir ses droits sur ce territoire. La question ne sera réglée que plus tard, en juillet 1641, avec la conclusion

---

1. E. Zöllner, *Histoire de l'Autriche des origines à nos jours*, *op. cit.*, p. 216.
2. V. Valentin, *Deutsche Geschichte*, *op. cit.*, t. I, p. 231.
3. J. Bérenger, *Histoire de l'Empire des Habsbourg*, *op. cit.*, p. 308.
4. G. Parker, *La Guerre de Trente Ans*, *op. cit.*, p. 250.

d'un accord entre l'Électeur Frédéric-Guillaume et la reine Christine de Suède[1].

D'autres régions avaient eu à souffrir de la guerre ; c'était le cas, entre autres, de la Franconie, des possessions de l'Électeur de Mayence et de l'évêque de Wurzbourg, et aussi du duché de Wurtemberg. À côté des armées « officielles », en effet, des bandes incontrôlées avec des chefs occasionnels plus ou moins en rupture de ban se livraient au pillage systématique des régions qu'elles parcouraient, incendiant les villages, rançonnant les villes et les abbayes, semant la terreur là où elles passaient. Les peuples étaient las de cette guerre qui n'en finissait pas ; les souverains, eux aussi, n'étaient pas loin de partager le point de vue de leurs sujets, d'autant plus que la guerre coûtait cher. Devant cette situation, le pape Urbain VIII avait pris l'initiative en octobre 1636, par l'intermédiaire de son légat à Cologne, d'inviter les représentants des belligérants à discuter des conditions pour le retour à la paix. Si Richelieu et l'empereur se montraient plutôt favorables à l'initiative du pape, l'Espagne, elle, refusait l'idée même de siéger à côté des représentants de ses sujets hollandais rebelles. Quant au pape, lui-même refusait de côtoyer les représentants des États protestants. Ceux-ci, de leur côté, se méfiaient de l'initiative pontificale qui ne pouvait que servir les intérêts catholiques[2]. Le moment n'était pas encore venu pour entreprendre de véritables négociations de paix.

★

Dès le mois de janvier 1637, Richelieu et les chefs militaires français avaient préparé un plan de campagne approuvé le mois suivant par Louis XIII. Deux armées, celle des Flandres, sous le commandement du cardinal de La Valette assisté de Turenne, et celle de Champagne, avec le maréchal de Chatillon à sa tête, furent chargées d'une attaque en direction des Pays-Bas espagnols et du Luxembourg. Dans les premiers jours de juin, les troupes de La Valette commencèrent leur mouvement en direction de la Thiérache. Le 21 juin, elles s'emparaient du Cateau-

1. H. Sacchi, *La Guerre de Trente Ans, op. cit.*, t. III, p. 125-126.
2. M. Carmona, *Richelieu, op. cit.*, p. 596.

Cambrésis, puis s'en vinrent assiéger Landrecies qui tomba le 22 juillet. Après avoir occupé Maubeuge, les troupes françaises s'emparèrent le 15 septembre de La Capelle. Une contre-offensive menée depuis le Hainaut par le Cardinal-Infant dont l'armée avait été renforcée de près de vingt mille hommes envoyés par l'empereur obligea les Français à abandonner Maubeuge et à se retirer vers le sud. Mais, tandis que le Cardinal-Infant portait tous ses efforts du côté de la France, les Hollandais en profitèrent pour s'emparer de Bréda le 10 octobre, après un siège de plus de deux mois. Le bilan de la campagne de 1637 pour la France était plutôt médiocre, mais, de leur côté, les Espagnols qui combattaient ici sur deux fronts se trouvaient maintenant sur la défensive.

Le plan français pour 1637 prévoyait une action en Franche-Comté, dont la responsabilité fut confiée à Bernard de Saxe-Weimar passé depuis 1635 au service exclusif du roi de France. La Franche-Comté était alors tenue par les troupes du duc de Lorraine pour le compte de l'empereur. Bernard de Saxe-Weimar entra en campagne en mai, et ses troupes trouvèrent devant elles un pays dévasté par la campagne de l'année précédente et en proie à la famine. Les Weimariens s'emparèrent d'abord de Champlitte puis se dirigèrent vers Besançon. Le duc de Lorraine demanda aussitôt des renforts au général Gallas dont les troupes séjournaient en Alsace. Gallas lui envoya plusieurs milliers d'hommes commandés par le général Mercy. Bernard de Saxe-Weimar, qui venait de s'emparer du château de Ray-sur-Saône, défit l'armée impériale qui tentait de le reprendre le 22 juin. Les Impériaux en pleine déroute refluèrent sur Besançon dont le site naturel à lui seul constituait un excellent moyen de défense. Bernard de Saxe-Weimar, dans sa campagne en Franche-Comté, n'avait pas été seul. Une autre armée, commandée par le duc de Longueville, s'était dirigée vers Lons-le-Saulnier qui résista pendant dix jours avant de tomber aux mains des Français. Pour retarder l'assaut des assiégeants, le commandant de la garnison avait fait incendier les faubourgs, mais, poussé par le vent, l'incendie s'étendit à toute la ville. Et c'est dans une cité à moitié détruite par le feu que les assiégeants pénétrèrent le 25 juin, pillant et saccageant ce que le feu n'avait pas consumé. Les troupes du duc de Longueville se livrèrent ensuite à des expéditions destructrices dans le sud de la Franche-Comté avant de se replier en Bourgogne à la fin de l'été.

Pendant ce temps, Bernard de Saxe-Weimar, renonçant à attaquer Besançon, se dirigea vers l'Alsace. Son objectif était d'aller prêter main-forte au landgrave de Hesse-Kassel menacé par les Impériaux. Les Weimariens entrèrent en Alsace par le Sundgau puis s'emparèrent d'Ensisheim, retombée aux mains des Impériaux depuis l'automne 1634, et de Benfeld, où Bernard de Saxe-Weimar installa son quartier général. C'est là qu'il apprit que les Impériaux avaient repris l'offensive et que Jean de Werth venait de s'emparer de la forteresse de Hanau tenue par le landgrave de Hesse-Kassel, que Piccolomini venait de le rejoindre avec des troupes fraîches et se préparait à attaquer l'Alsace. À la fin de septembre, Bernard de Saxe-Weimar jugea plus sage de se retirer avec son armée vers Mulhouse, puis de s'installer dans les Franches-Montagnes pour y prendre ses quartiers d'hiver[1].

Plus au nord, le maréchal de Chatillon, avec les troupes de Champagne, avait reçu pour mission de s'assurer le contrôle du Luxembourg tenu par les Espagnols et leurs alliés lorrains et impériaux. À la fin de mai, l'armée française partie de Verdun descendit la vallée de la Meuse et s'empara au cours de l'été des places de Stenay, d'Yvois et de Damvillers, sans pour autant déloger les Espagnols du Luxembourg d'où ils pouvaient à tout instant lancer des expéditions vers la Lorraine. Ici aussi la situation demeurait incertaine et l'on était loin des objectifs escomptés.

La situation était encore moins brillante du côté de l'Italie. Là, en effet, les troupes du duc de Rohan qui avaient occupé la Valteline en 1635 se heurtèrent à une révolte des Ligues grisonnes le 18 mars 1637. Les populations catholiques de la Valteline étaient plutôt favorables aux Espagnols ; quant aux Grisons, ils attendaient en vain de Louis XIII les subsides promis ; ce qui les incita à jouer désormais la carte d'Espagne. À la fin mars, Rohan et ses hommes furent chassés de la Valteline et s'en allèrent rejoindre en Alsace l'armée weimarienne. L'Espagne reprenait ainsi le contrôle de cette route stratégique vitale

1. H. Sacchi, *La Guerre de Trente Ans, op. cit.*, t. III, p. 93 et ss.

qui reliait le Milanais aux possessions des Habsbourg d'Autriche.

L'affaire de la Valteline ne fut pas le seul déboire de la politique française en Italie du Nord. En effet, le 8 septembre 1637, la mort du duc Victor-Amédée de Savoie remit en question l'alliance avec la France. L'autorité de la veuve du duc défunt devenue régente, la duchesse Christine, sœur de Louis XIII, fut contestée par ses beaux-frères, le prince Thomas de Savoie, qui depuis longtemps était passé au service de l'Espagne, et le cardinal Maurice[1]. Les positions françaises au Piémont se trouvaient ainsi menacées, d'autant plus que, à Mantoue, l'incertitude régnait depuis la mort du duc Charles de Gonzague-Nevers. Son héritier, son petit-fils Charles, n'avait alors que sept ans, et la régente ne cachait pas ses sentiments prohabsbourgeois. En Méditerranée, les Espagnols, qui disposaient d'une flotte puissante, lançaient épisodiquement des raids sur les côtes françaises. À la mi-septembre 1636, ils s'étaient même emparés des îles de Lérins d'où ils pouvaient perturber le trafic des ports de Marseille et de Toulon. Ce n'est qu'au début d'avril 1637 que la flotte française, commandée par l'archevêque de Bordeaux, le cardinal de Sourdis, à qui Richelieu avait confié les responsabilités de la marine royale, put reprendre les deux îles. Les Espagnols ne s'avouèrent pas vaincus ; ils tentèrent de débarquer plus à l'ouest, à Leucate, sur la côte du Languedoc. La tentative tourna court. En effet, les troupes du duc d'Halluin, auxquelles s'étaient jointes les milices bourgeoises et des bandes de paysans protestants, mirent fin le 27 septembre à l'entreprise espagnole. Les protestants du Languedoc, qui avaient récemment encore pris les armes contre le roi, n'avaient pas hésité à faire bloc autour du gouverneur du Languedoc pour chasser l'envahisseur espagnol[2].

En dépit de succès passagers des uns et des autres, l'année 1637 pas plus que les précédentes n'avait apporté de résultats décisifs. Aucun des belligérants n'avait été en mesure de réaliser ses objectifs. Tous étaient confrontés aux mêmes problèmes, lassitude des peuples, difficultés financières et accroissement de la fiscalité, révoltes paysannes,

1. M. Carmona, *Richelieu, op. cit.*, p. 598-599.
2. H. Sacchi, *La Guerre de Trente Ans, op. cit.*, t. III, p. 117-120.

autant d'éléments qui auraient dû faciliter l'ouverture de pourparlers de paix, comme le préconisait le pape depuis le déclenchement de la guerre franco-espagnole.

★

Même si le désir de paix était général, et en tout premier lieu dans les régions ravagées par le passage des armées, la guerre demeurait bel et bien une réalité, et chacun des belligérants cherchait à s'assurer une position favorable tant sur le plan diplomatique que sur le plan militaire, dans la perspective des futures négociations de paix. Hambourg, ville hanséatique jusque-là épargnée par la guerre, était devenue le lieu de rendez-vous des diplomates de toute l'Europe. Là, le contact était maintenu entre les représentants de l'empereur Ferdinand III et ceux de ses principaux adversaires. C'était l'occasion pour les diplomates de faire connaître à la partie adverse les buts de guerre du pays qu'ils représentaient et les conditions auxquelles ils étaient prêts à faire la paix.

Le représentant de la Suède, Salvius, avait fait connaître au représentant du roi de France, le comte d'Avaux, ainsi qu'aux émissaires de Ferdinand III, les conditions mises par Oxenstierna pour mettre fin à la guerre en Allemagne. Pour la Suède, il s'agissait en tout premier lieu d'obtenir des « satisfactions », c'est-à-dire des avantages territoriaux pour prix de son intervention en faveur des protestants allemands menacés par la politique de recatholicisation de Ferdinand II. Oxenstierna réclamait également le paiement de la solde de ses armées et exigeait que, dans le cadre de la paix future, soit prévue une amnistie générale en faveur des princes allemands qui avaient pris le parti de la Suède. Le chancelier suédois se montrait prêt à négocier sur ces bases, et cela d'autant plus qu'un certain nombre de ses alliés allemands, comme les ducs de Lunebourg et de Saxe-Lauenbourg, inquiets de la politique expansionniste de la Suède en Allemagne du Nord, n'excluaient pas l'idée de conclure une paix séparée avec l'empereur et se montraient disposés à servir de médiateur entre la Suède et Ferdinand III. Pour des raisons identiques, le roi du Danemark aurait souhaité proposer sa médiation.

Richelieu avait tout à redouter d'une telle éventualité. En

cas d'un retour à la paix en Allemagne, en effet, l'empereur aurait alors toute latitude pour seconder le roi d'Espagne, ce qui aurait été catastrophique pour la France. Aussi le comte d'Avaux reçut-il pour instruction de négocier avec les représentants suédois le renouvellement de l'alliance franco-suédoise afin de dissuader la Suède de faire une paix séparée avec Ferdinand III. Les pourparlers engagés à la fin de 1637 aboutirent le 6 mars 1638 à la signature d'un nouveau traité. L'alliance contre Ferdinand III était renouvelée, mais à quel prix pour la France ! D'abord, le roi de France s'engageait à verser dès l'entrée en vigueur du traité, c'est-à-dire le 15 mai, une somme annuelle de un million de livres, et cela pendant une durée de trois ans, afin de financer l'effort de guerre suédois ; on y ajoutait une somme forfaitaire d'un million de livres pour solder les arriérés des sommes promises lors du traité d'alliance de 1635 et dont le paiement avait été jusque-là différé. À ce prix, la Suède s'engageait à poursuivre la guerre contre Ferdinand III, contre les Habsbourg en général et leurs alliés. Un plan d'action concerté était prévu afin de porter la guerre au cœur même des possessions héréditaires des Habsbourg. Les Suédois se chargeaient de marcher sur la Bohême en passant par les possessions des « Électeurs réconciliés », le Brandebourg et la Saxe, tandis que les Français, à partir du Rhin, s'avanceraient par l'Allemagne du Sud en direction de la Bavière et de l'Autriche. Il était prévu en outre que, dans les pays occupés, les catholiques comme les protestants pourraient pratiquer librement leur religion et conserver leurs biens.

L'alliance franco-suédoise laissait ouverte toute possibilité de négociation séparée avec l'adversaire[1]. C'est d'ailleurs dans cet esprit que Richelieu avait maintenu des contacts officieux avec l'Espagne. Il avait envoyé un émissaire secret auprès d'Olivarès en la personne du baron de Pujols, puis le 14 mai 1638, il avait rencontré à Compiègne un émissaire du Premier ministre espagnol, Don Miguel de Salamanque. Ces entretiens ne donnèrent aucun résultat tant les points de vue étaient opposés. Les sources de divergence portaient à la fois sur le problème de la Lorraine que

1. R. Mousnier, *L'Homme rouge ou la vie du cardinal de Richelieu*, Paris, 1992, p. 685.

Richelieu entendait conserver pour la France alors que l'Espagne exigeait qu'elle soit rendue au duc Charles IV son allié, et sur la question du Brésil occupé par les Hollandais et que l'Espagne entendait récupérer parce que cette colonie faisait partie intégrante du Portugal. Richelieu s'efforçait également de renouer avec l'Angleterre en dépit du lourd contentieux qui opposait les deux pays depuis 1627 en raison de l'appui donné par les Anglais aux rebelles protestants de La Rochelle[1]. En outre, le roi d'Angleterre Charles Ier, qui s'apprêtait à accueillir à sa cour sa belle-mère, la reine Marie de Médicis, qui depuis 1631 avait fui la France, se montrait peu disposé à négocier avec Richelieu[2]. Il existait encore bien d'autres sources de frictions entre les deux pays. L'Angleterre se montrait inquiète du développement de la marine française[3] et redoutait l'éventualité d'un partage des Pays-Bas espagnols entre la France et les Provinces-Unies. Pour apaiser les craintes britanniques, Richelieu avait fait savoir que la question des Pays-Bas espagnols ne serait réglée qu'en accord avec Londres et que, éventuellement, il serait prêt à abandonner Dunkerque aux Anglais. Richelieu proposa même d'assurer en commun avec la flotte anglaise la fermeture de la Manche aux navires espagnols. Malgré sa bonne volonté, aucun accord ne put être conclu. A défaut d'alliance franco-anglaise, Richelieu dut se contenter de la neutralité de Charles Ier[4].

L'intense activité diplomatique qui régna au cours des premiers mois de l'année 1638 n'avait pas empêché la poursuite des opérations militaires. Dès le mois de février, Bernard de Saxe-Weimar avait quitté ses quartiers des Franches-Montagnes pour se diriger vers les possessions habsbourgeoises situées sur le Rhin en amont de Bâle. Il s'était attaqué aux garnisons impériales qui tenaient les « villes forestières » de l'Autriche intérieure. Les unes après

1. R. Mousnier, *L'Homme rouge ou la vie du cardinal de Richelieu*, *op. cit.*, p. 342 et ss.

2. Après l'échec de ses intrigues contre Richelieu, le reine mère avait d'abord trouvé refuge à Bruxelles auprès du Cardinal-Infant, puis, à la demande expresse de sa fille Henriette d'Angleterre, femme de Charles Ier, elle choisit de se fixer à Londres en octobre 1638.

3. Depuis 1630, les effectifs de la flotte française du Ponant (Atlantique) étaient de l'ordre d'une quarantaine de vaisseaux. Cf. R. Mousnier, *L'Homme rouge*, *op. cit.*, p. 331.

4. M. Carmona, *Richelieu*, *op. cit.*, p. 620-622.

les autres, les villes de Säckingen, de Laufenbourg et de Waldshut tombèrent aux mains des Weimariens. Puis, le 3 mars, Bernard de Saxe-Weimar remporta un succès décisif devant Rheinfelden à l'issue duquel il fit prisonnier le condottiere belge Jean de Werth, celui qui, à la tête de ses cavaliers croates et hongrois, avait semé autrefois la terreur en Picardie et en Lorraine. Après avoir guerroyé encore pendant quelques mois aux confins du Sundgau et de la Franche-Comté, Bernard de Saxe-Weimar se dirigea vers le nord en direction de la Brisgau, s'empara le 11 août de Fribourg, puis s'en vint mettre le siège devant Brisach qui contrôlait l'un des points de franchissement du Rhin. À l'issue d'un long siège, la ville fit sa reddition le 18 décembre. La sécurité des possessions françaises d'Alsace était ainsi mieux assurée, et l'une des routes militaires utilisée par les Espagnols et les Impériaux désormais coupée [1].

Ailleurs en Allemagne, c'est surtout dans le Nord que se déployait l'essentiel de l'activité des armées. Les Suédois du maréchal Baner, à partir de la Poméranie, lançaient périodiquement des attaques contre les Impériaux du général Gallas. Il s'agissait plutôt d'une succession de coups de main, de chevauchées destinées à impressionner l'adversaire et dont le résultat le plus tangible était la dévastation et le pillage des campagnes du Mecklembourg et des confins brandebourgeois.

⋆

C'est toutefois la guerre franco-espagnole qui tenait le devant de la scène. Grâce à la politique de Richelieu, la France disposait maintenant d'effectifs militaires importants, bien aguerris, mais souvent commandés par des chefs âgés ou peu compétents. La puissance navale de la France s'était considérablement développée grâce à la politique menée par le cardinal de Sourdis. Seule la permanence de l'agitation dans les provinces et des complots contre Richelieu entravait l'action militaire contre les ennemis de l'extérieur.

Sur le front des Flandres, l'objectif de Richelieu était de constituer une ligne de défense efficace face aux Pays-Bas

1. V.L. Tapié, *La Guerre de Trente Ans*, *op. cit.*, p. 313-314.

espagnols par la conquête de nouveaux points d'appui. L'armée de Picardie, commandée par le maréchal de Chatillon et le marquis de Brézé, reçut pour mission de s'emparer de Saint-Omer. Le siège fut interrompu par l'arrivée de renforts espagnols et impériaux envoyés par le prince Thomas de Savoie et par Piccolomini. Les Français durent lever le siège mais purent cependant reprendre Le Catelet le 14 septembre 1638. Au même moment, un nouveau front s'était ouvert au sud, aux confins du Pays basque espagnol. La flotte du cardinal de Sourdis avait réussi à disperser la flotte espagnole devant Guétary le 22 août et avait débarqué des troupes qui devaient se joindre aux forces terrestres du duc de La Valette et du prince de Condé. L'objectif était de s'emparer de la forteresse de Fontarabie. Bien qu'inférieurs en nombre, les Espagnols réussirent à se dégager et infligèrent aux assiégeants un cuisant échec le 7 septembre.

Du côté italien, le maréchal de Créqui avait reçu pour mission de défendre les places françaises de Pignerol, de Casale et de Brême sur le Pô, toutes menacées par les Espagnols. Au début de mars 1638, les Espagnols du marquis de Legañes vinrent mettre le siège devant Brême. Créqui accourut à la hâte avec des renforts, tenta de dégager la ville assiégée, mais, le 17 mars, il trouva la mort, frappé en pleine poitrine par un boulet de canon. La forteresse se rendit aux Espagnols quelques jours plus tard. La situation des Français en Italie du Nord se trouvait bien compromise, d'autant plus qu'aux difficultés militaires s'ajoutaient les intrigues politiques de la cour de Savoie. La duchesse régente ne semblait pas disposée à renouveler le traité de Rivoli qui avait scellé en 1635 l'alliance entre la France et la Savoie. Louis XIII dépêcha en Italie le cardinal de La Valette. Son arrivée coïncida avec l'apparition de nouvelles difficultés, du côté du duché de Mantoue cette fois. La veuve du duc de Mantoue, Marie de Gonzague, venait de signer un traité d'alliance avec les Espagnols, ce qui mettait dans une position inconfortable la garnison française de Casale ; la ville en effet se trouvait à proximité du duché de Mantoue, dans la partie du duché de Montferrat attribué à la Savoie. Aussitôt après son arrivée en Italie, le cardinal de La Valette se rendit à Turin pour y rencontrer la duchesse Christine. Au terme de longues et difficiles tractations, la régente se résigna à signer le 3 juillet un traité qui renouvelait pour deux ans l'alliance avec la France. Entre-temps, les Espagnols de Legañes poursuivaient leur offensive et mirent le siège devant Verceil le 17 juin. La ville résista victorieusement, puis, le 6 juillet, la garnison franco-piémontaise se rendit aux assiégeants sans raison apparente, sans doute à cause des sympathies du gouverneur de la place, Ogliani, pour les beaux-frères proespagnols de la régente. La situation se redressa par la suite, et les troupes de La Valette dégagèrent le duché de Montferrat puis allèrent porter la guerre dans le Milanais où ils battirent les Espagnols le 7 octobre à Felizzano.

Ces succès furent remis brutalement en question par une nouvelle crise successorale en Savoie. Le duc François-Hyacinthe, fils aîné du duc Victor-Amédée, mourut le 4 octobre ; l'héritage revenait à son jeune frère Charles-Emmanuel âgé alors de quatre ans. Le cardinal Maurice de Savoie chercha à évincer la régente et son fils avec l'appui des Espagnols. Le cardinal de La Valette sauva la situation en envoyant des troupes à Turin, et les comploteurs furent arrêtés. La menace espagnole demeurait entière cependant[1]. On était bien loin de la guerre de Trente Ans et des affaires religieuses allemandes qui l'avaient provoquée !

La guerre entre le Roi Très-Chrétien et le Roi Catholique avait pris le pas sur le conflit entre princes catholiques et princes protestants qui ensanglantait l'Europe centrale depuis deux décennies. La situation se compliqua encore davantage en Italie du Nord lorsque, au début de l'année 1639, la duchesse Christine, tombant sous l'influence d'un jésuite, le père Monod, favorable à une politique d'entente avec l'Espagne, chercha à se rapprocher de ses beaux-frères. Or, au printemps de 1639, tout le Piémont se souleva à l'appel de Maurice et de Thomas de Savoie. Malgré ses velléités de rapprochement avec l'Espagne, la duchesse régente n'eut pas d'autre solution que de se réfugier à Turin sous la protection de la garnison française. Dès le 18 avril, les troupes du prince Thomas de Savoie commencèrent le siège de Turin ; la situation des garnisons françaises au Piémont devint particulièrement critique. Le 28 juillet, les troupes de Thomas de Savoie, épaulées par les Espagnols, firent leur entrée dans la ville basse de Turin, mais la citadelle résista.

1. H. Sacchi, *La Guerre de Trente Ans, op. cit.*, t. III, p. 140 et ss.

C'est là qu'avait trouvé refuge la duchesse régente. Celle-ci, à la demande du cardinal de La Valette, quitta la citadelle pour se réfugier à Suze. Le pape Urbain VIII, qui supportait mal de voir une guerre entre princes catholiques se dérouler sur le sol italien, proposa sa médiation. Le nonce Caffarelli organisa une rencontre entre des émissaires français et des envoyés du prince Thomas de Savoie et du marquis de Legañes. Le 14 août, les parties en présence conclurent une trêve valable jusqu'au 24 octobre.

Sur ces entrefaites, le cardinal de La Valette mourut et ce fut son second, Turenne, qui exerça provisoirement le commandement de l'armée d'Italie en attendant l'arrivée du nouveau commandant, le comte d'Harcourt. A l'expiration de la trêve, chacun demeura sur ces positions et les opérations militaires s'interrompirent avant la venue de la mauvaise saison. D'Harcourt et Turenne demeurèrent en Italie. Les Français tenaient encore un certain nombre de points d'appui : Pignerol, Savigliano, Carmagnola, Cherasco, Carignan et Casale [1]. Restait en suspens la question du pouvoir dans les États de la Maison de Savoie. La duchesse régente Christine, dépossédée du pouvoir au profit de ses beaux-frères par une décision du Sénat de Savoie, se vit contrainte de rechercher l'appui de la France. Le 24 septembre, la duchesse arriva près de Grenoble où se trouvaient alors son frère Louis XIII et le cardinal de Richelieu. Après avoir rencontré le roi, elle eut un entretien orageux avec Richelieu, mais obtint néanmoins la promesse d'une aide militaire de la part de la France tout en refusant de faire de ses États un protectorat français, comme l'avait un moment exigé le Cardinal.

Si les Espagnols avaient remporté en 1639 d'incontestables succès en Italie du Nord, ailleurs ils se trouvaient sur la défensive. Ils avaient dû abandonner la place forte de Hesdin mais résistèrent mieux du côté du Luxembourg et réussirent à repousser victorieusement une tentative française contre Thionville. En revanche, la flotte espagnole, une *armada* de soixante-dix-sept vaisseaux qui devait rejoindre les Pays-Bas, fut attaquée par l'escadre hollandaise de l'amiral Martin Tromp le 21 octobre, au large des côtes anglaises, face aux falaises calcaires de Douvres ; elle

1. J. Bérenger, *Turenne*, *op. cit.*, p. 148 et ss.

fut presque totalement anéantie : seuls neuf navires parvinrent à s'échapper pour se réfugier dans le port flamand de Mardyck.

★

En Allemagne, un plan d'opération contre l'empereur élaboré à Hambourg avait été mis en œuvre dès le printemps de 1639. Parti de Poméranie, le maréchal Baner, repoussant devant lui les troupes de Gallas, se dirigea vers la Saxe. Les Impériaux et les Saxons tentèrent de barrer la route aux Suédois devant Chemmitz le 14 avril mais furent sévèrement battus. La route de la Bohême s'ouvrait maintenant devant les Suédois. Baner, remontant la vallée de l'Elbe, pénétra en Bohême et occupa Teplice avant de paraître en mai devant Prague. La capitale de la Bohême, avec ses fortifications puissamment armées, le fit hésiter ; il renonça à s'emparer de la ville et installa ses troupes dans les campagnes environnantes. De nombreux protestants, qui avaient fui la Bohême pour échapper à la politique de recatholicisation menée par Ferdinand II, avaient accompagné l'armée suédoise et tentaient maintenant de se réinstaller sur la terre de leurs ancêtres et de récupérer les biens qui leur avaient été confisqués. Les Suédois cherchèrent à rallier à leur cause les populations de la Bohême en leur promettant qu'ils allaient les libérer à jamais de la domination catholique. Cet appel ne trouva guère d'écho car le passage des armées suédoises se traduisit ici aussi par des massacres et des destructions, réduisant à néant les efforts déployés par la Couronne et par les grands propriétaires pour reconstruire le pays au lendemain de la paix de 1635 [1]. Les armées suédoises stationnèrent en Bohême septentrionale pendant plus d'un an sans parvenir à se concilier la population locale.

L'autre partie du plan, élaboré à Hambourg dans le cadre de l'alliance franco-suédoise, fut plus longue à être appliquée. Après la prise de Brisach, Bernard de Saxe-Weimar se dirigea une nouvelle fois vers la Franche-Comté tenue au nom de l'empereur et du roi d'Espagne par le duc de Lor-

1. J. Macek et R. Mandrou, *Histoire de la Bohême des origines à 1918*, *op. cit.*, p. 217.

raine. Les Weimariens s'emparèrent tout d'abord de Morteau et de Pontarlier le 24 janvier, puis du fort de Joux le 14 février, pillèrent au passage l'abbaye de Montbenoit, puis descendirent vers le Haut-Jura. L'arrivée des soudards dans les campagnes jurassiennes fut accompagnée du lot habituel des malheurs — pillages, incendies, tortures, viols et massacres. Ce n'est qu'à la fin de juin 1639 que Bernard de Saxe-Weimar ramena ses troupes en Alsace. Mais la paix fut loin de revenir en Franche-Comté, car les troupes françaises de l'armée de Bourgogne continuaient à piller sans vergogne le sud de la province, entraînant contre elles une résistance populaire symbolisée par l'action de bandes armées, comme celles de Lacuzon qui sévissait aux confins du Bugey[1]. À ce moment-là, les relations entre Bernard de Saxe-Weimar et Richelieu étaient en train de se dégrader sérieusement. Pour Richelieu, Bernard de Saxe-Weimar n'était qu'un mercenaire, protestant de surcroît, qui, avec son armée, devait servir uniquement les intérêts de la France et agir conformément aux décisions prises à Paris. Saxe-Weimar, au contraire, estimait que la France n'avait pas récompensé ses services à leur juste valeur. Son ambition était de se tailler une principauté en Haute-Alsace et en pays de Bade ; aussi avait-il refusé de céder au roi de France la forteresse de Brisach qu'il entendait conserver pour lui-même, tout comme les « villes forestières » conquises l'année précédente. Le 8 juillet 1639, Bernard de Saxe-Weimar rencontra Guébriant à qui il fit part de son intention d'aller porter la guerre en Allemagne et de rejoindre Baner. Richelieu voyait d'un assez mauvais œil le désir d'émancipation de son allié qui n'hésitait pas à négocier directement avec la landgravine de Hesse-Kassel et avec les héritiers du Palatin Frédéric V. Il redoutait que de nouveaux succès des Weimariens en Allemagne ne rehaussent le prestige de leur chef aux dépens de celui du roi de France. Aussi fut-il soulagé quand il apprit que, le 18 juillet, Bernard de Saxe-Weimar venait de mourir à Neuenbourg, victime de l'épidémie de peste qui sévissait alors en Haute-Alsace.

Restait maintenant pour Richelieu à régler la question de l'armée weimarienne après la disparition de son chef. Le fils

---

1. H. Sacchi, *La Guerre de Trente Ans, op. cit.*, t. III, p. 207-209.

de Frédéric V, Charles-Louis, qui résidait alors à La Haye, chercha à s'en assurer le contrôle pour tenter la reconquête des possessions rhénanes qui avaient autrefois appartenu à son père. Il tenta alors de rejoindre l'armée weimarienne en traversant le territoire français, bien qu'on l'ait averti qu'il ne pourrait le faire qu'avec l'accord du roi de France. Richelieu, tenu au courant des faits et gestes du prétendant palatin, le fit arrêter alors qu'il traversait la ville de Moulins, puis interner au fort de Vincennes. L'arrestation de Charles-Louis permit à Richelieu de régler, au mieux des intérêts de la France, la question de l'armée weimarienne. Le commandement y était exercé depuis la mort de Bernard de Saxe-Weimar par son fidèle second, le Suisse Johan-Ludwig von Erlach. Celui-ci, le 9 octobre 1639, signa un accord avec le roi de France qui reconduisait l'essentiel des dispositions du traité de Saint-Germain de 1635. La France continuerait donc à assurer le paiement de la solde de l'armée weimarienne qui serait maintenue sous le commandement direct d'Erlach pourvu du titre de « général-major ». Mais l'armée d'Erlach serait subordonnée au duc de Longueville, commandant en chef des armées françaises du Rhin, en fait plutôt à son second, le maréchal de Guébriant. Tous les commandants des garnisons tenues par les Weimariens durent prêter serment de fidélité et d'obéissance au roi de France, tandis que Richelieu procédait à la nomination d'un « intendant de justice, police et finances » en la personne du chevalier d'Oysonville, dont l'autorité s'étendait à l'Alsace, à Brisach et à la Brisgau [1]. Par cette nomination, Richelieu manifestait clairement ses visées sur l'Alsace dans la perspective de la paix future.

★

L'année 1640 marqua un tournant important dans la guerre en cours — on serait tenté de dire « dans les guerres en cours ». On assiste alors à une évolution qui tournera à l'avantage de la France et de ses alliés. Déjà, depuis l'automne précédent, on observait de sérieuses fissures dans l'alliance entre Vienne et Madrid. Les relations entre l'em-

1. H. Sacchi, *La Guerre de Trente Ans*, *op. cit.*, t. III, p. 200 et ss ; et M. Carmona, *Richelieu*, *op. cit.*, p. 630-361.

pereur et son cousin espagnol s'étaient brusquement dégradées à la suite du rappel des troupes impériales qui, sous les ordres du général Piccolomini, servaient aux Pays-Bas espagnols. Piccolomini ne s'entendait pas avec le Cardinal-Infant ni avec le prince Thomas de Savoie qui commandait les troupes espagnoles[1]. Le rappel des troupes impériales priva désormais Ferdinand III des subsides espagnols, mais le départ des Impériaux laissait les Pays-Bas espagnols dans une situation fort délicate face aux Franco-Hollandais, d'autant plus que, privés déjà de la plus grande partie de leur flotte depuis la victoire de Tromp devant Douvres, les Espagnols avaient en outre perdu le contrôle d'une de leurs routes militaires terrestres après la chute de Brisach. Or, c'est par cette route que pouvaient arriver les renforts en provenance d'Espagne via l'Italie du Nord.

Au moment où ses possessions aux Pays-Bas se trouvaient sous la menace d'une éventuelle attaque franco-hollandaise, l'Espagne était confrontée à une très grave crise à l'intérieur même de la péninsule ibérique. Tout avait commencé en Catalogne, une province riche, fière de sa culture, jalouse de son autonomie, très attachée à ses privilèges régulièrement confirmés par le pouvoir royal. Depuis l'ouverture des hostilités contre la France, la Catalogne s'était montrée plus que réticente pour participer à l'effort de guerre. C'est ce qui avait amené, le 13 juin 1637, le vice-roi, représentant de Philippe IV, à décréter la mobilisation générale en Catalogne. Cette mesure provoqua immédiatement le mécontentement des Catalans ; ceux-ci estimaient en effet que leurs privilèges venaient d'être remis en question par cette décision unilatérale du représentant de la Couronne. Cependant, après l'échec de la flotte espagnole devant Leucate, les Catalans se déclarèrent prêts à défendre leur pays si celui-ci était attaqué par les armées françaises. Richelieu, soucieux de se réserver des appuis éventuels du côté catalan, préféra alors faire porter l'effort de guerre français du côté du Pays basque. Néanmoins, la situation demeurait tendue en Catalogne ; les rapports avec les représentants du pouvoir central dégénéraient en affrontements permanents, d'autant plus que les Catalans persistaient dans leur refus de participer à la guerre contre la France

1. G. Pagès, *La Guerre de Trente Ans*, *op. cit.*, p. 213.

puisque leur province n'était pas attaquée. On se trouve ici encore en présence d'un phénomène général dans l'Europe du XVIIe siècle, celui de l'affrontement opposant les défenseurs des particularismes régionaux aux tendances centralisatrices des souverains.

Dans les premiers mois de l'année 1640, une agitation larvée se développa dans toute la Catalogne, provoquée souvent par les maladresses des représentants du pouvoir royal. Le 7 juin, le jour de la Fête-Dieu, alors que des milliers de paysans venus des montagnes voisines se trouvaient rassemblés à Barcelone, un coup de feu inoffensif tiré en l'air d'une des fenêtres du palais du vice-roi cristallisa le mécontentement de la population. La foule présente dans les rues de Barcelone, exaspérée par l'incident amplifié par la rumeur publique, donna aussitôt la chasse aux Castillans et aux soldats royaux qui furent impitoyablement massacrés. Le vice-roi lui-même, qui tentait de s'échapper, fut reconnu et poignardé [1]. Rapidement, l'insurrection anticastillane se transforma en une véritable révolution sociale. Le petit peuple se lança à l'assaut des demeures des riches bourgeois de Barcelone. Pendant cinq jours et cinq nuits, la ville fut livrée au pillage, malgré les efforts des milices bourgeoises pour canaliser le mouvement populaire [2]. On retrouvait là certaines analogies avec les nombreuses révoltes populaires auxquelles Richelieu s'était trouvé confronté à plusieurs reprises, notamment les révoltes des Croquants de Saintonge et du Poitou en 1636, celle des Croquants du Périgord en 1637, celle des Va-nu-pieds de Normandie en 1639-1640 [3]. De Barcelone, la révolte gagna toute la Catalogne, avec la même connotation sociale. Les troupes royales se réfugièrent en Aragon et dans le Roussillon.

A Madrid, Olivarès tardait à réagir. Au moment où Philippe IV se décida à écraser la rébellion, les Catalans étaient déjà en pourparlers avec Richelieu. Dès septembre 1640, en effet, l'organe suprême des Catalans, la *Députation*, avait envoyé des émissaires à Paris en vue d'obtenir une aide militaire. Le 16 décembre 1640, à Barcelone, les représentants

---

1. M. Carmona, *Richelieu*, *op. cit.*, p. 651-652.
2. H. Sacchi, *La Guerre de Trente Ans*, *op. cit.*, t. III p. 219.
3. Cf. R. Mousnier, *L'Homme rouge*, *op. cit.*, p. 595-596, p. 604-605, p. 706 et ss.

de Louis XIII signèrent avec les Catalans le « traité de la Fraternité ». Puis une ambassade catalane fut reçue à Saint-Germain par Louis XIII le 7 janvier 1641, et quelques jours plus tard par Richelieu. La France s'engagea à fournir aux Catalans une aide militaire dans le cadre d'une « alliance perpétuelle » et à garantir le maintien de leurs privilèges.

L'entrée en lice d'une armée espagnole commandée par le nouveau vice-roi de Catalogne, le marquis de Los Velez, un Castillan, rendit impossible toute réconciliation entre les Catalans et Philippe IV. Le 23 janvier 1641, les Cortes de Catalogne décidèrent d'offrir au roi de France le titre de comte de Barcelone, étant entendu que toute l'administration demeurerait aux mains des Catalans, à l'exception du poste de vice-roi qui pourrait être attribué à un Français. Le maréchal de Maillé-Brézé, beau-frère de Richelieu, fut nommé peu après vice-roi, et dut faire face dès son arrivée en Catalogne aux troupes de Los Velez qui se livrèrent partout à de sanglantes représailles contre les « rebelles » catalans. Les Espagnols s'emparèrent de Tarragone mais ne purent prendre Barcelone. La Catalogne se trouva livrée à l'anarchie. Pour la France, l'intervention pouvait être profitable, en particulier du côté du Roussillon où la présence espagnole était fragilisée en raison de la position excentrée de ce territoire séparé de l'Espagne par les Pyrénées.

La question catalane n'était pas l'unique préoccupation de Philippe IV. Richelieu, en effet, cherchait à consolider le dispositif de défense face aux Pays-Bas et à rétablir les positions françaises en Italie du Nord. En juin 1640, une offensive française fut mise en route en Artois : une armée de plus de trente mille hommes, dont neuf mille cavaliers, vint mettre le siège devant Arras. Cette attaque devait être accompagnée d'une intervention hollandaise en direction d'Anvers et des bouches de l'Escaut, afin d'obliger les Espagnols à combattre sur deux fronts. En fait, le stadhouder Frédéric-Henri, qui commandait l'armée hollandaise, demeura inactif, mais cela n'empêcha pas les Français de s'emparer d'Arras le 10 août. L'objectif de Richelieu était atteint. La prise d'Arras, venant après celle de Hesdin et du Catelet au cours des campagnes précédentes, assurait à la France une ligne de défense efficace face aux Pays-Bas espagnols.

La situation s'améliora aussi en Italie pour les Français.

Pourtant, l'année 1640 avait mal commencé avec la prise de Saluces par les Espagnols, isolant les forces du comte d'Harcourt stationnées à Carmagnole et à Carignan. D'Harcourt riposta en se dirigeant vers Casale assiégée depuis plusieurs mois. Le 29 août, les Espagnols se retiraient. Après avoir ainsi dégagé Casale, les troupes françaises marchèrent sur Turin, suivies par les Espagnols du marquis de Legañes. La citadelle de Turin, toujours tenue par la garnison française, était assiégée par les troupes de Thomas de Savoie installées dans la ville qui, à leur tour, se trouvèrent assiégées par les troupes du comte d'Harcourt, elles-mêmes bloquées par les Espagnols de Legañes. Après plusieurs mois de combats confus et indécis, d'Harcourt réussit à se dégager de l'étreinte espagnole grâce à l'armée de renforts envoyés de Pignerol par Turenne. Le 18 septembre, Thomas de Savoie signa la reddition de la ville et se retira sur Ivrea. Turin, dans sa totalité, repassait sous le contrôle français, ce qui permit à la duchesse régente de regagner sa capitale le 20 novembre. Au début de décembre, Mazarin, passé maintenant définitivement au service de la France, fut chargé par Richelieu d'entamer des pourparlers avec les beaux-frères de la régente. Par l'accord d'Ivrea, la France accordait à la régente les places fortes du Piémont tenues par des garnisons françaises, mais la régente en confiait la garde aux Français ; quant aux princes Maurice et Thomas de Savoie, ils renonçaient à leurs revendications sur la régence et s'engageaient à abandonner l'alliance espagnole.

Le Piémont et la Savoie se trouvaient donc à nouveau dans la sphère d'influence française. Le dispositif français en Italie du Nord venait d'ailleurs d'être complété par un traité d'alliance conclu à Péronne le 8 juillet 1641 avec le prince Honoré II Grimaldi, ce qui permit l'installation d'une garnison française sur le rocher de Monaco[1].

Ainsi, la position de l'Espagne s'était sensiblement dégradée en Italie. Elle n'en avait pas fini avec les difficultés. A la révolte catalane, aux échecs militaires aux Pays-Bas et en Italie s'ajouta en décembre 1640 la sécession du Portugal. Depuis 1584, le royaume du Portugal se trouvait associé à

1. J. Bérenger, *Turenne, op. cit.*, p. 164-166 ; et H. Sacchi, *La Guerre de Trente Ans, op. cit.*, t. III, p. 235 et ss.

la couronne d'Espagne par une union personnelle remontant au mariage de Philippe II avec l'héritière du dernier roi de la dynastie d'Aviz, Jean III. En principe, le Portugal devait conserver ses institutions propres et jouir d'une large autonomie, ce qui fut le cas effectivement jusqu'à l'avènement de Philippe IV. Dès lors, sous l'influence d'Olivarès, l'autonomie portugaise fut mise à mal, ce qui suscita un vif mécontentement dans le pays. En outre, le Portugal subissait dans son empire colonial les contrecoups du conflit entre l'Espagne et les Provinces-Unies ; les Hollandais s'étaient emparés des possessions portugaises d'Indonésie et avaient pris pied au Brésil. Le mécontentement portugais fut habilement exploité par les agents de Richelieu. Peu après le déclenchement des troubles en Catalogne, le Portugal fit à son tour sécession. Une partie de l'aristocratie portugaise fomenta un complot destiné à rompre l'union avec l'Espagne. Le 1er décembre 1640, une assemblée de notables proclama roi du Portugal, sous le nom de Jean IV, un membre d'une branche cadette de la famille d'Aviz, le duc Jean de Bragance. Très vite, le nouveau souverain fut reconnu par la France, l'Angleterre et les États protestants de l'Europe du Nord[1]. Le 1er juin 1641, la France et le Portugal s'engageaient mutuellement à ne pas faire de paix séparée avec l'Espagne ; de leur côté, les Provinces-Unies conclurent le 12 juin une trêve de dix ans avec le Portugal et envoyèrent des navires devant Lisbonne pour protéger la ville contre une éventuelle attaque des Espagnols[2]. L'unité politique de la péninsule Ibérique sous l'autorité des rois d'Espagne avait vécu. C'était la fin de la « prépondérance espagnole » en Europe et le début d'un déclin irrémédiable de la puissance de l'Espagne. L'aide de Richelieu aux Catalans et aux Portugais était la réponse de la France aux intrigues de l'Espagne et à l'appui qu'elle n'avait cessé de fournir, et qu'elle continuait à fournir, à tous ceux qui complotaient contre l'autorité du roi, depuis Gaston d'Orléans jusqu'au comte de Soissons.

★

1. M. Carmona, *Richelieu*, *op. cit.*, p. 653-654.
2. H. Sacchi, *La Guerre de Trente Ans*, *op. cit.*, p. 227.

Les Habsbourg de Vienne, eux aussi, comme leurs parents de Madrid, étaient confrontés à de sérieuses difficultés intérieures qui s'ajoutaient à celles rencontrées sur le terrain militaire. Le désir de paix était général en Allemagne, et les Électeurs catholiques eux-mêmes — à l'exception de celui de Trèves, toujours détenu à Vienne — pressaient l'empereur de négocier. Dès 1639, l'Archevêque-Électeur de Mayence, Wambold, avait tenté en vain de réunir à Francfort les membres du Collège électoral pour y discuter de la paix. La réunion fut ajournée faute de participants ; elle se tint finalement à Nuremberg en février 1640. La conférence de Nuremberg rassembla, outre les Électeurs ou leurs représentants, de nombreux princes d'Empire. Le but de cette conférence était de faire adhérer à la paix de Prague les princes non encore réconciliés, c'est-à-dire le fils du Palatin déchu Frédéric V, Charles-Louis, le duc de Brunswick-Lunebourg, le duc de Saxe-Lauenbourg, les ducs de Mecklembourg, la landgravine de Hesse-Kassel, tous plus ou moins en guerre avec l'empereur et alliés de la Suède.

Les représentants des États protestants considéraient que la paix de Prague était trop favorable aux catholiques et réclamaient un réaménagement de certaines des dispositions du traité. Quant à la Suède, elle avait clairement fait savoir qu'elle n'accepterait de traiter que si une amnistie totale était accordée à tous ceux qui s'étaient engagés à ses côtés et que si les biens confisqués étaient restitués à leurs anciens détenteurs. Ferdinand III prit acte des points de vue exprimés par les participants de la rencontre de Nuremberg et annonça la convocation d'une Diète générale d'Empire [1], la première qui se soit tenue depuis 1613.

La Diète convoquée pour le 26 juillet 1640 à Ratisbonne ne commença véritablement ses travaux que le 23 septembre. Ferdinand III lança un appel en faveur d'une paix générale et fit donner des sauf-conduits aux représentants des États non réconciliés afin qu'ils puissent prendre part aux travaux de l'assemblée, manifestant ainsi clairement sa volonté d'apaisement. Les représentants officieux de la France et de la Suède demandèrent à être associés aux discussions sur la paix aux côtés de tous les membres du Saint

1. H. Sacchi, *La Guerre de Trente Ans*, *op. cit.*, t. III, p. 241 et ss.

Empire, ce que Ferdinand III accepta. Le principe de la tenue d'un Congrès général européen fut retenu, et l'on demanda à la France et à la Suède de choisir le lieu où devrait avoir lieu la réunion. Leur choix se porta sur deux villes de Westphalie, Münster et Osnabrück. La Diète, en accord avec l'empereur, suggéra que les princes catholiques se réunissent à Münster et les protestants à Osnabrück. Tout semblait donc peu à peu se mettre en place pour l'ouverture des négociations de paix.

Les espoirs d'un prompt rétablissement de la paix qui s'étaient fait jour au sein de la Diète furent brutalement remis en question par le représentant du nouvel Électeur de Brandebourg, Frédéric-Guillaume. Celui-ci exigea la révision de l'ensemble des clauses du traité de Prague ; sinon, affirmait-il, aucun Congrès de paix ne pourrait se tenir. Beaucoup de princes protestants appuyèrent la prise de position du délégué brandebourgeois. Ce revirement de l'attitude du Brandebourg s'expliquait par le changement récemment intervenu à la tête de l'Électorat. En effet, le 1er décembre 1640, l'Électeur Georges-Guillaume, qui s'était rallié à la paix de Prague en 1635 et qui dès lors avait pratiqué une politique d'entente avec Ferdinand III sous l'influence de son conseiller, le catholique Adam de Schwarzenberg, était mort. Son successeur, Frédéric-Guillaume — celui qui bientôt sera désigné sous le nom de « Grand Électeur » —, las des attaques permanentes de ses États par les Suédois, avait entamé dès son avènement des négociations directes avec la Suède et avait écarté du pouvoir le conseiller de son père. Ces négociations, d'ailleurs, aboutirent le 24 juillet 1641 à la signature d'un traité secret entre le Brandebourg et la Suède. Par ce traité, le Brandebourg cédait à la Suède la Poméranie occidentale, y compris les bouches de l'Oder et le port de Stettin, mais conservait ses droits sur la Poméranie orientale, sur les évêchés de Minden et de Halberstadt, et gardait également Magdebourg[1].

La nouvelle politique du Brandebourg affaiblissait singulièrement le prestige et l'autorité de l'empereur. En effet, alors même que la Diète était réunie, un prince, officiellement « réconcilié » avec l'empereur, concluait une paix sépa-

1. G. Pagès, *La Guerre de Trente Ans*, *op. cit.*, p. 214 ; et H. Sacchi, *La Guerre de Trente Ans*, *op. cit.*, t. III, p. 246 et ss.

rée avec un État en guerre avec l'empereur. Tout d'un coup, ce fut le problème de la place et de l'autorité même de l'empereur qui se trouva posé devant la Diète. Un prince allemand, fût-il Prince-Électeur, pouvait-il signer un traité avec un État engagé dans une guerre contre l'empereur, et à plus forte raison conclure éventuellement une alliance avec lui ? Dès lors se trouvait posée la question des rapports entre l'empereur et les princes, non seulement devant la Diète, mais également, on pouvait le prévoir, devant la future conférence de la paix. Le problème de la réforme des institutions du Saint Empire posé depuis le XVe siècle redevenait un problème d'actualité. Aux vaines tentatives de Ferdinand II pour renforcer l'autorité impériale et pour faire du Saint Empire une monarchie centralisée s'opposait maintenant le désir des princes territoriaux et des Électeurs d'être pleinement souverains dans leurs États. L'attitude du nouvel Électeur de Brandebourg, par bien des aspects, exprimait au grand jour les aspirations profondes de nombre de princes allemands, catholiques et protestants mêlés.

Le débat était maintenant engagé à la Diète au moment où venait d'être publié un ouvrage intitulé *Dissertatio de ratione status in imperio romano* (« Discours sur la raison d'État dans l'Empire romain »). Son auteur, Hippolytus a Lapide — de son vrai nom Philippe Bogislav Chemmitz —, un Poméranien protestant qui fut plus tard l'historiographe de la reine Christine de Suède, y démontrait que la souveraineté dans l'empire résidait dans l'empire seul, en tant que corps constitué dans lequel l'empereur n'était que l'un des organes aux pouvoirs limités par la *Wahlkapitulation* à laquelle il souscrivait au moment de son élection. Lapide rappelait aussi que les Habsbourg avaient progressivement transformé la monarchie élective en une monarchie héréditaire ; pour lui, le seul moyen pour revenir à la tradition était de limiter à deux le nombre des empereurs que pourrait fournir une même Maison princière. Ainsi, les Habsbourg catholiques qui occupaient le trône impérial depuis plus de deux siècles seraient définitivement évincés du pouvoir. Parallèlement, il faudrait restaurer l'autorité de la Diète et créer un gouvernement d'empire qui partagerait avec l'empereur le pouvoir exécutif[1].

1. V.L. Tapié, *La Guerre de Trente Ans*, *op. cit.*, p. 356-359.

Le problème de la paix et celui de la réforme des institutions apparurent à beaucoup comme étroitement liés, et la nécessité d'y apporter une solution lors du futur Congrès pour la paix fut admise par tous.

Les travaux de la Diète s'achevèrent le 10 novembre 1641. Ferdinand III publia avant la clôture un décret confirmant la paix de Prague, excluant du champ d'application de l'amnistie promise les possessions héréditaires des Habsbourg, et remettant à plus tard le règlement des problèmes liés à la succession du Palatin Frédéric V et à la dévolution de ses biens. D'autre part, conformément aux vœux de la Diète, il fut décidé que l'ouverture des travaux préparatoires du Congrès de paix aurait lieu au printemps 1642 à Münster et à Osnabrück — mais il faudra encore deux ans d'attente avant que les diplomates ne commencent véritablement leurs travaux.

Dans l'immédiat, la guerre se poursuivait en Allemagne. N'étant pas parvenu à s'emparer de Ratisbonne, Baner, poursuivi par les Impériaux de l'archiduc Léopold et de Piccolomini, s'était replié d'abord en Moravie puis avait gagné la Bohême avant de chercher à passer en Saxe. Les Suédois, sévèrement accrochés par Piccolomini près du village de Pressnitz sur le versant bohémien des monts Métallifères, subirent de lourdes pertes. Baner, avec les débris de son armée, se dirigea vers Zwickau où se trouvaient les troupes franco-weimariennes de Guébriant. Sous la pression des Impériaux, Baner se replia en direction du duché de Brunswick, mais, gravement malade, il dut s'arrêter à Halberstadt où il mourut le 20 mai 1641. Ce fut Lenart Torstensson qui fut désigné comme généralissime par Oxenstierna ; il reçut pour adjoint un jeune major-général, Karl-Gustav von Wrangel, qui s'était illustré lors des campagnes précédentes[1].

Wrangel et Guébriant, malgré l'indiscipline de leurs troupes, épuisées par les marches forcées qu'elles venaient d'accomplir, tentèrent d'arrêter la progression des Impériaux. Le 29 juin, ils remportaient sur eux un net succès à Wolfenbüttel. Cette victoire ne suffit pas à redonner le moral aux troupes suédoises. Celles-ci, mal payées, se muti-

1. R. Svanstrom et C.P. Palmstierna, *Histoire de la Suède, op. cit.*, p. 117-118.

nèrent, et l'agitation se poursuivit jusqu'à l'automne. L'armée suédoise se trouvait ainsi paralysée, et ses soldats débandés multipliaient violences et exactions sur les populations des régions où elle était stationnée. Ces mutineries arrivaient à un moment particulièrement délicat pour les Franco-Suédois. Guébriant, assiégé en Westphalie dans la place de Dorsten, attendait en vain les Suédois pour se dégager ; il dut se retirer, laissant la voie libre à Piccolomini qui occupa la ville le 18 septembre. À cela s'ajouta la défection des héritiers du duc de Brunswick-Lunebourg, mort en avril, et qui s'engagèrent dans une politique de réconciliation avec Ferdinand III[1]. L'arrivée en novembre de Torstensson, avec des troupes fraîches venues de Suède et de Finlande, permit de rétablir la discipline dans les rangs des mutins. Les nouvelles recrues, bien disciplinées, eurent pour première mission d'encadrer les anciennes unités. À la fin de 1641, Torstensson était ainsi parvenu à reconstituer une armée suédoise digne de la tradition de l'époque de Gustave-Adolphe.

La Suède se retrouvait maintenant en état de reprendre la guerre efficacement contre Ferdinand III. Le renouvellement de l'alliance française, par le traité du 30 juin 1641, assurait à la Suède la poursuite de l'aide financière de Paris sous la forme d'un subside annuel d'un million deux cent mille livres jusqu'à la fin de la guerre, mais qui serait ramené à trois cent mille livres en cas de paix séparée de l'une ou de l'autre des parties. Les premiers fonds versés fin 1641 permirent d'assurer le paiement des arriérés de solde et contribuèrent à la restauration de la discipline dans l'armée suédoise. Enfin, autre atout pour la Suède, elle pouvait compter maintenant sur le soutien — ou tout au moins sur la neutralité bienveillante — de l'Électeur de Brandebourg, Frédéric-Guillaume, qui avait abandonné le camp impérial.

Après avoir reconstitué son armée, Torstensson concentra ses troupes dans la basse vallée de l'Elbe à la fin de

1. La réconciliation officielle sera scellée par un traité conclu à Goslar en janvier 1642. Les héritiers du duc de Brunswick-Lunebourg s'engageaient à restituer Hildesheim à l'Électeur de Cologne, ce qui fut fait l'année suivante. Il était prévu que, dans cette cité épiscopale, le culte protestant serait toléré. Ainsi, on pouvait constater que l'idée de tolérance religieuse et de cohabitation à l'intérieur d'un même État de chrétiens de confessions différentes faisait progressivement son chemin.

l'hiver 1641-1642. Il envisageait de lancer une attaque en direction de la Saxe et de la Bohême avec l'appui des Franco-Weimariens de Guébriant qui étaient alors en Westphalie. L'action conjointe ne put être menée, car Guébriant se trouvait en difficulté face aux armées de l'Électeur de Cologne et aux Impériaux du général Hatzfeld. Guébriant remporta sur eux une brillante victoire le 17 janvier 1642 à Kempen, au nord-ouest de Cologne, et put avec ses troupes et à celles de son allié de Hesse-Kassel occuper l'Électorat de Cologne. La route des Provinces-Unies était ouverte, permettant d'envisager une jonction avec les Hollandais[1]. Dans l'immédiat, il n'était plus question pour Guébriant d'aller rejoindre les Suédois. C'est donc avec les seules troupes suédoises que Torstensson se dirigea vers la Bohême.

Après avoir traversé les possessions de l'Électeur de Brandebourg, les Suédois atteignirent la Silésie à la fin d'avril. Après s'être emparé de Glogow sur l'Oder, Torstensson se heurta aux Saxons qu'il battit le 30 mai à Schweidnitz (Swidnica), puis pénétra en Moravie quelques jours plus tard. Les Suédois se livrèrent au pillage en règle des campagnes moraves, incendiant les villages et massacrant leurs habitants. Vienne se trouvait à son tour menacée et pratiquement sans défense car le gros des forces impériales était alors en Basse-Saxe avec Piccolomini à leur tête. Aussitôt après le déclenchement de l'attaque suédoise en Silésie, Piccolomini s'était lancé à leur poursuite ; après un détour en Brandebourg, il avait mis le siège devant Glogow. La contre-attaque des Impériaux obligea Torstensson à renoncer à sa marche en direction de Vienne et à quitter la Moravie. De retour en Silésie, Torstensson obligea les Impériaux à lever le siège de Glogow, puis il les poursuivit en direction de la Saxe, l'objectif étant de s'emparer de Leipzig. La rencontre avec les Impériaux de Piccolomini et de l'archiduc Léopold eut lieu le 2 novembre à Breitenfeld, là même où, en 1631, Gustave-Adolphe avait écrasé l'armée de Tilly. Torstensson y renouvela l'exploit du « Lion du Nord ». Les Impériaux laissèrent sur le terrain plus de huit mille hommes et se replièrent en direction de la Bohême. Mais les Suédois, eux aussi, avaient eu de lourdes pertes. La

1. H. Sacchi, *La Guerre de Trente Ans*, *op. cit.*, t. III, p. 267-268.

victoire de Breitenfeld laissait Leipzig à la merci des Suédois. Torstensson entreprit aussitôt le siège de la ville qui tomba le 4 décembre. Tout comme en 1631, Leipzig fut livrée au pillage, et la municipalité dut verser aux vainqueurs une indemnité de guerre considérable et prendre à sa charge l'équipement et la solde des soldats suédois qui allaient l'occuper jusqu'en 1650[1].

Les Suédois n'avaient pas été les seuls à se distinguer. Les Français menaient de leur côté des opérations sur plusieurs fronts avec des résultats inégaux. En Allemagne, après sa victoire à Kempen, Guébriant avait confié aux anciens soldats de Bernard de Saxe-Weimar la mission de conquérir le duché de Juliers ; quant à lui, il se proposait avec ses propres troupes d'aller rejoindre Torstensson comme cela avait été prévu. Mais une intervention des troupes bavaroises du général Mercy en direction du Würtemberg et du pays de Bade obligea Guébriant à redescendre vers le sud pour assurer la défense de l'Alsace et de Brisach, directement menacées par les Bavarois. En fait, au printemps 1642, les Bavarois occupèrent une grande partie du pays de Bade. Faute de moyens suffisants en hommes, Guébriant se contenta d'assurer la protection de la rive gauche du Rhin.

Mais c'est face à l'Espagne que se portait l'essentiel de l'effort de guerre. L'Espagne, comme nous l'avons signalé, connaissait de sérieuses difficultés intérieures : sécession de la Catalogne et du Portugal, crise financière et monétaire liée au coût élevé des guerres et à la diminution des rentrées d'or et d'argent en provenance d'Amérique. De ce fait, l'Espagne paraissait moins crédible aux yeux de ses alliés. C'est ce qui avait amené le duc Charles IV de Lorraine, installé en Franche-Comté depuis 1636, à tenter de renouer avec la France. Au début de mars 1641, le duc s'était rendu à Paris, puis il avait rencontré Louis XIII au château de Saint-Germain. Il alla même jusqu'à signer avec le roi de France, le 29 mars, un traité qui, en principe, aurait dû mettre fin à la querelle franco-lorraine. Charles IV, par le traité de Saint-Germain, en effet, récupérait la plupart de ses possessions à l'exception de quelques places fortes jugées vitales pour la sécurité de la France — Stenay, Jametz, Dun-sur-

1. H. Sacchi, *La Guerre de Trente Ans*, *op. cit.*, t. III, p. 270-271 ; et R. Svanstrom et C.F. Palmstierna, *Histoire de la Suède*, *op. cit.*, p. 118.

Meuse — et du comté de Clermont en Argonne ; Nancy, la capitale du duché, resterait occupée par une garnison française jusqu'au retour de la paix générale, et ses fortifications seraient démantelées. En outre, le 10 avril, le duc de Lorraine se reconnut vassal du roi de France pour le Barrois et prit l'engagement solennel de renoncer à toute alliance avec les ennemis de la France. En fait, la « petite paix » — ainsi a-t-on appelé par dérision le traité de Saint-Germain — fut de courte durée. Ce que cherchait surtout le duc de Lorraine, c'était de recouvrer ses possessions. Aussi, un mois plus tard, Charles IV, de retour dans ses États, s'empressa-t-il d'affirmer devant notaire que le traité signé avec le roi de France était nul et non avenu, car, selon lui, c'était sous la contrainte qu'il l'avait signé [1]. Il acceptait mal l'amputation de son territoire et le maintien des troupes françaises dans la capitale ducale. Peu après, Charles IV chercha à reprendre le contact avec ceux qui, en France, et avec l'appui de l'Espagne, complotaient contre Richelieu, et notamment le comte de Soissons. Malgré les engagements pris de soutenir la cause du roi de France, Charles IV ne fournit pas au maréchal de Chatillon le contingent de soldats promis pour faire face à une attaque des Impériaux venus soutenir le comte de Soissons, ce qui permit à celui-ci de remporter sur les troupes royales la bataille de La Marfée, près de Sedan, le 6 juillet 1641 [2]. Les troupes françaises réoccupèrent la Lorraine. Le duc Charles IV, une nouvelle fois, quitta précipitamment ses États ; il se mit au service de Ferdinand III et alla rejoindre l'armée du duc de Bavière.

L'essentiel de l'activité militaire contre l'Espagne se déroulait aux deux extrémités du royaume. D'abord au sud, répondant à l'appel des Catalans, les Français portèrent leurs efforts sur le Roussillon. Après s'être emparés de Collioure le 13 avril 1642, l'armée du maréchal de la Meilleraie, dans laquelle servait maintenant Turenne, vint mettre aussitôt le siège devant Perpignan, tandis que la flotte française débloquait Barcelone menacée par la flotte espagnole. Après un long siège, Perpignan capitula le 9 septembre 1642. C'en était fini de la présence espagnole au nord des Pyrénées. Tout le Roussillon désormais se trouvait

1. R. Tavenaux (sous la direction de), *Histoire de Nancy*, *op. cit.*, p. 175.
2. R. Mousnier, *L'Homme rouge*, *op. cit.*, p. 723.

sous le contrôle de la France [1]. En ce qui concerne les Pays-Bas, l'année 1642 fut marquée par la prudence extrême des belligérants. Depuis la mort du Cardinal-Infant en novembre 1641, le nouveau gouverneur des Pays-Bas, Francisco de Mello, s'était borné à des actions militaires limitées ; il avait réussi néanmoins à remporter quelques succès notables en reprenant Lens le 19 avril et La Bassée le 13 mai que les Français avaient conquis en 1641 à l'occasion d'opérations ponctuelles. Puis les Espagnols remportèrent un nouveau succès à Honnecourt le 26 mai, mais, faute d'effectifs suffisants, Francisco de Mello n'était pas en mesure de porter la guerre plus avant dans le territoire français. Pendant l'hiver 1642-1643, il échafauda un plan de campagne dont l'objectif était de marcher sur Paris, non pas en utilisant la route traditionnelle des invasions, c'est-à-dire la vallée de la Sambre et de l'Oise, mais en passant plus à l'est par les Ardennes et la vallée de la Meuse. A cet effet, il avait rassemblé une puissante armée où se côtoyaient, outre les tercios espagnols, des mercenaires wallons, italiens et croates auxquels s'ajoutaient des troupes fournies par le duc de Lorraine.

La campagne commença dans les premiers jours de mai 1643. Le 15 mai, l'armée « espagnole » se présenta devant la place de Rocroi aux confins des Ardennes. La ville fut sauvée par l'arrivée de l'armée de Condé. Celle-ci, forte de quinze mille fantassins et de sept mille cavaliers, partie d'Amiens dès le début de l'offensive espagnole, avait gagné à marches forcées les Ardennes. Le 19 mai eut lieu la rencontre décisive. L'armée de Condé se lança à l'assaut des troupes wallonnes du comte de Fontaine qui furent taillées en pièces, puis ce fut au tour des Espagnols de subir le choc. A l'issue de la bataille de Rocroi, l'ennemi laissait sur le terrain plus de huit mille tués et blessés et presque autant de prisonniers, abandonnant un matériel considérable [2]. C'en était fini de la puissance militaire espagnole aux Pays-Bas. La victoire de Condé à Rocroi eut un immense retentissement dans toute l'Europe en guerre. Condé profita de l'avantage pour tenter d'aller rejoindre Guébriant sur le

1. J. Bérenger, *Turenne*, *op. cit.*, p. 184.

2. H. Sacchi, *La Guerre de Trente Ans*, *op. cit.*, t. III, p. 300 et ss. et F. van Kalken, *Histoire de la Belgique*, *op. cit.*, p. 372 et ss.

Rhin. Marchant vers l'est, il s'empara de Thionville le 10 août, puis de Sierck le 3 septembre, obligeant le duc Charles IV à se retirer. La campagne de Condé s'arrêta là, car le prince, pour des raisons de politique intérieure française, regagna Paris après avoir dissous son armée.

★

Au tournant des années 1642-1643, à un moment où manifestement l'empereur et le roi d'Espagne voient la situation de leurs armées singulièrement compromise après les succès suédois et français, un certain nombre de personnalités marquantes de la guerre en cours disparaissent. Du côté espagnol, c'est la disgrâce d'Olivarès, écarté du pouvoir le 17 janvier 1643, après avoir conduit la politique de l'Espagne pendant près de vingt ans. Le roi Philippe IV ne lui avait pas pardonné les échecs de sa politique en Italie, en Catalogne et au Portugal ; la perte du Roussillon en 1642 acheva de le discréditer. En France, ce fut d'abord la mort du cardinal de Richelieu, le 4 décembre 1642, à un moment où il venait de triompher du dernier complot ourdi contre lui avec la conjuration de Cinq-Mars [1] et alors que les objectifs de sa politique étrangère étaient sur le point d'être réalisés. La mort de Richelieu fut suivie par celle de Louis XIII le 14 mai 1643, au moment où, à Rocroi, se jouait une nouvelle fois le sort de la France. La mort de Richelieu et du roi laissait le royaume aux mains de la reine Anne d'Autriche, régente au nom du jeune Louis XIV, mais aussi à son nouveau Premier ministre, le cardinal Mazarin, protégé de son prédécesseur et qui, depuis 1630, avait mis son talent de diplomate au service du royaume. C'est maintenant à une nouvelle génération d'hommes d'État qu'il appartenait, en France comme en Espagne, de gérer la guerre et de préparer la paix qui, depuis la Diète de Ratisbonne, était à l'ordre du jour.

---

1. Marie de Médicis, qui avait été derrière la plupart de toutes les entreprises visant à évincer Richelieu, avait précédé dans la tombe son ennemi. Elle était morte le 3 juillet 1642 à Cologne. La mort de Richelieu rendit possible l'inhumation de la reine mère en la basilique de Saint-Denis le 4 mars 1643.

10

LA GUERRE TOUJOURS PRÉSENTE 1643-1648

Tous les belligérants paraissaient bien décidés à mettre fin à la guerre. Les délégués des princes allemands réunis en *Deputationstag* à Francfort à partir de février 1643 voulaient profiter de la réunion prévue du futur Congrès de la paix pour régler tous les problèmes en suspens dans l'Empire et modifier la Constitution ; ils revendiquaient entre autres le droit de participer aux travaux de la conférence de la paix. L'empereur Ferdinand III, dans un esprit d'ouverture, leur donna satisfaction ; il autorisa tous les princes allemands à participer aux négociations et les invita à se rendre, selon leur choix, à Münster ou à Osnabrück, en fonction de leur appartenance religieuse.

Les travaux du Congrès pour la paix auraient dû commencer en 1642 mais les parties en présence se hâtaient doucement d'y envoyer leurs diplomates, si bien que ce n'est qu'au printemps 1644 qu'arrivèrent les premières délégations. Il y avait plusieurs raisons à ce retard. La principale était que chacun des belligérants cherchait à se présenter à la table des négociations avec le maximum d'atouts en main, à s'assurer de nouvelles conquêtes afin d'obtenir, le moment venu, des concessions supplémentaires de la partie adverse. Si bien que, pour préparer la paix, on poursuivait la guerre.

Une fois encore, l'Allemagne constitua le principal lieu d'affrontement, tandis que par ailleurs, en Italie et dans les Flandres, le conflit franco-espagnol continuait à se développer.

En Allemagne, ce furent les Suédois qui prirent l'initiative de réanimer la guerre, épaulés épisodiquement par leur allié français. L'objectif de la politique suédoise, toujours conduite par Axel Oxenstierna, était d'aller porter la guerre au cœur même des possessions patrimoniales de l'empereur. Pour lui, il s'agissait, tout en s'assurant le contrôle des territoires du Saint Empire riverains de la Baltique, de mettre à terre la Maison de Habsbourg, symbole de la Contre-Réforme et du papisme, et ainsi de mener à bonne fin l'œuvre entreprise quinze ans auparavant par le roi Gustave-Adolphe. La politique française, conduite depuis la mort du roi Louis XIII par le cardinal de Mazarin, était moins ambitieuse, au moins en ce qui concernait l'Allemagne. Ce qui comptait pour Mazarin, c'était de s'assurer le contrôle de la ligne du Rhin, quitte à mener campagne en Allemagne du Sud afin d'appuyer éventuellement l'allié suédois sans pour autant partager ses objectifs quant à l'avenir de la Maison d'Autriche.

Si, grâce à Condé, les succès français avaient été significatifs face aux Espagnols, la victoire de Rocroi ne devait pas faire oublier les revers subis par l'armée d'Allemagne au cours de l'hiver 1643-1644. Le maréchal de Guébriant, en effet, avec les troupes franco-weimariennes, avait tenté de reprendre l'offensive sur le Rhin grâce aux nouveaux renforts que Condé lui avait envoyés. Guébriant avait franchi le Rhin à Brisach avec l'intention d'installer ses troupes en Forêt-Noire pour y prendre les quartiers d'hiver. Il savait que l'armée bavaroise du général Mercy stationnait en Wurtemberg, non loin de là. Renforcée de contingents lorrains fournis par le duc Charles IV et des cavaliers de Jean de Werth[1], elle attendait l'arrivée des renforts impériaux commandés par le général Hatzfeld avant d'entreprendre une action contre les Franco-Weimariens. Les hésitations de Mercy permirent à Guébriant de progresser profondément à travers les vallées du versant occidental de la Forêt-Noire dans les derniers jours d'octobre. Après avoir atteint

1. Jean de Werth, capturé lors de la bataille de Rheinfelden en 1638, avait été conduit au donjon de Vincennes où il fut détenu pendant près de quatre ans. En 1642, il fut libéré dans le cadre d'un échange de prisonniers de haut rang. L'Autriche, en échange de la libération de Jean de Werth, relâcha le maréchal suédois Horn fait prisonnier lors de la bataille de Nordlingen en 1634.

l'autre versant au début du mois suivant, Guébriant, le 18 novembre, vint mettre le siège devant Rottweil, une ville libre d'Empire où se trouvaient entreposés d'importants stocks de vivres et de munitions. Au cours de l'assaut contre la place, Guébriant fut grièvement blessé et mourut des suites de ses blessures. Il eut au moins la satisfaction, avant de mourir, d'apprendre que ses soldats s'étaient rendus maîtres de la ville. Une autre partie de l'armée franco-weimarienne, sous les ordres du général Rantzau, avait reçu pour mission de s'emparer de Tuttlingen, petite ville située sur le Danube. Le siège avait commencé le 14 novembre et s'avéra plus difficile que prévu. Les troupes de Mercy, rejointes par les Impériaux de Hatzfeld, prirent position autour du camp des assiégeants, et, le 25 au matin, profitant du brouillard, elles attaquèrent. Surpris, les Franco-Weimariens prirent la fuite, abandonnant sur le terrain plus de deux mille tués et blessés, ainsi que sept mille prisonniers, dont le général Rantzau lui-même — à qui Guébriant, avant de mourir, avait confié le commandement —, et une centaine d'officiers. Privée de son chef, l'armée franco-weimarienne, complètement désorganisée, se replia en toute hâte sur le Rhin. Les soldats, laissés à eux-mêmes et affamés, se livrèrent au pillage des campagnes de l'Alsace méridionale déjà dévastées par les passages précédents des armées [1].

Turenne, qui venait d'être promu à la dignité de maréchal de France, reçut le 3 décembre 1643 la mission de reconstituer l'armée d'Allemagne. Ayant non sans mal repris le contrôle des survivants de Tuttlingen, il les conduisit en Lorraine pour y passer l'hiver, s'emparant au passage en janvier 1644 des villes de Vesoul et de Luxeuil tenues par des fidèles de Charles IV. Au début du printemps, Turenne fut enfin prêt pour reprendre l'offensive en Allemagne. Les Bavarois de Mercy et les Impériaux avaient hiverné au Wurtemberg. Turenne décida de les y attaquer. Au début de mai, il franchit le Rhin à Brisach, puis, remontant le cours du fleuve en direction du lac de Constance, il poussa jusqu'à Überlingen. De là, Turenne remonta vers le nord, s'empara de Donaueschingen, puis regagna à la fin de juin ses bases en Alsace. Il ne s'agissait que d'une démonstration de force destinée à impressionner l'ennemi. Demeuré long-

1. R. Reuss, *Histoire d'Alsace*, *op. cit.*, p. 107.

temps dans l'expectative, Mercy se dirigea à son tour vers l'ouest. Son objectif était de s'emparer de Fribourg-en-Brisgau dont il commença le siège dès le 27 juin. La ville capitula au bout d'un mois. L'arrivée des vingt mille hommes de Condé venus pour renforcer l'armée de Turenne ne permit pas cependant la reprise de Fribourg mais provoqua le départ du gros de l'armée de Mercy au début d'août. La ville fut laissée à la garde d'une petite garnison bavaroise. C'était, avec Philippsbourg occupée par les Impériaux en 1635, la seconde position tenue jusque-là par les Français sur la rive droite du Rhin qui tombait aux mains de l'ennemi. Plutôt que de se lancer à la poursuite de l'armée de Mercy, Turenne choisit de reprendre le contrôle de la ligne du Rhin. Philippsbourg fut reconquise le 9 septembre, puis Turenne, remontant vers le nord sur la rive gauche du fleuve, s'empara de Worms, d'Oppenheim puis de Mayence le 16 septembre. Le bilan de la campagne de Turenne était brillant. À la fin de l'année 1644, les Français contrôlaient toute la rive gauche du Rhin, à l'exception de Frankenthal encore tenue par une garnison impériale. Avec Brisach et Philippsbourg, la sécurité de la présence française en Alsace était assurée[1]. C'était là l'objectif prioritaire de la politique de Mazarin en Allemagne.

★

En Allemagne, Oxenstierna s'efforçait d'élargir l'alliance franco-suédoise en y intégrant la Transylvanie qui, au début de la guerre de Trente Ans, avec son prince Gábor Bethlen, avait un moment rallié, contre Ferdinand II, le camp protestant. L'un des successeurs de Bethlen, le prince Georges Ier Rákoczi (1630-1648), était resté longtemps passif face aux nouveaux développements de la guerre de Trente Ans. Oxenstierna le poussait à rallier l'alliance franco-suédoise, en vue, non plus de faire jouer à la Transylvanie un rôle de diversion, mais de mener avec les forces transylvaines une action concertée pour mettre à terre la puissance des Habsbourg en Europe centrale. Les nombreux émigrés protestants de Bohême agissaient dans le même sens. En outre, sur le plan militaire, le commandant des troupes

1. J. Bérenger, *Turenne*, *op. cit.*, p. 200 et ss.

suédoises, Torstensson, jugeait indispensable la coopération avec la Transylvanie, car elle était en mesure de lui fournir la cavalerie qui lui faisait cruellement défaut. Mais Rákoczi hésitait toujours à s'engager. Il est vrai que les objectifs du prince de Transylvanie étaient moins ambitieux que ceux d'Oxenstierna. À la différence du prince Bethlen, Rákoczi n'avait pas pour préoccupation essentielle la couronne de Hongrie. Ce qu'il recherchait surtout, c'était le renforcement de son autorité en Transylvanie, et le désir d'y asseoir solidement sa famille. Cependant, les négociations avec la Suède aboutirent le 26 avril 1643 à la signature du traité de Stockholm entre la reine Christine et le prince Rákoczi. Ce traité intégrait la Transylvanie au système d'alliance franco-suédois. La France s'engageait à verser à Rákoczi pendant toute la durée de la guerre une somme annuelle de cent cinquante mille thalers destinée à assurer l'entretien de trois mille mercenaires ; de son côté, Rákoczi fournirait à l'allié suédois trois mille cavaliers et s'engageait à ne pas conclure de paix séparée avec l'empereur. Un plan d'action militaire coordonné fut élaboré. Les forces transylvaines attaqueraient par l'est en direction de l'Autriche aussitôt après que le sultan aurait donné son autorisation, ce qui fut fait en novembre 1643 [1], tandis que l'armée suédoise, depuis la Silésie et la Moravie, marcherait sur Vienne.

À ce moment-là, les treize mille hommes de l'armée de Torstensson étaient solidement installés en Moravie et avaient atteint Nikolsbourg (Mikulov), à une centaine de kilomètres au nord de Vienne. L'offensive commune fut momentanément différée en raison d'une mission d'intervention contre le Danemark dont fut chargé Torstensson.

Les relations entre le Danemark et la Suède s'étaient progressivement dégradées depuis la fin des années trente. Le développement de la puissance suédoise dans la Baltique et dans le nord de l'Allemagne inquiétait le roi Christian IV. De leur côté, les Suédois et les Hollandais supportaient mal l'augmentation des péages perçus par les Danois lors du franchissement des détroits du Sund, ce qui entravait leur activité commerciale en mer Baltique. Au début de 1643,

1. La Transylvanie, principauté indépendante, était en fait une sorte de protectorat de la Sublime Porte ; toute action militaire menée par les princes de Transylvanie était subordonnée à l'accord préalable du sultan.

Oxenstierna avait déjà pris secrètement la décision de régler par les armes son contentieux avec le Danemark. De son côté, le Danemark s'était rapproché de la Pologne, du Brandebourg et de la Russie, et cherchait à négocier avec Ferdinand III. C'est le rapprochement entre l'empereur et Christian IV qui décida Oxenstierna à passer à l'action. Le roi de Danemark en effet, conscient de la menace suédoise qui se profilait à l'horizon — la Diète suédoise venait de voter en mai 1643 de nouveaux crédits militaires —, sollicita l'aide de l'empereur. Ferdinand III lui fit savoir qu'il était prêt à assurer sa défense et envoya vers le nord une armée commandée par le général Gallas.

La réaction suédoise fut immédiate. En septembre 1643, Torstensson reçut l'ordre de quitter la Moravie et de marcher contre le Danemark. Parties de Moravie en octobre, les troupes suédoises traversèrent la Silésie, le Brandebourg et le Mecklembourg pour atteindre le Holstein en décembre. La plupart des points d'appui danois dans cette province tombèrent les uns après les autres. Le Schleswig fut à son tour occupé, puis, en janvier 1644, les Suédois pénétrèrent dans le Jutland, au cœur même du royaume. Parallèlement, une autre armée suédoise commandée par Horn et Wrangel, venue de Suède, entra en Scanie et poussa jusqu'à Malmö, face à Copenhague, et mit le siège devant la ville [1]. Les victoires des armées suédoises faillirent être remises en question. Une armée danoise, commandée par le prince Frédéric de Danemark, débarqua en Mecklembourg, forçant les Suédois du général Königsmarck à se replier vers le sud. Au même moment, les Impériaux de Gallas arrivaient à leur tour au Holstein et s'emparaient de Kiel. L'armée de Torstensson risquait alors de se trouver encerclée au Jutland. Devant cette situation, Torstensson jugea plus prudent d'évacuer le Jutland et de se retirer vers le sud, poursuivi par les Impériaux de Gallas renforcés par des troupes fraîches menées par Hatzfeld. Les opérations militaires se déplacèrent vers le sud. L'armée de Gallas, qui cherchait à s'installer à Magdebourg, fut attaquée devant la ville par les Suédois de Königsmarck qui lui infligèrent une lourde défaite. Les survivants de l'armée de Gallas se replièrent en désordre en direction de la Bohême. L'autre partie

1. I. Andersson, *Histoire de la Suède des origines à nos jours*, *op. cit.*, p. 153.

de l'armée impériale que commandait Hatzfeld qui se dirigeait vers la Silésie fut battue à son tour le 23 novembre à Jüterborg près de Wittenberg[1].

L'expédition de Torstensson et de ses lieutenants contre le Danemark avait ainsi tourné à l'avantage des Suédois. Sous la pression de la Diète, Christian IV décida de négocier et envoya dès décembre 1644 une mission à Stockholm. La France et les Provinces-Unies proposèrent leur médiation. Les négociations de paix s'ouvrirent en février 1645 à Brömsebro, sur la frontière entre la Scanie danoise et la Suède. Après de longues et difficiles négociations provoquées par les exigences de la Suède, la paix fut enfin conclue le 23 août. Le traité de Brömsebro marquait la fin des ambitions danoises dans la Baltique et consacrait l'hégémonie suédoise dans la région. Le Danemark, en effet, cédait à la Suède les îles de Gotland et de Oesel, renforçant ainsi le caractère de lac suédois de la Baltique ; il abandonnait aussi à la Suède les provinces du Jämtland, du Herjedalen et du Särna le long de la frontière norvégienne, et cela à titre définitif, ainsi que la province du Halland pour trente ans, ce qui élargissait l'accès de la Suède à la mer du Nord. En outre, les navires suédois étaient désormais exempts du paiement des péages dans le Sund[2].

*

Pendant que la paix revenait progressivement dans le nord, Torstensson avait regagné la Moravie avec ses troupes pour y reprendre la guerre contre l'empereur. Pendant qu'il était encore dans les confins danois, le prince Rákoczi avait achevé ses préparatifs de guerre, mais il ne voulait pas prendre le risque de se trouver réduit à ses seules forces face aux Impériaux. Torstensson, avant son départ pour la campagne contre le Danemark, l'avait rassuré en lui faisant savoir qu'il reviendrait au printemps 1644, mais ce n'est que l'année suivante qu'il réapparaîtra en Moravie. Entretemps, fort des promesses suédoises, Rákoczi, le 2 février

1. H. Sacchi, *La Guerre de Trente Ans*, *op. cit.*, t. III, p. 335-336.

2. I. Andersson, *Histoire de la Suède des origines à nos jours, op. cit.*, p. 154 et R. Svanstrom et C. F. Palmstierna, *Histoire de la Suède, op. cit.*, p. 119.

1644, se mit en route en direction de la Haute-Hongrie [1]. Les débuts de la campagne furent marqués par des succès. L'armée de Rákoczi s'empara d'un certain nombre de villes de Haute-Hongrie. Ferdinand III confia au maréchal Götz et au général Pucheim la mission de repousser l'envahisseur. L'armée impériale, forte de dix mille hommes dont une partie avait été recrutée dans l'ouest de la Hongrie, remporta le 9 avril sa première victoire sur Rákoczi qui attendait en vain l'aide suédoise. Les Impériaux reprirent une partie du terrain conquis par Rákoczi qui dut se replier sur Sarospatak, un des hauts lieux de la culture calviniste en Hongrie [2].

L'entreprise du prince Rákoczi n'avait guère suscité d'enthousiasme dans la Hongrie royale. En effet, la politique de recatholicisation menée avec habileté et modération par le cardinal Pierre Pázmány depuis le début des années vingt commençait à porter ses fruits. Une grande partie de la noblesse était revenue au catholicisme. De même, la prédication en langue vulgaire, l'utilisation des fastes de la liturgie tridentine, la reconstruction des églises dans lesquelles la décoration baroque apportait la satisfaction des sens, tout cela avait largement contribué au ralliement des paysans et du petit peuple à l'Église catholique [3]. L'ouest de la Hongrie et la Transdanubie demeurèrent fidèles aux Habsbourg, et Rákoczi ne trouva de véritable appui qu'auprès des communautés protestantes encore nombreuses en Haute-Hongrie. Ainsi, la guerre menée par Rákoczi prit davantage l'aspect d'une guerre de religion, à la différence de celle menée autrefois par le prince Bethlen dont l'objectif avait été l'indépendance de la Hongrie.

La contre-offensive des Impériaux se poursuivit pendant tout l'été et l'automne. Rákoczi commençait à avoir des doutes sur l'efficacité de l'alliance suédoise. Le retour en force des Suédois en Moravie, au printemps 1645, modifia la situation sur le front hongrois. Les troupes impériales furent rappelées d'urgence vers l'ouest pour assurer la défense de Vienne, ce qui permit au prince Rákoczi, tout en

1. La plus grande partie de la Haute-Hongrie fait partie aujourd'hui de la république de Slovaquie.

2. In *Magyarország története, op. cit.*, t. III, vol. 1, p. 921.

3. G. Stadtmüller, *Geschichte Südosteuropas* (« Histoire de l'Europe du Sud-Est »), München-Wien, 1976, p. 300-301 ; et B. Hóman et Gy. Szekfű, *Magyar történet* (« Histoire de Hongrie »), Budapest 1935, t. IV, p. 156.

maintenant le contact avec l'empereur, de reprendre la guerre afin de faire, comme prévu, sa jonction avec l'armée de Torstensson. Le prince Rákoczi, cependant, hésitait encore à s'engager trop avant et se trouvait aux prises avec des intérêts contradictoires. D'un côté, la Sublime Porte lui avait fait savoir en novembre 1644 qu'elle s'opposait à la poursuite de la guerre contre l'empereur. Mais, d'un autre côté, la Suède poussait le prince de Transylvanie à attaquer. Un envoyé du roi de France, Croissy, vint trouver Rákoczi en janvier 1645 et ne lésina pas sur les promesses. Le roi de France s'engagea à prendre sous sa protection le prince Rákoczi et sa famille et confirma l'aide financière promise dans le cadre du traité de Stockholm. Compte tenu des succès suédois de 1644-1645, le prince Rákoczi passa outre aux interdits de la Porte et reprit son offensive[1].

Les Suédois, en effet, avaient repris leur action en Bohême et en Moravie. À Jankau (Jankovice), en Bohême méridionale, le 6 mars 1645, Torstensson avait remporté une nouvelle victoire décisive sur les troupes impériales de Hatzfeld et de Götz. Ce fut l'« une des plus sanglantes batailles de la guerre de Trente Ans[2] ». L'artillerie suédoise causa de très lourdes pertes aux Impériaux qui laissèrent sur le terrain plus de deux mille morts ou blessés et abandonnèrent trois mille prisonniers dont le général Hatzfeld. Au total, l'armée impériale avait perdu plus du quart de ses effectifs. Ferdinand III, qui se trouvait alors à Prague, chargea Gallas d'assurer la défense de la capitale de la Bohême ; puis il se dirigea vers Ratisbonne, d'où il gagna Vienne, tandis que les autres membres de la famille impériale étaient conduits à Graz. Pendant ce temps, une partie de l'armée suédoise se dirigea vers Brünn pour y mettre le siège, tandis qu'une autre partie, avec Torstensson, s'installa au début d'avril devant Vienne[3]. Les troupes de Rákoczi, une trentaine de milliers d'hommes sous les ordres du général Bákos, réoccupaient au même moment la Haute-Hongrie, puis se répandirent dans la plaine du Marchfeld, sur la rive septentrionale du Danube, où ils se livrèrent à un pillage en

1. In *Magyarország története, op. cit.*, t. III, vol. 1, p. 924.
2. P. Belina, P. Čornej et J. Pokorný, *Histoire des Pays tchèques, op. cit.*, p. 216.
3. E. Zöllner, *Histoire de l'Autriche des origines à nos jours, op. cit.*, p. 217.

règle. Apparemment, Rákoczi ne cherchait pas à rejoindre Torstensson devant Vienne. Il est vrai qu'il venait de recevoir du sultan Ibrahim un message lui enjoignant d'arrêter sa campagne et de faire la paix avec Ferdinand III. Les troupes transylvaines se bornèrent à aller rejoindre les Suédois qui assiégeaient toujours Brünn. La jonction se fit le 18 juillet, mais l'armée de Rákoczi demeura passive. Brünn, dont la défense était assurée efficacement par une garnison commandée par un huguenot français passé au service de l'empereur après avoir déserté le corps suédois, le marquis Louis de Souches, tenait bon. La présence des Transylvains devant Brünn n'empêcha pas Rákoczi de poursuivre ses pourparlers avec les envoyés de l'empereur avec lesquels il parvint à conclure un accord le 27 juillet. Rákoczi vint alors trouver Torstensson pour lui annoncer qu'il était contraint de se retirer, invoquant pour se justifier la pression de la Porte. L'accord du 27 juillet fut confirmé le 16 décembre 1645 par la paix de Linz, conclue « sur le souhait et à la demande du prince de Transylvanie et des Hongrois ralliés à son parti ». À titre viager, Rákoczi se voyait attribuer les sept comitats de Haute-Hongrie ainsi que d'importants domaines dans la région de Tokaj. L'empereur Ferdinand III, en tant que roi de Hongrie, accordait également à tous ses sujets, nobles ou paysans, la pleine et entière liberté de culte, s'engageait à ne plus chasser les pasteurs ni à confisquer leurs temples ; les deux parties s'engageaient aussi à se restituer mutuellement leurs édifices de culte confisqués au cours des guerres précédentes [1]. La paix de Linz consolidait le pouvoir de Georges Rákoczi en Transylvanie et faisait de la Hongrie habsbourgeoise une des rares terres de l'Europe centrale d'alors où la liberté religieuse était garantie à tous.

La défection transylvaine, mais aussi les difficultés rencontrées par Torstensson pour assurer le ravitaillement de ses troupes, amenèrent les Suédois à renoncer à prendre Vienne. Au début d'octobre, Torstensson donna l'ordre de lever le siège de Vienne. Le siège de Brünn fut également abandonné. La Moravie fut évacuée. Les Suédois se dirigè-

1. In *Magyarország története, op. cit.*, t. III, vol. 1, p. 925-926 ; et *Histoire de la Transylvanie* (sous la direction de B. Köpeczi), Budapest, 1992, p. 320-321.

rent vers la Saxe pour y prendre leurs quartiers d'hiver. En effet, la Saxe, entre-temps, avait préféré négocier avec les Suédois. Désormais neutre, elle s'engageait à verser aux Suédois une forte contribution de guerre et à accepter la présence d'une garnison suédoise à Leipzig et à Torgau [1].

Quant à Torstensson, après avoir ramené ses troupes en Saxe, devenu pays ami, il abandonna, malade, son commandement au profit du général Wrangel, puis rentra en Suède. Il avait par son génie militaire largement contribué aux victoires des armées suédoises en Allemagne.

*

L'armée française, ou plutôt l'armée franco-weimarienne, avec Turenne à sa tête, avait profité de l'hiver pour refaire ses forces après la campagne de 1644. Le 24 mars 1645, Turenne, une nouvelle fois, avait franchi le Rhin à Spire avec douze mille hommes et avait pris la direction de la Souabe. Il attendait l'arrivée des troupes suédoises de Königsmarck pour attaquer les Impériaux de Mercy. En juillet, Turenne avait à sa disposition une puissante armée de vingt-deux mille hommes où, à côté des Franco-Weimariens, on trouvait un contingent de mercenaires dépêché par la landgravine de Hesse-Kassel, des troupes françaises envoyées de Lorraine par Condé, et les Suédois de Königsmarck enfin arrivés de Moravie [2]. Avec cette armée, Turenne pouvait espérer venir à bout de celle de Mercy. Il prit la route de la Franconie, puis se dirigea vers le Danube. La rencontre entre les deux adversaires eut lieu le 6 août près de Nordlingen, non loin du lieu où, en 1634, les Impériaux avaient battu les Suédois. L'essentiel des combats se déroula près du petit village d'Allerheim. Les meilleurs généraux des deux armées étaient réunis pour le combat décisif, Condé et Turenne d'un côté, Mercy et Jean de Werth de l'autre. Au cours de cette bataille, le général Mercy trouva la mort [3]. Les deux armées subirent de lourdes pertes, près de quatre mille morts et blessés dans chaque

---

1. G. Parker, *La Guerre de Trente Ans*, *op. cit.*, p. 267, p. 377.

2. La participation suédoise à cette campagne fut purement symbolique. Quelques semaines après son arrivée, Königsmarck, qui ne s'entendait pas avec les généraux français, se retira et ramena ses troupes en Moravie.

3. J. Bérenger, *Turenne*, *op. cit.*, p. 215-219.

camp. Les troupes franco-weimariennes mirent en fuite l'armée bavaroise, ce qui leur permit de prendre le contrôle de Nordlingen. Toutefois, en octobre, Turenne et Condé ramenèrent leurs troupes sur le Rhin, puis, de là, à travers le Palatinat rhénan, ils lancèrent une attaque sur Trèves qui fut reprise aux Espagnols le 23 novembre, ce qui permit à l'Archevêque-Électeur Philippe de Sötern de regagner sa capitale après la fin de sa longue captivité à Vienne.

★

Au moment où s'achevaient les campagnes de 1645 en Allemagne, l'avant-garde des diplomates arrivés à Münster et à Osnabrück depuis le printemps 1644 avait entamé avec une extrême lenteur les premières discussions. L'année 1645, tout comme la suivante, fut essentiellement consacrée aux questions de préséance et de procédure. Cette lenteur calculée montrait que les divers belligérants estimaient être encore en mesure d'améliorer leurs positions sur le terrain. Les actions militaires, quoique ponctuelles, allaient bon train en effet. Les deux principaux adversaires des Habsbourg n'avaient pas renoncé à leurs objectifs. En Suède, le chancelier Oxenstierna, malgré le désir de paix maintes fois exprimé par la reine Christine devenue majeure en 1644, n'avait pas abandonné l'idée de conquérir les États héréditaires des Habsbourg et de marcher sur Vienne, avec ou sans la collaboration de l'armée de Turenne. Et, du côté français, Mazarin, malgré les difficultés intérieures auxquelles il se trouvait confronté comme l'avait été autrefois Richelieu, cherchait avant tout à imposer aux Habsbourg de Madrid une paix qui assurerait définitivement la sécurité du royaume : la guerre franco-espagnole, aux yeux de Mazarin, était beaucoup plus importante que la guerre allemande. Si bien que, une fois de plus, malgré l'ouverture de la conférence de la paix, l'activité militaire se poursuivit sur les différents théâtres d'opérations.

Après la campagne de 1645 en Allemagne, Turenne avait regagné Paris et avait passé l'hiver à la Cour. Au début d'avril 1646, le maréchal avait rejoint Mayence où se trouvait son quartier général. À ce moment-là, l'armée suédoise de Wrangel, qui avait passé l'hiver en Bohême, s'était déplacée vers l'ouest. Forte d'une vingtaine de milliers d'hommes, elle venait de recevoir une dizaine de milliers d'hommes supplémentaires que Königsmarck avait retirés des diverses garnisons de Moravie et de Silésie. Avec cette puissante armée, Wrangel, après s'être emparé de Paderborn, se dirigea vers la Hesse où la landgravine Amélie-Élisabeth était officiellement l'alliée de la Suède et de la France. Wrangel y déploya ses troupes. Moins de deux cents kilomètres séparaient alors l'armée suédoise de celle de Turenne. Wrangel attendait du commandant de l'armée française d'Allemagne qu'il joigne ses forces aux siennes pour marcher ensemble contre les Impériaux qui stationnaient en Bavière. La diplomatie suédoise faisait pression sur Mazarin pour qu'il donne l'ordre à Turenne de se joindre aux Suédois, mais Mazarin hésitait car il était soucieux de ménager la Bavière, avec le secret espoir de la détacher de l'alliance impériale. Le duc Maximilien de Bavière, dont l'armée au service de Ferdinand III avait subi seule les attaques de Turenne en août 1645, était encore sous le coup de la défaite d'Allerheim et avait alors cherché à entrer en contact avec des envoyés du roi de France, allant même jusqu'à faire proposer à la régente Anne d'Autriche ses bons offices pour la conclusion d'une paix séparée entre la France et l'empereur[1]. Mais le duc de Bavière revint rapidement à l'alliance impériale et leva une nouvelle armée qui fut associée à l'armée impériale de l'archiduc Léopold.

Aussi, à la fin mai, cependant, Mazarin, pressé par les Suédois, finit-il par donner l'ordre à Turenne d'aller rejoindre Wrangel. La jonction se fit le 10 août 1646 entre Giessen et Witzlar[2]. Les deux armées prirent aussitôt la route du sud en remontant la vallée du Main par Francfort et Aschaffenbourg avant d'atteindre la Franconie. L'objectif de Turenne et de Wrangel consistait à gagner la vallée du Danube et, de là, à marcher sur la Bavière et éventuellement l'Autriche. Les coalisés franchirent le Danube, s'emparèrent de la forteresse de Rain au confluent du Lech et du Danube et marchèrent sur Augsbourg dont ils entreprirent le siège au début d'octobre.

La vieille cité des Fugger était défendue par un puissant système de fortifications, et les défenseurs pouvaient comp-

1. H. Sacchi, *La Guerre de Trente Ans*, *op. cit.*, t. III, p. 363-364.
2. J. Bérenger, *Turenne*, *op. cit.*, p. 234-235.

ter en outre sur la participation de la population. La ville résista en dépit des bombardements incessants et meurtriers de l'artillerie suédoise. L'approche de l'avant-garde des troupes impériales que commandait Jean de Werth incita Turenne et Wrangel à lever le siège et à se replier au-delà du Danube, autour de Lauingen. Les Impériaux, ayant pu ainsi dégager Augsbourg, prirent alors position entre l'Iller et le Lech afin d'assurer la défense de Landsberg où se trouvait le principal dépôt d'armes et de vivres de l'armée bavaroise. Turenne et Wrangel, désireux de s'assurer le contrôle de ce dépôt, décidèrent, malgré l'apparition de l'hiver, de poursuivre la campagne, et foncèrent, malgré la neige, vers Landsberg qu'ils prisent par surprise. Là, les coalisés s'emparèrent d'immenses quantités d'armes et de munitions, mais aussi des vivres et des fourrages nécessaires à l'armée. La ville fut mise à sac, et la population livrée aux violences de la soldatesque. La prise de Landsberg avait contribué à résoudre le problème qui se posait à tous les chefs d'armée en hiver : assurer le ravitaillement des troupes. Et c'est dans la région de Landsberg que les armées coalisées prirent leurs quartiers d'hiver, poussant à l'occasion des raids dévastateurs jusqu'aux portes de Munich[1]. Quant à l'armée impériale, elle s'était retirée en Autriche. Le duc Maximilien de Bavière, abandonné par ses alliés, avait trouvé refuge avec sa famille à Wasserbourg, à l'est de Munich. Une fois encore, il tenta de renouer avec Mazarin. Il y avait déjà eu des contacts avec les diplomates français dans le cadre des négociations en cours à Münster mais sans résultat probant.

À la fin de janvier 1647, des négociations s'ouvrirent à Ulm entre des représentants des deux camps, Français et Suédois d'un côté, Bavarois et émissaires de l'empereur de l'autre. Les Suédois se montraient très réticents ; quant aux représentants de Ferdinand III, ils voulaient empêcher à tout prix la Bavière d'abandonner l'alliance impériale. Le duc de Bavière cependant, dont les États avaient été dévastés par le passage et le séjour des différentes armées, se résolut à signer le 14 mars 1647 le traité d'Ulm qui suspendait les hostilités entre les Franco-Suédois et la Bavière jusqu'à la conclusion de la paix générale. L'Electeur de Cologne, Ferdinand de Bavière, le frère de Maximilien,

1. E. Zöllner, *Histoire de l'Autriche des origines à nos jours*, *op. cit.*, p. 217.

ainsi que la landgravine de Hesse-Kassel, s'associèrent en avril au traité d'Ulm. Par ce traité, le duc de Bavière conservait toutes ses possessions, y compris le Haut-Palatinat et la partie du Bas-Palatinat située sur la rive droite du Rhin. Les armées françaises et suédoises s'engageaient de leur côté à ne plus traverser le territoire bavarois à l'exception du Palatinat rhénan, et encore, dans ce dernier cas, à titre exceptionnel et sous réserve de l'autorisation expresse du duc de Bavière. En revanche, le duc de Bavière abandonnait aux Français pour la durée de la guerre le contrôle des places de Lauingen, Gundelfingen et de Höchstädt sur le Danube, et retirait ses troupes de Heilbronn et d'Augsbourg, cette dernière ville étant neutralisée. Quant aux Suédois, ils obtenaient Memmingen et Überlingen sur le lac de Constance comme places de sûreté. L'empereur Ferdinand III, avec la défection de Maximilien se voyait privé, pour un temps du moins, du concours de l'un de ses plus fidèles soutiens.

★

La campagne victorieuse que Turenne avait menée en Allemagne aux côtés des Suédois n'avait pas fait oublier à Mazarin que le principal adversaire de la France demeurait l'Espagne. L'affrontement franco-espagnol se cristallisait autour de trois régions, l'Italie, la Catalogne et les Pays-Bas. Il était clair que, pour Mazarin, ce qui était primordial, c'était de conserver le Roussillon conquis en 1642 et de s'assurer le contrôle de la plus grande partie, voire de la totalité des Pays-Bas espagnols, et, dans cette perspective, la Catalogne et l'Italie pouvaient servir de monnaie d'échange.

La question des Pays-Bas espagnols concernait également les Provinces-Unies, toujours alliées de la France. Or, les Hollandais n'étaient pas sans s'inquiéter à la perspective d'un éventuel accord qui aurait laissé à l'Espagne la Catalogne en échange des Pays-Bas. Ceci aurait eu pour résultat de donner aux Hollandais comme voisin méridional un royaume de France encore plus puissant. Le vieil adage *Gallus amicus sed non vicinus* était plus que jamais d'actualité. Or, en 1646, les Espagnols avaient mis au courant les Hollandais des projets de Mazarin concernant les Pays-Bas, et leurs délégués au Congrès de Westphalie avaient aussitôt laissé entendre aux représentants hollandais que l'Espagne était prête à reconnaître l'indépendance des Provinces-Unies, pour peu que celles-ci concluent avec elle une paix séparée.

Les craintes hollandaises étaient justifiées dans la mesure où, tout au long de l'été 1646, l'armée française des Flandres avait remporté d'incontestables succès. Les Hollandais, sollicités à plusieurs reprises par Paris de participer à l'action militaire contre les Espagnols, s'étaient dérobés. C'était donc sans eux que l'armée de Monsieur, duc d'Orléans, forte de trente mille hommes, avait quitté Amiens en juin pour se diriger vers Courtrai. La ville, après un siège de deux semaines, avait capitulé le 28 juin. De là, les Français envisageaient de marcher sur Anvers et d'y faire leur jonction avec les Hollandais. Mais le refus du stadhouder Frédéric-Henri de participer à l'entreprise obligea le duc d'Orléans à modifier son plan de campagne. Les troupes françaises se portèrent alors vers Dunkerque et s'emparèrent le 24 août du fort de Mardyck. Le duc d'Orléans regagna Paris et chargea son second, le prince de Condé, d'achever la campagne. Condé se mit en devoir de conquérir les principales places de Flandre occidentale, Furnes, Bergues et Gravelines entre autres, puis vint mettre le siège devant Dunkerque que défendit âprement le marquis de Caraceña. Le 10 octobre, la garnison de Dunkerque se rendit enfin et les troupes françaises entrèrent dans la ville[1]. Ainsi, la plus grande partie du littoral des Pays-Bas espagnols était maintenant contrôlée par les Français, tandis que, plus au nord, les bouches de l'Escaut étaient aux mains des Hollandais. Mais, pour ceux-ci, la présence espagnole aux Pays-Bas constituait une menace beaucoup moins dangereuse que celle des Français. C'est ce qui incita les états généraux des Provinces-Unies à poursuivre les négociations avec l'Espagne. L'alliance franco-hollandaise avait vécu.

*

Pour obtenir la réalisation de ses objectifs en politique extérieure, Mazarin chercha à intervenir partout où étaient en jeu les intérêts espagnols, mais les résultats ne furent pas toujours à la hauteur de ses espérances. Ainsi, en Catalogne,

1. H. Sacchi, *La Guerre de Trente Ans*, *op. cit.*, t. III, p. 400 et ss.

les Français, qui tenaient Barcelone, n'étaient pas parvenus à déloger les Espagnols des trois points d'appui qu'ils tenaient encore dans la province, Lerida, Tarragone et Tortosa. Quant aux Catalans eux-mêmes, les « protégés » du roi de France, les sentiments qu'ils éprouvaient à l'égard de leur « protecteur » étaient progressivement passés de l'enthousiasme à l'indifférence, voire à l'hostilité. S'ils souhaitaient se débarrasser des Castillans, ils ne désiraient nullement un nouveau « protecteur ». Un complot auquel furent mêlés des membres de la noblesse et du clergé catalans fut ourdi contre le comte d'Harcourt qui exerçait depuis 1645 les fonctions de vice-roi. L'instigateur en était le gouverneur castillan de Tarragone, et son objectif était d'assassiner le vice-roi. Les conjurés furent démasqués et exécutés. Mais cela montrait clairement que la France ne devait pas se bercer d'illusions sur la fidélité des Catalans et que le plan de Mazarin visant à échanger la Catalogne contre les Pays-Bas était utopique. Il suffisait aux Espagnols d'attendre patiemment le retour au bercail des « rebelles catalans [1] ».

Ces déboires avec les Catalans incitèrent Mazarin à tenter en Italie une action de déstabilisation contre les Espagnols. L'Espagne occupait en Italie une position de tout premier plan. Au sud, le royaume de Naples et la Sicile relevaient directement de son autorité, tout comme le duché du Milanais au nord. En outre, l'Espagne disposait de plusieurs points d'appui sur le littoral toscan, les *presidios* de Piombino et d'Orbetello avec toute la presqu'île de Monte-Argentario, ainsi que l'île d'Elbe. De plus, l'Espagne exerçait une véritable tutelle sur les principautés d'Italie centrale, la Toscane, Modène et Parme. Enfin, depuis 1644, l'Église avait à sa tête un pape proespagnol en la personne d'Innocent X, et très hostile à Mazarin.

Une première entreprise française contre les presidios eut lieu en juin 1646 devant Orbetello : vingt mille hommes y débarquèrent, sous les ordres du nouvel allié de la France, le prince Thomas de Savoie, tandis que l'amiral de Maillé-Brézé apportait le soutien de la marine. L'expédition tourna court. L'intervention de la flotte espagnole de Naples, bien que repoussée, priva la flotte française de son chef, mortelle-

1. H. Sacchi, *La Guerre de Trente Ans*, *op. cit.*, t. III, p. 387-388.

ment blessé au cours de l'engagement. Et, sur terre, l'annonce de l'arrivée d'une puissante armée espagnole venue de Naples et renforcée par des contingents pontificaux obligea Thomas de Savoie à lever le siège d'Orbetello et à se rembarquer. Une partie des troupes françaises qui n'avaient pu prendre place sur les navires tombèrent aux mains des Espagnols.

Mazarin ne renonça pas, cependant, à agir de nouveau en Italie. En octobre 1646, les Français débarquèrent cette fois-ci dans l'île d'Elbe, puis, aussitôt après, prirent pied sur le continent et s'emparèrent le 8 de Piombino. L'Espagne perdait ainsi l'une de ses principales bases navales sur la route maritime qui reliait Naples à la péninsule Ibérique [1]. La présence française sur les côtes de Toscane provoqua le ralliement à la France du duc de Modène, François d'Este, qui supportait mal la « protection » espagnole. Mais c'est en Italie du Sud que l'Espagne subit indirectement le contrecoup des succès militaires français. Au printemps de 1647, une révolte éclata en Sicile à la suite d'une augmentation importante des impôts décidée par le vice-roi, Los Vales. Le calme revint assez rapidement grâce aux mesures d'apaisement prises par le nouveau vice-roi, le cardinal Trivulzio. Cependant, quelques mois plus tard, le vent de révolte gagna Naples où, ici encore, ce fut l'augmentation des impôts qui déclencha l'insurrection. Avec sa population de près de trois cent mille habitants, Naples était après Constantinople la ville la plus peuplée du monde méditerranéen. Une plèbe innombrable et misérable, indisciplinée et toujours prête à la révolte, y côtoyait une bourgeoisie d'hommes de loi et de fonctionnaires et une aristocratie hautaine, qui gravitaient tous autour du vice-roi, le duc d'Arcos, un Castillan plein de mépris pour la population locale. La « révolution » napolitaine éclata le 8 juin : ce jour-là, la foule, furieuse, mit à sac puis incendia les bâtiments de l'octroi. Quelques jours plus tard, lorsque la police voulut arrêter un jeune pêcheur du nom de Tommaso Aniello dit Masaniello, accusé d'être l'instigateur de l'émeute du 8 juin, la foule se rassembla et empêcha l'arrestation. En quelques heures, toute la ville fut aux mains du petit peuple.

---

1. G. Zeller, *Histoire des relations internationales*, *op. cit.*, t. II, p. 259 ; et H. Sacchi, *La Guerre de Trente Ans*, *op. cit.*, t. III, p. 398-399.

Masaniello, le héros de la journée, fut choisi pour chef et devint pendant un court instant le véritable maître de la ville. Partout, dans la basse ville, des barricades furent dressées, puis la foule s'empara du palais du vice-roi et le pilla. Pour échapper à la foule déchaînée, le duc d'Arcos dut promettre l'abolition des nouveaux impôts avant de pouvoir se réfugier au Castel Nuovo sous la protection de la garnison espagnole. Pendant ce temps, Masaniello, qui avait pris le titre pompeux de « généralissime du peuple », s'associa avec un juriste, ancien fonctionnaire du vice-roi, Giulio Genoino, pour élaborer un programme de réformes politiques et sociales radicales. Ce programme fut présenté au vice-roi le 11 juillet ; le duc d'Arcos sembla se montrer disposé à l'accepter, mais il chercha surtout à gagner du temps en négociant en sous-main avec Genoino. Sur ces entrefaites, le 16 juillet, Masaniello fut mystérieusement assassiné. Ses obsèques donnèrent lieu à une grande manifestation d'émotion populaire. L'agitation reprit de plus belle, et les Napolitains se donnèrent un nouveau chef en la personne de Gennaro Annesi, un forgeron autrefois condamné pour fabrication de fausse monnaie [1]. Tandis que le peuple tenait la basse ville, les autorités avec le vice-roi attendaient au Castel Nuovo l'arrivée de renforts. Le 1er octobre, une flotte espagnole vint mouiller en baie de Naples et ravitailler le Castel Nuovo. Mais la ville basse demeurait aux mains de ses habitants, décidés à résister à toute tentative de débarquement. L'Assemblée des représentants du peuple voulait assurer la survie de cette « République napolitaine ». On y discuta de l'avenir et tous furent d'accord pour se tourner vers le roi de France afin d'obtenir son soutien. Démarche analogue à celle qu'avaient faite en son temps les Catalans rebelles.

L'ambassadeur français à Rome, le marquis de Fontenay, reçut une délégation napolitaine et lui promit l'aide de la France. Au cours de son séjour romain, la délégation napolitaine eut l'occasion de rencontrer le duc Henri de Guise, prince de la Maison de Lorraine, et surtout descendant direct de René d'Anjou qui avait autrefois régné sur Naples de 1438 à 1442. Sollicité par les Napolitains, Henri de Guise débarqua à Naples le 15 novembre et fut reçu par

1. H. Sacchi, *La Guerre de Trente Ans*, *op. cit.*, t. III, p. 427-429.

l'Assemblée qui lui décerna le titre de « généralissime des armées et défenseur de la liberté ». Il devenait ainsi le véritable souverain de cette « République napolitaine », mais il ne régnait en fait que sur la ville, car les campagnes n'avaient guère participé jusque-là au mouvement insurrectionnel.

Mazarin suivait de près les événements. Il hésitait à engager la France dans cette aventure, même s'il trouvait avantage dans les difficultés rencontrées par le roi d'Espagne avec ses sujets napolitains. Il estimait qu'une intervention trop voyante en faveur des Napolitains pourrait provoquer des complications inutiles au moment où, à Münster, les diplomates français s'efforçaient de trouver un compromis honorable avec leurs homologues espagnols. Mazarin, par ailleurs, était hostile à Henri de Guise, et, quitte à placer un « vassal » sur le trône de Naples, il préférait le prince Thomas de Savoie qui, dans l'hypothèse où il serait devenu roi de Naples, aurait pu témoigner sa reconnaissance en lui cédant la Savoie et le comté de Nice[1]. En tout cas, ces velléités d'intervention française à Naples hâtèrent les pourparlers en vue de la conclusion d'une paix séparée entre l'Espagne et les Provinces-Unies, celles-ci étant de plus en plus inquiètes des visées expansionnistes de la France. Après de longues hésitations, Mazarin décida finalement de soutenir les Napolitains, estimant au fond que tout ce qui pouvait affaiblir la puissance espagnole était favorable aux intérêts de la France. Mais c'était bien tard. À Naples, en effet, les Napolitains étaient en train de s'entre-déchirer ; les partisans du duc de Guise s'opposaient à ceux de Gennaro Annesi. La bourgeoisie commençait à prendre peur devant ce climat d'anarchie et ces affrontements permanents entre les diverses factions. Malgré une brève apparition de la flotte française, les Espagnols profitèrent des circonstances pour reprendre en main la ville. Alors que s'achevaient les discussions des diplomates rassemblés à Münster et à Osnabrück, la rébellion napolitaine venait d'être matée, et le nouveau vice-roi, le comte d'Oñate, rétablissait l'autorité de la couronne d'Espagne sur le royaume de Naples[2]. Au moment où, en Italie du Sud, les Espagnols étaient

1. G. Zeller, *Histoire des relations internationales*, *op. cit.*, t. II, p. 259.
2. H. Hauser, *La Prépondérance espagnole*, *op. cit.*, p. 381-382.

confrontés à ces rébellions, le nouveau gouverneur des Pays-Bas, l'archiduc Léopold-Guillaume, frère de Ferdinand III, qui était arrivé à Bruxelles en avril 1647, semblait bien décidé à ne pas laisser entre les mains des Français les conquêtes qu'ils avaient réalisées lors de la campagne précédente. Les Espagnols relancèrent donc l'offensive. Le 31 mai, ils reprirent Armentières, puis, un peu plus tard, Landrecies, et, le 14 novembre, Dixmude momentanément perdue en juillet. Aux Pays-Bas comme en Italie, l'Espagne prouvait qu'elle disposait encore suffisamment de ressources pour résister et qu'elle représentait ainsi pour Mazarin un adversaire beaucoup plus redoutable que l'empereur.

*

En Allemagne, la situation en effet se présentait sous un jour nettement plus favorable pour les adversaires de l'empereur. Après avoir signé avec la Bavière le traité d'Ulm, Turenne avait ramené ses armées sur le Rhin où il menait désormais campagne contre les derniers alliés de Ferdinand III, l'Archevêque-Électeur de Mayence et le landgrave de Hesse-Darmstadt. Après s'être emparé d'Aschaffenbourg, d'Höchst et de Gernheim, Turenne obtint la soumission de l'Électeur de Mayence, puis celle du landgrave de Hesse-Darmstadt. Mais, en juin 1647, au moment où il allait se diriger vers le Luxembourg pour venir prêter main forte à l'armée des Flandres aux prises avec les Espagnols, Turenne dut faire face à la mutinerie d'une partie de ses soldats dont les soldes n'avaient pas été payées. Ce contretemps retarda les opérations jusqu'en septembre[1]. Mais, à ce moment-là, Turenne encore une fois dut modifier ses plans. En effet, une nouvelle alliance venait d'être conclue à Passau en octobre entre l'empereur, le duc Maximilien de Bavière et le frère de celui-ci, l'Archevêque-Électeur de Cologne. A l'origine du retour du duc de Bavière dans le camp impérial, il y avait la menace d'une nouvelle action des Suédois de Wrangel. Les Suédois avaient profité de la défection bavaroise en mars 1647 pour reprendre leurs attaques afin de marquer des points et de disposer du maximum d'atouts dans les négociations en cours. L'armée de

1. J. Bérenger, *Turenne*, *op. cit.*, p. 245-250.

Königsmarck avait fait mouvement en direction de la Westphalie, tandis que Wrangel, au cours de l'été, était passé en Franconie, puis de là en Bohême où il s'était emparé d'Eger avant de diriger le gros de ses troupes vers la Thuringe. Ces mouvements des armées suédoises avaient vivement inquiété le duc de Bavière et expliquaient son retour à l'alliance avec l'empereur.

Les Impériaux et les Bavarois à nouveau réunis étaient persuadés que Turenne allait rejoindre les Suédois et reprendre la guerre. Aussi procédèrent-ils à l'occupation préventive des territoires situés entre la Bavière et le Rhin. Face à cette nouvelle situation, Turenne reçut l'ordre, le 14 décembre 1647, de reprendre les hostilités en Allemagne et de faire sa jonction avec l'armée de Wrangel[1]. Au début de janvier 1648, Turenne quitta donc Mayence et se dirigea vers la Franconie où se trouvaient déjà les Suédois. La rencontre entre les deux alliés s'effectua le 3 mars, non loin de Feuchtwangen. Malgré les réticences de Wrangel, Turenne imposa son plan qui visait à attaquer immédiatement les Bavarois qui avaient pris position au sud du Danube. Le choc entre les deux adversaires eut lieu le 17 mai près de Zusmarshausen, à une trentaine de kilomètres à l'ouest d'Augsbourg.

La nouvelle génération des généraux de la guerre de Trente Ans se trouvait réunie pour cette bataille : Turenne, Wrangel et Königsmarck d'un côté, Melander et Montecuccoli de l'autre. La bataille de Zusmarshausen se place dans la grande lignée des affrontements sanglants qui ponctuèrent la guerre de Trente Ans, affrontements au cours desquels les chefs, à la tête de leurs troupes, prenaient une part active et payaient souvent de leur vie leur courage — ici ce fut le commandant des Impériaux, Melander, qui trouva la mort[2]. Après leur défaite, les Impériaux et les Bavarois se replièrent sur Lansdberg et tentèrent de constituer une ligne de défense sur le Lech. Le 31 mai pourtant, les Français et les Suédois parvinrent à franchir la rivière à la hauteur de Rain. La route de Munich leur était maintenant ouverte et, une fois de plus, le pays bavarois connut l'invasion avec son cortège de malheurs. Toute la région comprise entre le

1. J. Bérenger, *Turenne*, *op. cit.*, p. 253.
2. *Ibid.*, p. 258.

Danube, le Lech et l'Inn fut dévastée non seulement par les armées de passage, mais aussi par les habitants des campagnes eux-mêmes qui brûlaient récoltes et villages avant d'aller se mettre à l'abri dans les villes fortifiées[1]. Les Franco-Suédois, négligeant Munich trop bien défendue, poussèrent jusqu'à la basse vallée de l'Inn, s'emparèrent de Freising, puis stationnèrent pendant plus d'un mois, jusqu'à la mi-juillet, dans la région de Mühldorf[2].

Tandis que Turenne et Wrangel achevaient l'occupation de la Bavière, Königsmarck les avait quittés pour aller dégager Eger où la garnison suédoise était encerclée par les Impériaux. Après avoir libéré la ville de ses assiégeants, Königsmarck se dirigea vers Pilsen. Puis, de là, avec des effectifs réduits et à marches forcées, il gagna Prague. Le 26 juillet 1647, les troupes de Königsmarck se présentaient devant la capitale de la Bohême et pénétraient par surprise dans la partie septentrionale de la ville, occupant ainsi le couvent de Strahov, le quartier de Malá Straná et le Hradschin. Là, les Suédois se livrèrent au pillage systématique des palais et des riches demeures bourgeoises, et s'en prirent plus particulièrement aux églises, mutilant les statues, brisant les vitraux, profanant les objets de culte. La cathédrale Saint-Guy fut totalement dépouillée de ses objets d'art et des tableaux qui n'avaient pu être mis à l'abri. Des convois de chariots croulant sous le butin prirent le chemin de la Suède. La Vieille Ville, sur la rive méridionale de la Vltava (Moldau), fut épargnée grâce à la résistance de la population qui unit ses forces à celles de la garnison impériale. Plus de dix mille civils, étudiants et moines au tout premier rang, participèrent activement à la défense de leur cité. Tous étaient unis pour servir la cause de l'empereur. Malgré plus de trois mois d'incessants bombardements de l'artillerie suédoise, la ville basse résista. Jamais les Suédois ne parvinrent à prendre le contrôle du pont Charles qui était le seul point de passage entre les deux parties de la ville. C'est l'annonce de la signature des traités de Westphalie le 24 octobre 1648 qui mettra fin aux combats.

Les habitants de Prague avaient bien changé en trente ans. Les enfants des rebelles de 1618 étaient devenus des

1. H. Sacchi, *La Guerre de Trente Ans*, *op. cit.*, t. III p. 455-456.
2. J. Bérenger, *Turenne*, *op. cit.*, p. 260.

loyaux sujets de l'empereur. Là même où la révolte avait grondé contre l'absolutisme des Habsbourg et contre l'Église catholique, on défendait maintenant, les armes à la main, la cause de l'empereur et du catholicisme contre l'envahisseur protestant suédois. L'explication de ce revirement par les seuls effets de la répression et de la contrainte paraît bien légère. Il est certain que l'action des prédicateurs, la persuasion, l'utilisation de toutes les ressources de l'art baroque pour frapper les imaginations et toucher les cœurs ont joué un rôle important dans ce changement de mentalité. Sans oublier non plus que le passage des armées suédoises « libératrices » s'était traduit chaque fois par des dévastations et des violences combien plus meurtrières et profondes que celles qui avaient accompagné la restauration de l'autorité royale au lendemain de la Montagne blanche.

*

C'est à Prague que la guerre de Trente Ans trouva son épilogue militaire. C'est là que se déroulèrent les derniers combats en terre d'Empire, là même où tout avait commencé en 1618, au cœur de ce pays bohême qui avait tant souffert des guerres religieuses et qui aspirait maintenant à la paix au sein d'un catholicisme rénové par l'esprit tridentin et illuminé par le triomphe de l'art baroque[1].

1. V. L. Tapié, *Baroque et Classicisme, op. cit.*, p. 280 et ss.

11

LA NAISSANCE D'UNE NOUVELLE EUROPE : LA PAIX DE WESTPHALIE

Après bien des tergiversations, après tant d'espoirs déçus, alors que les populations de l'Europe centrale et de ses confins subissaient dans leur chair et dans leurs biens les « malheurs de la guerre », les diplomates de toute l'Europe, avec une lenteur calculée, et presque à contre-cœur, avaient pris enfin en ordre dispersé le chemin de la Westphalie pour y rejoindre Münster et Osnabrück, les deux villes qui avaient été choisies d'un commun accord par les belligérants pour la tenue du congrès de la paix.

Les deux cités épiscopales de Münster et Osnabrück se trouvaient en Westphalie dans la partie nord-occidentale de l'Empire, au cœur d'une riche région agricole qui avait eu la chance d'être relativement épargnée par la guerre. Les deux villes avaient été neutralisées ; des sauf-conduits avaient été accordés aux diplomates et à la suite nombreuse qui d'ordinaire les accompagnait. On avait également neutralisé les quelque soixante kilomètres de la route qui, par Telgte, reliait les deux cités, une route qui, pendant plus de quatre ans, allait être l'une des plus fréquentées de toute l'Europe.

L'écrivain allemand Günter Grass, dans l'un de ses romans dont l'action se déroule en 1647 dans une auberge de Telgte où sont réunis des intellectuels venus de toute l'Allemagne, nous a donné une description vivante et très proche de la réalité de ce va-et-vient permanent : « Depuis bientôt trois ans qu'avaient commencé les négociations de paix, la route d'Osnabrück à Münster par Telgte voyait passer en quantité les équipages et les courriers équestres véhiculant dans les deux sens un fatras qui grossissait les archives : pétitions, mémoires, lettres de banale intrigue, invitations à festivités et rapports d'espionnage sur les mouvements qu'insoucieuses du négoce pacifique exécutaient les armées [1]... »

Le Congrès avait amené à Münster et à Osnabrück plusieurs milliers de personnes auxquelles il fallait assurer le gîte et le couvert. La seule délégation française — quelques diplomates et une foule d'accompagnateurs, secrétaires, juristes, interprètes, et leur famille — comptait à elle seule près de deux cents personnes ! Or, c'est cent quatre-vingt-quatorze puissances souveraines, depuis les plus modestes villes libres d'Empire jusqu'aux monarchies les plus puissantes de l'Europe d'alors, qui étaient représentées. On peut dire que, pratiquement, tous les États européens, du plus petit jusqu'au plus grand, étaient présents à ce Congrès de la paix, à l'exception de l'Empire ottoman, de la Russie et de l'Angleterre [2].

Pour assurer les communications indispensables entre les négociateurs et les autorités qu'elles représentaient, un service postal avait été mis en place, mais, compte tenu de la nécessité de faire entériner par les gouvernements tout accord ou toute concession, aussi minime soit-elle, faits sur place, et aussi du délai d'acheminement des demandes et des réponses, on comprend plus aisément que la durée des travaux du Congrès de Westphalie se soit étalée sur plus de quatre ans. Dans le meilleur des cas et à la belle saison, il fallait de dix à douze jours pour qu'un courrier parti de Münster ou d'Osnabrück parvienne à Paris, au moins trois semaines pour qu'il atteigne Stockholm, et un mois pour Madrid [3]. À ces contingences purement matérielles s'ajoutait la volonté délibérée de certains États de faire traîner en longueur les négociations avec le secret espoir de nouveaux succès pour leurs armées. La France, notamment, fut accusée de freiner l'avance des discussions, mais elle ne fut pas

1. G. Grass, *Une rencontre en Westphalie*, *(Das Treffen in Telgte)* éd. française Paris, 1981, p. 19.

2. R. Mousnier, « *Les XVIe et XVIIe siècles* » in *Histoire générale des civilisations*, Paris 1954, p. 269.

3. G. Parker, *La Guerre de Trente Ans*, *op. cit.*, p. 268.

la seule à le faire ; à Vienne aussi, certains extrémistes de la Cour avaient adopté une attitude semblable [1].

Deux congrès se déroulaient parallèlement à une soixantaine de kilomètres de distance. Les puissances catholiques avaient choisi Münster comme lieu des négociations. Là, se trouvaient rassemblés les représentants de l'empereur, du roi de France, du roi d'Espagne, des Électeurs et des princes catholiques allemands laïques ou ecclésiastiques, mais aussi ceux des Provinces-Unies en guerre contre l'Espagne, tous réunis autour des deux médiateurs italiens, le représentant du pape Innocent X, le nonce Fabio Chigi — le futur pape Alexandre VII —, et l'ambassadeur de Venise, Alvise Contarini. À Osnabrück, c'est autour du médiateur danois qu'étaient rassemblés les représentants des États protestants, la Suède et les États protestants de l'Empire face aux représentants de l'empereur [2].

Comme nous l'avons signalé plus haut, le Congrès dont l'ouverture avait été prévue en 1642 ne commença ses travaux que deux ans plus tard. Ce n'est qu'en mars 1644 qu'arrivèrent les premiers représentants du roi de France, le comte d'Avaux, spécialiste des questions italiennes, principal artisan du traité de Rivoli entre la France et la Savoie, accompagné du comte Abel de Servien. En juin 1645, Mazarin envoya à Münster Henri d'Orléans, duc de Longueville, une des plus grandes figures de la noblesse française, dont la mission était d'assurer la bonne entente entre Avaux et Servien qui s'accordaient mal, mais aussi de rehausser le prestige de la délégation française. Les diplomates français avaient reçu de Mazarin des instructions précises. Il s'agissait d'obtenir un traité qui assure d'abord la sécurité des frontières du royaume tant du côté de l'Espagne que du côté du Saint Empire. Pour cela, Mazarin réclamait pour la France les Trois-Évêchés, la Lorraine et l'Alsace y compris Brisach sur la frontière du nord-est, et Pignerol sur les Alpes ; il entendait également conserver les conquêtes faites aux dépens de l'Espagne en Artois, en Flandre et en Roussillon. Le second objectif de Mazarin était de mettre fin à l'hégémonie des Habsbourg en Europe, et pour cela il fallait à la fois soutenir les droits des princes

1. E. Zöllner, *Histoire de l'Autriche des origines à nos jours*, *op. cit.*, p. 218.
2. V.L. Tapié, *La Guerre de Trente Ans*, *op. cit.*, p. 388-389.

face à l'Empereur en Allemagne et inciter les petits États italiens à se grouper face à l'Espagne.

La délégation suédoise, dont les membres siégeaient à Osnabrück aux côtés des représentants des États protestants de l'Empire, était conduite par deux hommes fort différents. L'un était Johan Oxenstierna, le fils du chancelier de Suède, qui souhaitait comme son père que les traités assurent à son pays le maximum d'avantages territoriaux, quitte pour cela à prolonger la guerre si nécessaire. Les succès remportés par les armées de Wrangel et de Königsmarck, lors des campagnes de 1647 et de 1648, le confortaient dans sa position. D'autre part, Oxenstierna entendait, lors des négociations en cours, conserver sa totale liberté d'action par rapport à Mazarin dont il n'appréciait guère la politique. Pour lui, seuls comptaient les intérêts de la Suède. L'autre représentant suédois était Johan Adler Salvius qui, jusque-là, avait été le négociateur de tous les traités d'alliance conclus avec la France, et qui entendait conserver de bonnes relations avec Mazarin. Sur ce point, Salvius pouvait compter sur le soutien de la reine Christine, très imprégnée de culture française — elle entretenait une correspondance suivie avec Descartes qui d'ailleurs séjourna à la cour suédoise en 1649 — et aussi beaucoup moins intransigeante que son chancelier sur les problèmes religieux[1]. Salvius se montrait favorable à une conclusion rapide de la paix, car, tout autant que la reine, il redoutait l'extension des révoltes qui avaient éclaté çà et là en Suède, en réaction contre le développement de la fiscalité lié à la guerre et contre les privilèges sans cesse accrus de la noblesse[2]. Oxenstierna et Salvius étaient cependant d'accord pour réclamer d'importantes « satisfactions » en Allemagne septentrionale qui assureraient à la Suède le contrôle de la Baltique, le droit de siéger à la Diète d'Empire et, ainsi, d'intervenir dans les affaires politiques de l'Allemagne.

Les princes protestants allemands, alliés permanents ou occasionnels de la France et de la Suède, tout comme les Électeurs « réconciliés », avaient eux aussi des revendications territoriales et souhaitaient conserver ce qu'ils avaient

1. On sait que, plus tard, la reine Christine devait se convertir au catholicisme, ce qui la contraignit à renoncer au trône de Suède en 1654.

2. P. Jeannin, *L'Europe du Nord-Ouest et du Nord*, *op. cit.*, p. 130-131.

conquis ou obtenu au cours de la guerre, par les armes ou par la voie de la diplomatie, ou étaient prêts à y renoncer moyennant de substantielles compensations.

Les Provinces-Unies, de leur côté, longtemps l'allié le plus fidèle de la France, avaient déjà noué des contacts directs avec l'Espagne, comme nous l'avons rappelé précédemment. Leurs délégués arrivés à Münster en janvier 1646 avaient un objectif précis : obtenir non seulement de l'Espagne mais également de toute la communauté internationale la reconnaissance officielle de leur pleine et entière souveraineté et indépendance, tout en conservant les territoires conquis au cours de la guerre.

Pour l'empereur et ses alliés catholiques, il s'agissait de limiter au minimum les concessions que la défaite de leurs armées avaient rendues nécessaires. Si les représentants de l'empereur se montraient conciliants, en revanche, ceux du roi d'Espagne, dont les armées avaient encore remporté quelques succès en Flandre au printemps 1648, étaient peu enclins à céder aux exigences de la France, alors qu'ils se montraient beaucoup plus perméables aux demandes hollandaises. C'était là la position défendue par le comte de Peñaranda qui avait remplacé en 1646 le comte de Saavedra à la tête de la délégation espagnole ; dans cette tâche, il était assisté par le marquis de Castel-Rodrigo et par le juriste francomtois Antoine Brun[1]. La délégation envoyée par l'empereur Ferdinand III était divisée en deux. L'une siégeait à Münster avec le comte Johann-Ludwig de Nassau-Hadamer et le juriste Isaac Volmar, l'autre à Osnabrück avec le comte d'Aversberg et le diplomate Johan Crane. Les possibilités d'action des délégués de l'empereur demeuraient réduites du fait même de cette division et de l'absence d'un coordinateur de poids. Ce coordinateur tant attendu arriva en novembre 1645. C'était le comte Maximilien Trauttmannsdorf, chef du conseil privé de l'empereur depuis 1637. Diplomate avisé et d'esprit conciliant, Trauttmannsdorf, à la différence des autres représentants de l'empereur, avait reçu de Ferdinand III des instructions assez générales qui lui laissaient une grande marge de manœuvre pour négocier efficacement. Son objectif était d'abord de dissocier la Suède de l'alliance avec la France, quitte à lui

1. H. Sacchi, *La Guerre de Trente Ans*, *op. cit.*, t. III, p. 326.

accorder d'importantes concessions territoriales sous forme de fiefs et à faire siéger ainsi la Suède à la Diète d'Empire. Dans le cas de la France, les instructions données à Trauttmannsdorf étaient claires. Il fallait éviter à tout prix que la France ne soit amenée à siéger à la Diète d'Empire, et, pour cela, les concessions territoriales qui lui seraient faites devraient l'être en pleine et entière propriété [1]. Cette différence de traitement entre la Suède et la France pouvait facilement s'expliquer. En effet, la présence de la Suède à la Diète ne présentait guère de danger car il était peu vraisemblable que la reine Christine ou ses successeurs aient l'ambition de se porter candidats à la couronne impériale, toujours élective en droit. Mais, dans le cas de la France, il en était tout autrement, et l'hypothèse d'une candidature française n'était pas à exclure dans l'avenir.

Aux problèmes liés directement au règlement du conflit armé en cours s'ajoutaient encore toutes les questions soulevées par les princes allemands lors de la Diète de Ratisbonne de 1640-1641 et du *Deputationstag* de Francfort de 1643-1645. Ces questions, tout aussi importantes que le règlement territorial de la guerre, concernaient l'amnistie générale pour les princes rebelles, la réforme des institutions de l'Empire et le règlement définitif de la question religieuse et des biens d'Église sécularisés.

Jusqu'à l'arrivée de Trauttmannsdorf, les travaux du Congrès n'avancèrent guère. On parlait préséance et procédure. Cela se traduisait par d'interminables discussions, entrecoupées d'interruptions qui duraient parfois des semaines entières. Mais, en dehors des séances plénières, d'ailleurs assez rares, les délégués multipliaient entre eux les contacts directs lors de réunions informelles et à l'occasion des nombreuses fêtes ou réceptions données en leur honneur par les autorités de Münster et d'Osnabrück.

Ce n'est qu'au début de l'année 1646 que les problèmes de fond commencèrent véritablement à être abordés, sans pour autant que ne resurgissent au moindre prétexte les questions de préséance ; alors, les compromis élaborés non sans mal étaient remis en cause et il fallait tout recommencer. Il est vrai que, parallèlement la poursuite de la guerre sur le terrain, avec ses rebondissements, ses espoirs et ses

1. V.L. Tapié, *La Guerre de Trente Ans*, *op. cit.*, p. 395-396.

déceptions, n'était pas sans ralentir la bonne marche des travaux du Congrès. Chacun espérait qu'une victoire de ses armées lui fournirait un argument supplémentaire pour exiger davantage de la partie adverse ou pour refuser une concession supplémentaire. Mais, à partir de 1647, le développement un peu partout d'une agitation populaire, voire de révoltes contre le poids de la fiscalité liée à la guerre, le désir des peuples de voir se terminer cette guerre dont ils étaient les premières victimes, incitèrent les États à trouver un règlement définitif au conflit.

*

Avant même que soit élaboré le règlement final de la paix, un certain nombre d'accords ponctuels furent conclus dans le cadre de négociations bilatérales entre les parties intéressées. C'est ainsi qu'on trouva une solution définitive au problème des cantons suisses dont le statut juridique était ambigu. À l'origine, le pays helvète faisait partie du royaume de Bourgogne issu du démembrement de l'Empire carolingien. En 1032, lorsque la Bourgogne fut intégrée au Saint Empire, le pays suisse connut le même sort et peu à peu tomba sous l'autorité des Habsbourg. En 1291, les cantons du centre de la Suisse — les « cantons primitifs » de Schwyz, Uri et Unterwalden — se dressèrent contre l'autorité des Habsbourg et s'organisèrent en Confédération, à laquelle adhérèrent au cours du XIVe siècle la quasi-totalité du pays suisse. Par la « paix perpétuelle » de 1474, les Habsbourg renoncèrent à leurs droits et privilèges sur la Confédération, mais celle-ci officiellement, était toujours considérée comme faisant partie du Saint Empire.

Comme les autres régions d'Europe centrale, la Confédération helvétique avait été touchée par la Réforme protestante, et si certains cantons étaient demeurés catholiques, d'autres, en revanche, étaient passés au protestantisme. Lors de la guerre de Trente Ans, les Suisses eurent la sagesse de rester en dehors du conflit, même si les autres belligérants prirent l'habitude d'y recruter des mercenaires et de s'y approvisionner en armement. À la fin de la guerre, inquiets des incursions suédoises sur leur territoire, les treize cantons décidèrent en janvier 1647 de constituer une ligue de défense formée de douze mille hommes, six mille catholiques et six mille protestants, pour assurer leur défense face à tout envahisseur. Soucieux de se concilier la Confédération helvétique, Ferdinand III, par un décret du 14 mai 1647, déclara la ville de Bâle ainsi que tous les autres cantons suisses totalement indépendants par rapport à l'Empire. Le délégué suisse au Congrès de Westphalie, le bourgmestre de Bâle Rudolf Wettstein, fit solennellement reconnaître par l'empereur et par tous les États européens l'indépendance pleine et entière de la Confédération helvétique, et cette reconnaissance fut officialisée dans l'article 63 du traité de Münster[1].

C'est aussi par des discussions directes entre les parties concernées que fut obtenue la reconnaissance par l'Espagne de l'indépendance des Provinces-Unies. Dès leur arrivée à Münster, les représentants des Provinces-Unies prirent contact avec le comte de Peñaranda grâce aux bons offices du nonce Chigi. Le chef de la délégation espagnole leur fit savoir que le roi d'Espagne était disposé à reconnaître l'indépendance de leur pays pour peu que les Hollandais concluent une paix séparée avec lui. En janvier 1647, Espagnols et Hollandais signèrent un accord préliminaire en dépit d'incessantes pressions de Mazarin sur ses alliés. La France, en effet, se fondait sur une clause des traités d'alliance de 1635 et de 1644 qui interdisait aux deux alliés de conclure une paix séparée. Les Hollandais, eux, considéraient que cette clause était devenue caduque puisque, en 1646 déjà, Mazarin avait cherché à s'entendre directement avec l'Espagne à leurs dépens. Si l'accord entre Mazarin et l'Espagne avait été réalisé, la France aurait renoncé à la Catalogne et aurait obtenu en échange la totalité des Pays-Bas espagnols, en contradiction formelle avec le traité franco-hollandais de 1644.

L'accord définitif entre les Provinces-Unies et l'Espagne fut concrétisé le 30 janvier 1648 par la signature à Münster d'un traité de paix qui fut solennellement ratifié en mai suivant, après que les états généraux des Provinces-Unies l'eussent entériné. Une seule province, celle de Zélande, marqua son hostilité au traité car ses marins tiraient profit de la guerre de course à laquelle ils se livraient contre les

1. F. Rott, *Revue d'histoire diplomatique*, 1914, p. 483-522 ; et E. Préclin et V.L. Tapié, *Le XVIIe Siècle*, Paris 1949, p. 415-416.

vaisseaux espagnols. Par le traité de Münster, les Hollandais avaient obtenu tout ce qu'ils avaient réclamé, et en premier lieu la reconnaissance définitive de la souveraineté et de l'indépendance de leur pays. Sur le plan territorial, ils gardaient tout ce qu'ils avaient conquis au cours de la guerre, c'est-à-dire la partie de la Flandre située de part et d'autre de l'embouchure de l'Escaut, bloquant ainsi le libre accès au port d'Anvers, ce qui indirectement favorisait le trafic d'Amsterdam, mais aussi tout le pays dit « de la Généralité » avec les villes de Bergen op Zoom, Breda, Bois-le-Duc (Hertogenbosch) ainsi que Maastricht et le district d'Outremeuse. Les Hollandais obtenaient également l'ouverture des ports espagnols à leur commerce et conservaient les conquêtes coloniales qu'ils avaient réalisées aux Indes aux dépens du Portugal, à l'époque où celui-ci était associé à l'Espagne[1]. Il fut prévu que ce traité ne deviendrait applicable qu'après la conclusion d'une paix définitive entre la France et l'Espagne. Mais cette disposition de pure forme demeura un vœu pieux. Ce qui est sûr, c'est que le désengagement hollandais redonna espoir à l'Espagne.

Le gouverneur des Pays-Bas, l'archiduc Léopold-Guillaume, qui n'avait plus à redouter une attaque hollandaise sur les frontières septentrionales, tenta de reprendre avec toutes ses forces l'offensive contre la France. L'armée des Flandres, commandée par Condé, avait mis le siège devant Ypres et s'en était rendue maître le 28 mai 1648. Mais, à ce moment-là, Léopold-Guillaume venait d'entrer en campagne, enlevant aux Français Courtrai le 19 mai, puis Furnes le 3 août et Lens le 19. C'est devant Lens que Condé, par une manœuvre rapide, parvint à redresser la situation. Le 20 août, l'armée de Condé remportait sur les *tercios* une victoire décisive qui permit de reprendre la plupart des places perdues les mois précédents. Condé ne put exploiter sa victoire de Lens car il fut rappelé d'urgence à Paris par la régente pour tenter de venir à bout de la révolte des Parisiens. Le déclenchement de la Fronde redonna espoir aux Espagnols. Le roi Philippe IV estima qu'une victoire de ses armées était désormais rendue possible puisque la France se trouvait à nouveau confrontée à une véritable guerre civile. C'est dans ce contexte que le comte de

1. G. Pagès, *La Guerre de Trente Ans*, *op. cit.*, p. 238.

Peñaranda décida de rompre les négociations qu'il menait à Münster avec Servien. Toutefois, Peñaranda resta sur place et consacra dorénavant tous ses efforts à dissuader l'empereur de signer la paix. Les efforts espagnols dans ce sens furent vains. Le 24 octobre 1648, à Münster et à Osnabrück, les traités qui mettaient fin à la guerre de Trente Ans étaient enfin signés.

★

La paix de Westphalie — la *pax westphalica* des juristes de l'époque —, c'était en premier lieu un remaniement profond des frontières géopolitiques de l'Europe centrale dont bénéficièrent non seulement la France et la Suède, mais aussi de nombreuses principautés territoriales de l'Empire.

La France et la Suède qui, à partir de 1630 pour celle-ci et de 1635 pour celle-là, s'étaient impliquées dans la guerre contre l'empereur, ont toutes deux tiré de substantiels avantages territoriaux dans le cadre des traités de Münster et d'Osnabrück. La France a obtenu à peu près tout ce qu'avait réclamé Mazarin par la voix de ses représentants à Münster. Et, tout d'abord, l'officialisation des acquisitions antérieures. Les Trois-Evêchés, Metz, Toul et Verdun, administrés par la France depuis 1552, furent reconnus par l'empereur comme parties intégrantes du royaume de France, ce qui mettait fin à un imbroglio juridique qui avait duré près d'un siècle. Très rapidement, Trauttmannsdorf et Avaux étaient tombés d'accord pour régler au plus vite cette question, et, le 13 septembre 1646, un document signé par les deux parties matérialisait cet accord. Le duc de Lorraine, ainsi que de nombreux princes allemands, protestèrent contre l'abandon par l'empereur de territoires qui faisaient partie de l'Empire, considéré par eux comme formant un tout indivisible. Leurs protestations furent vaines, et l'article 44 du traité de Münster confirma l'appartenance « à perpétuité et irrévocablement » à la couronne de France des évêchés de Metz, Toul et Verdun, qui continuèrent cependant sur le plan spirituel à relever de l'archevêché de Trèves[1].

1. P. Bougeant, *Histoire des traités de Westphalie*, Paris, 1751, t. IV, p. 258 et 269, et t. V, p. 376 et ss.

En second lieu, la France obtint satisfaction pour la plupart de ses exigences du côté du Rhin. Dans une note remise à Trauttmannsdorf le 7 janvier 1646, les plénipotentiaires français avaient réclamé la Haute et la Basse-Alsace, le Sundgau et le Brisgau, Brisach et Philippsbourg, ainsi que les quatre « villes forestières » du Rhin. Ces demandes jugées d'abord par Trauttmannsdorf comme une « prétention chimérique », furent cependant en partie acceptées du moins en ce qui concernait l'Alsace et Brisach, grâce au rôle d'« honnête courtier » joué par Maximilien de Bavière. C'est ce qui ressort d'une note adressée le 17 septembre 1646 à la régente Anne d'Autriche par les représentants français. Mais, comme pour les Trois-Evêchés, la plupart des princes allemands émirent de sérieuses réserves sur la renonciation de l'empereur à l'Alsace. Les dirigeants des cités alsaciennes, eux aussi, s'inquiétaient d'un éventuel changement du statut de leur territoire et tentèrent de ralentir la conclusion d'un accord définitif sur ce problème. Au moment où l'affaire semblait réglée, des difficultés de dernière heure surgirent. Si le principe de la cession au roi de France des possessions des Habsbourg en Alsace avait été acquis sans difficultés majeures, il n'en fut pas tout à fait de même pour ce qui serait désormais la position de l'Alsace par rapport à l'Empire. Deux points de vue s'affrontaient. La France aurait souhaité que ses futures acquisitions en Alsace soient reçues en fief de l'Empire, ce qui aurait permis à des représentants du roi de France de siéger à la Diète et de participer ainsi directement aux affaires de l'Empire. Trauttmannsdorf, au contraire, était fermement opposé à cette demande française et offrit le 17 mai 1648 ces territoires en pleine propriété et non en fief. Son point de vue fut finalement adopté, mais le texte définitif du traité de Münster laissait planer une certaine ambiguïté.

En effet, la souveraineté « pleine et entière » du roi de France sur les territoires cédés est bien précisée dans les articles 73 et 74. La Maison d'Autriche cède au roi de France ses possessions du Sundgau et de Haute-Alsace ; elle cède également « tous les droits, propriétés, domaines, possessions et juridictions qui jusqu'ici ont appartenu tant à l'empereur qu'à l'Empire et à la Maison d'Autriche, sur le landgraviat de la Haute et Basse-Alsace et la préfecture provinciale des dix villes impériales situées en Alsace ». La Maison d'Autriche abandonne aussi la ville de Brisach (Alt-Breisach aujourd'hui), une des « portes de l'Allemagne » située sur un promontoire rocheux dominant la rive droite du Rhin (article 73). Il est bien précisé que tous ces territoires « appartiendront dorénavant, sans réserve aucune et à perpétuité... à la couronne de France et seront incorporés à la couronne de France... de manière qu'aucun empereur ne pourra et ne devra jamais prétendre aucun droit et puissance sur lesdits pays » (article 74). Ainsi, l'Alsace, dans sa plus grande partie, faisait désormais partie intégrante du royaume de France, à l'exception de Strasbourg qui demeurait ville libre d'Empire et de la république de Mulhouse associée aux cantons suisses.

En revanche, l'article 89 du traité de Münster précise — et la réserve est de taille — que les territoires alsaciens cédés à la France seront maintenus « dans cette liberté et possession d'immédiateté à l'égard de l'Empire romain dont ils ont joui jusqu'ici de manière à ce qu'il [le roi de France] ne puisse ci-après prétendre sur eux aucune suprématie royale, mais qu'il se contente des droits qui avaient appartenu à la Maison d'Autriche et ont été cédés par le présent traité à la couronne de France ». Pourtant, un dernier alinéa du même article ajoute que « l'on n'entend point retrancher au droit de suprême domaine qui a été concédé au roi de France plus haut ». L'article 89 énumère la liste des territoires qui demeuraient dans l'immédiateté de l'Empire et, parmi ceux-ci, les dix villes de la Décapole qui dépendaient de la préfecture d'Haguenau (Haguenau, Wissembourg, Colmar, Sélestat, Obernai, Rosheim, Kaysersberg, Münster, Turckheim, Landau), ainsi qu'un certain nombre de seigneuries ecclésiastiques (Lure, Murbach, Andlau, Münster) et laïques (Petite-Pierre, Hanau, Oberstein et Fleckenstein). Cet article laissait donc entendre que le roi de France était souverain de tous ces territoires, comme l'étaient précédemment les Habsbourg, mais que ces territoires conservaient des liens avec l'Empire [1].

Chacun pouvait donc dans l'avenir interpréter le traité à sa façon et au mieux de ses intérêts. L'heure était maintenant à la paix, et on ne se soucia guère dans l'immédiat des

1. G. Livet, *Histoire d'Alsace*, (sous la direction de Ph. Dollinger), Toulouse, 1970, p. 276-277 ; et R. Reuss, *Histoire d'Alsace*, *op. cit.*, p. 114-115.

contradictions du traité. On prête au délégué de l'empereur, Isaac Volmar, cette formule qui en disait long sur l'interprétation future du traité : « Le plus fort l'emportera[1]. » L'avenir allait rapidement démontrer que, grâce à la puissance de ses armées, ce fut l'interprétation française qui allait l'emporter.

Les traités de Westphalie réglèrent également la question religieuse en Alsace. Les catholiques y étaient majoritaires dans la proportion des deux tiers, et concentrés principalement dans le sud de la province ; la minorité protestante se partageait entre luthériens légèrement majoritaires et calvinistes. Le traité de Münster fit obligation au roi de France de conserver « la religion catholique comme elle y était maintenue sous les princes d'Autriche » (article 75). Quant au statut des protestants, c'est le traité d'Osnabrück qui, en son article 47, leur garantissait le libre exercice de leur religion.

Restait la question de Philippsbourg, l'autre « porte de l'Allemagne », tenue par les Français depuis 1644. Il fut précisé que la France était autorisée à y maintenir à titre perpétuel une garnison constituée d'un « nombre de soldats convenable qui ne puisse donner aucune cause de soupçon aux voisins ». Mais l'appartenance politique de Philippsbourg à l'évêché de Spire n'était pas remise en question[2].

D'autres problèmes territoriaux et politiques concernant la France et l'Empire furent traités à Münster. Ainsi la question lorraine, mais celle-ci resta sans solution ; les négociateurs se bornèrent à recommander son règlement par un arbitrage, ou dans le cadre d'un accord franco-espagnol. Mais la poursuite de la guerre entre la France et l'Espagne écartait pour l'instant cette éventualité[3]. Dans l'immédiat, les possessions du duc de Lorraine demeurèrent sous occupation française. L'empereur, d'autre part, prit l'engagement de ne plus intervenir dans les conflits en cours dans le cercle de Bourgogne, c'est-à-dire aux Pays-Bas espagnols et en Franche-Comté, bien que, théoriquement, le cercle de

1. G. Livet, *La Guerre de Trente Ans*, *op. cit.*, p. 43.

2. H. Sacchi, *La Guerre de Trente Ans*, *op. cit.*, t. III, p. 478.

3. Le sort du duché de Lorraine ne fut réglé qu'après la paix des Pyrénées. Par le traité de Vincennes de février 1661, le duc Charles IV rentra en possession de la plupart de ses biens et put revenir dans ses États.

Bourgogne continuât à faire partie du Saint Empire[1]. Un dernier point fut réglé à Münster : du côté italien, la France se voyait confirmer la possession de Pignerol, une des « portes de l'Italie », mais ce n'était que l'officialisation internationale d'un accord antérieur entre la France et la Savoie.

La France, d'une façon incontestable, avait tiré de substantiels avantages des traités de Westphalie ; elle « avait non seulement atteint le cours supérieur du Rhin, mais elle l'avait même déjà franchi et occupait des positions avancées ». En moins d'un demi-siècle, c'est la totalité de l'Alsace, à l'exception de Mulhouse, qui deviendra française[2]. Désormais, la sécurité de ses frontières orientales étaient assurée, mais cela pouvait déboucher, comme le remarque J. Droz, sur « un ferment éventuel d'impérialisme et un prétexte possible à la domination de l'Europe[3]. »

★

Plus encore que la France, la Suède fut la grande bénéficiaire de la paix de Westphalie. Le traité d'Osnabrück lui attribua en effet la plus grande partie des territoires convoités par Gustave-Adolphe, c'est-à-dire toute la Poméranie occidentale *(Vorpommern)* située à l'ouest de l'Oder, ainsi que les îles de Rügen, d'Usedom et Wolin, mais également la ville de Stettin et ses dépendances, le Frischeshaff et un certain nombre de seigneuries situées sur la rive droite de l'Oder, donnant ainsi à la Suède le total contrôle de l'embouchure du fleuve. A ces cessions territoriales s'ajoutaient les droits que les ducs de Poméranie détenaient sur le chapitre de l'évêché de Kammin. La Suède obtenait également le port et la ville hanséatique de Wismar ainsi que les bailliages de Neuenkloster et Poel, jadis propriétés des ducs de Mecklembourg.

Plus à l'ouest, la Suède obtenait l'évêché de Verden, l'archevêché et le duché de Brême, à l'exception de la ville de Brême elle-même qui demeurait ville libre d'Empire, ainsi que les droits des anciens archevêques de Brême sur le

1. J. Droz, *Histoire diplomatique de 1648 à 1919*, p. 11.
2. P. Rassow, *Histoire de l'Allemagne des origines à nos jours*, *op. cit.*, t. I, p. 377.
3. J. Droz, *Histoire diplomatique de 1648 à 1919*, *op. cit.*, p. 12.

diocèse de Hambourg. En tant que possesseurs de tous ces territoires, les souverains suédois, désormais, devenaient membres du Saint Empire et à ce titre pouvaient envoyer des représentants à la Diète, car ils tenaient ces territoires en fief. Oxenstierna remarquait que maintenant la Suède avait à sa disposition « les cours d'eau de la Baltique et ceux qui traversent la Suède et les provinces qui lui sont soumises, c'est-à-dire, outre ceux du vieux royaume, la Neva, la Narva, la Dvina et l'Oder, ainsi que l'Elbe et la Weser en mer du Nord, de même que les ports magnifiques et précieux de la Baltique, de la mer du Nord et du Kattegat dont il existe ailleurs peu de semblables et auxquels il ne manque qu'une sage exploitation pour servir aux intérêts des habitants de la Suède[1]. » « La paix de Westphalie est la plus grande victoire de la diplomatie suédoise... La Suède domine désormais la Baltique ; elle est membre de l'Empire germanique et, à ce titre, devient le principal défenseur de la foi protestante[2]. »

★

Les traités de Westphalie ont également scellé la réconciliation entre l'empereur et tous les princes allemands qui avaient pris les armes contre lui. Une amnistie générale fut accordée à tous. Seuls furent exclus de l'amnistie les sujets rebelles de Bohême dont les biens avaient été confisqués dans le cadre de la répression qui avait suivi la Montagne blanche. Leur retour en Bohême était autorisé à condition qu'ils reviennent au catholicisme, mais, même dans ce cas, ils ne recouvraient pas leurs biens. Les délégués de la Suède à Osnabrück tentèrent vainement d'obtenir pour eux l'amnistie que l'on avait accordée aux princes. Jean Amos Komensky, dans une lettre du 11 octobre 1648, ne put qu'exprimer au chancelier Oxenstierna toute l'amertume et la douleur des émigrés bohêmes qui se sentaient trahis par leurs alliés[3].

L'amnistie générale fut accompagnée du règlement de

---

1. I. Andersson, *Histoire de la Suède des origines à nos jours*, *op. cit.*, p. 157-158.
2. R. Svanstrom et C. F. Palmstierna, *Histoire de la Suède*, *op. cit.*, p. 122.
3. V.L. Tapié, *Monarchie et peuples du Danube*, *op. cit.*, p. 450-451, note 22.

tous les problèmes territoriaux en suspens dans l'Empire. Il y avait d'abord le cas particulier du Brandebourg qui, après avoir rallié le camp impérial lors de la paix de Prague en 1635, avait amorcé sous l'Électeur Frédéric-Guillaume une politique de rapprochement avec la Suède. À titre de dédommagement pour la Poméranie occidentale cédée à la Suède, le Brandebourg, qui conservait la Poméranie orientale *(Hinterpommern)*, reçut les évêchés de Kammin, d'Halberstadt et de Minden, ainsi que l'expectative de l'archevêché de Magdebourg à la mort de son administrateur actuel, le prince Auguste de Saxe, mais la ville de Magdebourg conservait son statut de ville libre d'Empire. Avec ces nouvelles acquisitions contiguës au territoire de l'Électorat, la Maison de Hohenzollern contrôlait maintenant un ensemble de possessions qui faisaient de son chef le deuxième prince territorial de l'Empire, immédiatement derrière la Maison d'Autriche. Outre l'Electorat de Brandebourg et les acquisitions récentes citées plus haut, les Hohenzollern étendaient leur autorité sur le duché de Prusse, ancienne possession de l'ordre Teutonique sécularisée en 1525 par le Grand Maître Albert de Brandebourg-Ansbach[1], ainsi que sur la partie de l'héritage de Clèves-Juliers acquise en 1614, c'est-à-dire la principauté de Clèves et les comtés de Mark et de Ravensberg. L'Électeur Frédéric-Guillaume devenait ainsi « le plus grand terrien des princes allemands[2] ».

La Saxe qui, un peu comme le Brandebourg, était passée de l'alliance avec l'empereur à une neutralité plus ou moins bienveillante à l'égard de la Suède, fut bien moins avantagée que son voisin du Nord. Le traité d'Osnabrück se borna à confirmer la cession définitive des deux Lusaces que l'empereur lui avait déjà cédées lors de la paix de Prague.

Restait en Allemagne du Nord le cas du Mecklembourg qui avait dû abandonner à la Suède la ville de Wismar. Le duc de Mecklembourg-Schwerin fut dédommagé de cette perte par les évêchés de Schwerin et de Ratzebourg.

Parmi les autres questions territoriales évoquées au Congrès de Westphalie, l'une des plus difficiles à régler était celle des biens de la famille des Wittelsbach, ceux de la

1. H. Bogdan, *Les Chevaliers Teutoniques*, Paris, 1995, p. 185.
2. J. Droz, *Histoire diplomatique de 1648 à 1919*, *op. cit.*, p. 11.

branche catholique qui régnait en Bavière et ceux de la branche calviniste du Palatinat confisqués après la déchéance de Frédéric V en 1621. Bien avant le Congrès de Westphalie, on avait recherché une solution pour régler la question du Palatinat, mais aucun accord n'avait pu jusqu'alors être trouvé. Dans le cadre du traité de Münster, le duc de Bavière, qui était resté non sans réticences parfois l'allié le plus fidèle de l'empereur pendant toute la durée de la guerre de Trente Ans, conserva tout ce qu'il avait obtenu lors de la saisie des biens du Palatin déchu, c'est-à-dire le titre héréditaire d'Électeur[1] ainsi que le Haut-Palatinat et le comté de Cham. Les héritiers de Frédéric V, de leur côté, furent amnistiés. Le fils de Frédéric V, Charles-Louis, récupéra le Palatinat rhénan, et on créa pour lui un huitième Électorat.

Pour le reste, les autres modifications territoriales dans l'Empire furent mineures. La plupart des principautés territoriales laïques ou ecclésiastiques retrouvèrent le *statu quo*. C'est ainsi que les autres princes qui avaient combattu l'empereur ou qui s'étaient dissociés de la cause impériale, le duc de Wurtemberg, la landgravine de Hesse-Kassel, l'Archevêque-Électeur de Trèves, tous amnistiés, recouvrèrent leurs possessions. Il en fut de même pour la quasi-totalité des villes libres d'Empire.

★

L'importance des clauses territoriales contenues dans les traités signés à Münster et à Osnabrück ne doit pas occulter toutes les dispositions prises à propos de la réforme intérieure du Saint Empire. Et, en ce sens, les juristes allemands considèrent la *pax westphalica* comme la véritable « Constitution de l'État allemand[2] », au même titre que la Bulle d'or. La paix de Westphalie, en effet, est l'aboutissement de toutes les tentatives antérieures de réforme de l'Empire effectuées depuis Maximilien Ier au début du XVIe siècle. C'est aussi l'échec manifeste, au moins au niveau du Saint

1. En cas d'extinction de la branche bavaroise des Wittelsbach, l'Électorat de Bavière serait supprimé et on reviendrait à la situation d'avant 1618, c'est-à-dire sept Princes-Électeurs.

2. R. Mousnier, « *Les XVIe et XVIIe siècles* », *loc. cit.*, p. 270.

Empire, de la politique menée autrefois par Ferdinand II tendant à faire de l'Empire une monarchie centralisée selon le modèle français ou espagnol. Face aux ambitions impériales, les princes territoriaux, catholiques et protestants confondus, quel que fût le camp auquel ils appartinssent durant la guerre de Trente Ans, étaient unanimes à exiger de l'empereur une plus grande liberté d'action et à réclamer le respect des « libertés germaniques ». En cela, et pour des raisons qui étaient loin d'être désintéressées, les princes allemands avaient reçu l'appui sans réserve de la France et de la Suède, qui, dans le cadre des traités de Westphalie, devinrent officiellement garantes des « libertés germaniques ».

La *constitutio westphalica* redéfinissait les relations entre l'empereur et les princes à l'intérieur de l'Empire. En apparence, l'essentiel de l'édifice demeurait intact, et rien ne semblait avoir changé fondamentalement au niveau des institutions. L'empereur, toujours élu[1] par le Collège des Princes-Électeurs, porté de sept à huit membres il est vrai, restait l'autorité morale suprême de l'Empire. Un empire qui demeurait tout autant morcelé sur le plan politique qu'avant 1618. Près de deux cent cinquante unités territoriales composaient cet empire, huit Électorats, soixante-neuf principautés ecclésiastiques, une centaine de principautés laïques et une soixantaine de villes libres[2]. La Diète, qui maintenant siégeait à Ratisbonne définitivement, était toujours divisée en trois Collèges, celui des Électeurs, celui des princes et celui des villes libres, et c'est toujours l'Archevêque-Électeur de Mayence qui, en tant qu'archichancelier d'Empire, présidait à ses travaux. La Diète ne pouvait se réunir que si l'empereur la convoquait, et les résolutions qu'elle votait ne devenaient lois d'Empire que si l'empereur consentait à les promulguer. De prime abord, on pourrait être tenté de penser que rien n'avait changé et que l'empereur jouissait encore de pouvoirs importants. En fait, c'était loin d'être le cas désormais. La Diète, en effet, par la *constitutio westphalica*, reçut mission d'imposer à l'empereur une « capitulation perpétuelle » qui devait fixer une fois pour

1. La France aurait souhaité que l'on interdise désormais l'élection, du vivant de l'empereur, de son héritier comme « roi des Romains », mais elle ne fut pas suivie dans cette demande.

2. M. Vénard, *Les Débuts du monde moderne*, Paris, 1967, t. V, p. 548.

toutes les limites de l'autorité impériale. Seules la bonne entente et la collaboration loyale entre l'empereur et la Diète pouvaient permettre une action politique efficace, mais ce fut loin d'être le cas, si bien que les institutions de l'Empire furent le plus souvent réduites à l'impuissance.

À cela s'ajoutaient les dispositions contenues dans les articles 64 et 65 du traité de Münster qui donnaient officiellement aux princes allemands la « supériorité territoriale » *(Landeshoheit)*, c'est-à-dire « le droit de conclure entre eux et avec les puissances étrangères des traités pour leur conservation et sûreté réciproques ». Il faut reconnaître qu'on se bornait là à officialiser une pratique devenue courante depuis bien longtemps et qui s'était généralisée au cours de la guerre de Trente Ans. La seule restriction à cette « supériorité territoriale », à cette indépendance de fait, c'était que ces traités « ne soient dirigés ni contre l'empereur et l'Empire ni contre la paix publique d'Empire[1] ». Les princes territoriaux devenaient ainsi des souverains indépendants. Le risque était minime en ce qui concerne les petites principautés. Mais les princes territoriaux les plus puissants, les Hohenzollern par exemple, étaient en mesure de se poser en rivaux, voire en adversaires de l'empereur. Finalement, c'est dans ses seuls États héréditaires que l'empereur, c'est-à-dire la Maison de Habsbourg, pouvait exercer sa pleine et entière souveraineté.

« La paix de Westphalie portait un coup mortel à la vieille idée d'Empire. Deux grandes puissances étrangères pénétraient profondément dans l'Empire, la France sur le Rhin, la Suède dans la Baltique. La Maison d'Autriche — *domus Austriae*, comme on l'appelle aussi à cette époque — se repliait de plus en plus sur ses possessions héréditaires et tournait toutes ses forces vers la construction de son État danubien[2]. »

★

La réforme de l'Empire passait obligatoirement par un règlement définitif de la question religieuse qui donnerait satisfaction à toutes les parties intéressées. La paix

1. G. Pagès, *La Guerre de Trente Ans*, *op. cit.*, p. 244-246.
2. G. Stadtmüller, *Geschichte Südosteuropas*, *op. cit.*, p. 312.

d'Augsbourg de 1555 était maintenant largement dépassée, et l'édit de restitution de Ferdinand II en 1629 qui avait tenté de l'actualiser était l'objet d'un rejet unanime de la part des protestants.

La grande nouveauté introduite par la paix de Westphalie, ce fut que, en dépit des protestations de la Saxe luthérienne, le calvinisme reçut également droit de cité. Tout comme les luthériens, les calvinistes bénéficièrent désormais d'un statut légal dans les principautés protestantes de l'Empire. Mais les protestants « dissidents », anabaptistes, sociniens, unitariens, demeurèrent hors la loi, et leur sort dépendait du bon vouloir du prince sous l'autorité duquel ils vivaient.

Pour le reste, les traités de Westphalie ont conservé certains des principes posés dans la paix d'Augsbourg. Et, tout d'abord, le droit pour le prince de déterminer en toute liberté la confession qu'il choisit, et le droit d'en changer *(jus reformandi)*. Le principe *cujus regio, ejus religio* est globalement maintenu. Si les sujets refusent de suivre la religion du prince, ils n'ont *en principe* pas d'autre choix que d'émigrer vers des cieux plus favorables, avec la possibilité d'emporter leurs biens. En principe seulement, car ces dispositions en apparence rigides sont tout à fait contredites par une disposition du traité qui reconnaît l'égalité des droits — le droit de commercer et d'appartenir à une corporation, et le droit d'utiliser les hôpitaux et les cimetières — à tous ceux qui pratiquent une religion autre que celle du prince. En outre, les membres d'une religion différente de celle du prince conservaient le droit de la pratiquer en privé et en public, là où ils jouissaient de ce droit au 1er janvier 1624. Donc, les dispositions en apparence rigides du principe *cujus regio, ejus religio* étaient déjà passablement atténuées par le contenu même du traité ; elles l'étaient encore davantage dans la réalité quotidienne. Certains princes, en effet, ont adopté souvent une attitude de tolérance, symbole de l'apparition d'un esprit nouveau « éclairé ». Ainsi, l'Électeur de Brandebourg respecta les différences religieuses de ses sujets dans les territoires issus de l'héritage de Clèves-Juliers : là, catholiques, luthériens et calvinistes ont pu pratiquer librement leur religion.

Le principe *cujus regio, ejus religio* s'appliqua *de facto* aux possessions héréditaires de la Maison d'Autriche, mais ici avec une multiplication des situations particulières. Ainsi, la libre pratique de la confession d'Augsbourg, c'est-à-dire le luthéranisme, fut accordée aux princes de Silésie et à la ville de Breslau, ainsi qu'à la noblesse silésienne des campagnes et à ses sujets. Il en était de même pour la noblesse de Basse-Autriche [1]. Et dans la Hongrie habsbourgeoise et en Transylvanie, la liberté religieuse était garantie pour toutes les confessions. Partout ailleurs dans les États héréditaires, le catholicisme était la seule religion admise, ce qui n'empêcha pas le maintien de quelques foyers protestants dans des régions isolées de Carinthie et du Salzkammergut, ainsi qu'en Moravie orientale [2].

À la question religieuse était lié le problème des sécularisations indûment effectuées depuis la paix d'Augsbourg. Ferdinand II avait tenté par l'édit de restitution de régler ce problème, et l'on put facilement se rendre compte qu'il provoqua ainsi de nouveaux conflits. Le traité d'Osnabrück s'efforça de donner une solution satisfaisante pour tous. On prit désormais pour date de référence la situation au 1er janvier 1624, l'année 1624 étant considérée comme « année normale ». Les princes protestants qui, à cette date, détenaient des biens d'Église les conservaient ; et il en était de même pour les princes catholiques. On était loin de l'édit de restitution qui prenait comme date de référence la date de 1552 et du traité de Prague qui prenait celle de 1627. Toutes les sécularisations effectuées avant 1624 étaient donc confirmées à leurs actuels détenteurs [3].

Dans l'ensemble, les traités de Westphalie ont donné aux protestants un statut plus favorable que toutes les dispositions législatives antérieures. Les princes, dans leurs États, eurent le droit de légiférer en matière religieuse. Au niveau de la Diète d'Empire, pour éviter que les questions religieuses ne provoquent de nouveaux conflits, il fut prévu que, lorsqu'il y aurait à traiter des questions religieuses, chaque Collège de la Diète se scinderait alors en deux par-

---

1. P. Rassow, *Histoire de l'Allemagne des origines à nos jours*, *op. cit.*, t. I, p. 377-378.

2. E. Zöllner, *Histoire de l'Autriche des origines à nos jours*, *op. cit.*, p. 219 ; et J. Macek et R. Mandrou, *Histoire de la Bohême des origines à 1918*, *op. cit.*, p. 217-218.

3. V. L. Tapié, *La Guerre de Trente Ans*, *op. cit.*, p. 415 ; et G. Parker, *La Guerre de Trente Ans*, *op. cit.*, p. 273.

ties *(itio in partes)* le *corpus evangelicorum* et le *corpus catholicorum*. On délibérerait et on voterait séparément à l'intérieur de chaque corps, puis on rechercherait un compromis afin d'obtenir un vote unanime. Ce même souci de compromis se retrouve dans la décision de modifier la composition de la Cour de justice impériale *(Reichskammergericht)* : il y aurait désormais en son sein un nombre équivalent de magistrats catholiques et protestants. De même, des protestants furent admis au Conseil aulique d'Empire *(Reichshofrat*[1]).

Les dispositions religieuses de la paix de Westphalie provoquèrent de vives protestations de la part du pape Innocent X qui condamna formellement les traités. Mais cela ne changea en rien la détermination des princes catholiques et de l'empereur à signer les traités, malgré la pression de l'Espagne, toujours en guerre avec la France.

★

Il ne restait plus maintenant qu'à appliquer les traités. La ratification fut obtenue assez rapidement. À la fin de décembre déjà, l'empereur, la Suède et la France avaient ratifié les traités. Le 18 janvier 1649 eut lieu l'échange officiel des instructions de ratification. La guerre de Trente Ans était bel et bien terminée, au grand soulagement de tous. Mais il y avait encore nombre de problèmes en suspens. Il s'agissait en premier lieu d'obtenir la dissolution et le licenciement des armées toujours présentes aux quatre coins de l'Empire, et notamment à Prague, ville symbole puisque c'était de la capitale de la Bohême qu'était parti l'incendie qui allait embraser tout l'Empire. Pour obtenir le départ des armées étrangères, il fallut négocier avec chacun des chefs de guerre le montant des indemnités à verser. Au début de 1649, un nouveau Congrès s'ouvrit à Nuremberg pour discuter de la question des indemnités à verser aux Suédois. Ce n'est que le 26 juin 1650 qu'un compromis fut trouvé. Une somme globale de cinq millions de thalers serait versée aux Suédois pour assurer le paiement des soldes et des indemnités de licenciement à leurs troupes. L'application

1. G. Livet, *La Guerre de Trente Ans*, *op. cit.*, p. 45 ; et P. Rassow, *Histoire de l'Allemagne des origines à nos jours*, *op. cit.*, t. I, p. 379.

de l'accord fut difficile. Il fallut attendre jusqu'au début de 1654 pour que les derniers Suédois quittent l'Empire. Les Espagnols qui tenaient depuis le début de la guerre la forteresse de Frankenthal au Palatinat ne quittèrent la ville qu'en 1653[1] !

Si l'Empire peu à peu retrouvait enfin la paix, la guerre se poursuivait entre la France et l'Espagne. Elle devait continuer jusqu'en 1659. L'Espagne, en effet, misait sur les difficultés de Mazarin liées à la Fronde pour obtenir une paix plus avantageuse. Les victoires militaires de la France, la politique de rapprochement entre Mazarin et l'Angleterre de Cromwell qui aboutit au traité d'alliance du 25 mars 1657, mirent fin aux espoirs du roi Philippe IV. La paix des Pyrénées du 7 novembre 1659 compléta avantageusement les acquisitions territoriales obtenues en 1648. L'Espagne cédait en effet à la France la Cerdagne et le Roussillon au sud, l'Artois, ainsi qu'un certain nombre de places le long de la frontière avec les Pays-Bas espagnols : Gravelines, Landrecies, Le Quesnoy, Avesnes, Philippeville, Mariembourg, Thionville et Montmédy, qui constituaient désormais une ligne de défense particulièrement efficace au nord du royaume. Le traité prévoyait également le mariage du jeune Louis XIV avec une infante d'Espagne, la fille de Philippe IV, Marie-Thérèse. La future reine de France s'engageait à renoncer à ses droits sur l'héritage paternel, mais, pour éviter que cet héritage n'échoue un jour aux Habsbourg de Vienne, le négociateur français, Hugues de Lionne, fit préciser que la renonciation à l'héritage espagnol était subordonnée au versement d'une dot de cinq cent mille écus d'or. Une telle somme dépassait de beaucoup les possibilités du trésor espagnol. De la sorte, le non-paiement vraisemblable de la dot annulerait *ipso facto* la clause de renonciation et laisserait à la France toute latitude pour faire valoir les droits de la reine Marie-Thérèse en cas d'ouverture de la succession espagnole. La paix des Pyrénées donnait ainsi une possibilité supplémentaire de contrer la politique des Habsbourg de Vienne[2], avec tous les risques de conflit que cela pouvait entraîner.

1. H. Sacchi, *La Guerre de Trente Ans*, *op. cit.*, t. III, p. 485 et ss.
2. R. Mousnier, « *Les* XVIe *et* XVIIe *siècles* », *loc. cit.*, p. 274 ; et J. Droz, *Histoire diplomatique de 1648 à 1919*, *op. cit.*, p. 16-17.

*

Pour l'instant, l'heure était à la paix. L'Europe, et en particulier le monde allemand, devait maintenant panser les blessures et relever les ruines accumulées au cours d'une guerre impitoyable dont les populations civiles avaient été les principales victimes.

12

LE TEMPS DES BILANS

Au moment où, à Münster et à Osnabrück, les diplomates achevaient leurs ultimes travaux et commençaient à se séparer après avoir redessiné la carte politique du centre de l'Europe et jeté les bases d'une réorganisation du Saint Empire romain germanique, la plus grande partie de l'espace qui s'étendait de la Meuse à l'ouest, jusqu'à l'Oder et à l'arc carpatique à l'est, de la mer du Nord et de la Baltique au nord, jusqu'aux Alpes au sud, offrait un lamentable spectacle de désolation et de ruine. Partout, ce n'était que villages abandonnés, friches désolées, villes délabrées et dépeuplées. La guerre qui, enfin, venait de s'achever au grand soulagement de tous, avait laissé dans toute l'Europe centrale des traces durables et profondes.

L'aspect sans doute le plus dramatique de cette « catastrophe sans équivalent » — c'est ainsi que Pierre Chaunu qualifie la guerre de Trente Ans[1] —, ce fut la véritable hémorragie humaine qui affecta le cœur de l'Europe et dont les principales victimes furent, on l'a dit, les populations civiles. Lors du passage des armées, et à plus forte raison lorsque celles-ci séjournaient sur place pendant un certain temps, les populations payaient un lourd tribut à la mort. Les causes de cette hécatombe humaine sont multiples. En premier lieu, et c'est ce qui a surtout frappé les contemporains, ce sont les massacres qui, généralement, accompagnaient la prise d'une ville dont la garnison avait eu le tort de résister trop longtemps au gré des assiégeants. Les exem-

1. P. Chaunu, *La Civilisation de l'Europe classique*, Paris, 1970, p. 43.

ples sont nombreux, et le sac de Magdebourg en 1631 a frappé de stupeur les contemporains. Dans la conscience collective des protestants de l'Europe tout entière, il est demeuré comme le symbole de la violence gratuite et de la barbarie des « papistes ».

La liste des villes incendiées, pillées et martyrisées au cours de cette guerre par les armées de tous les belligérants est impressionnante. Mais elle ne représente qu'une part infime de cette violence présente alors partout. Car combien de bourgades, de villages, de hameaux isolés ont eu, eux aussi, à souffrir, mais le drame qu'ont vécu leurs habitants est souvent ignoré faute de témoignages ! Quand nous disposons d'informations, elles sont édifiantes. Dans son registre paroissial, Henri Champion, le curé d'Ottonville, près de Metz, note ce commentaire désabusé sur le comportement des soldats de toute appartenance qui sont passés dans son village : « Nous étions égorgés par les Suédois. Les Lorrains avaient tout pillé. Les Impériaux nous traitaient en ennemis et les Messins ne nous portaient aucun secours [1]. » Cette brutalité, cette violence dans le comportement à l'égard des paysans désarmés et impuissants, toutes les armées, quelle que soit la cause au nom de laquelle elles combattaient, quel que soit l'étendard sous lequel elles servaient, les ont pratiquées, aussi bien en pays ami qu'en pays ennemi. Ces armées de mercenaires recrutées aux quatre coins de l'Europe, irrégulièrement soldées, ne vivaient que pour et par le butin. Et tous les moyens étaient bons pour se le procurer. Ce qu'on ne pouvait pas consommer sur place ou emmener avec soi, on n'hésitait pas à le détruire. On n'hésitait pas non plus à torturer, à violer, à tuer pour terroriser la population et lui arracher l'argent ou les subsistances convoitées par les soldats.

Grimmelshausen nous a laissé sous une forme romancée « un témoignage direct sur l'état de l'Allemagne, la vie et les mœurs à l'époque de la guerre de Trente Ans [2] ». Il nous décrit ainsi le comportement des soudards qui se livrèrent au pillage et à la mise à sac de la maison paternelle : « Ils

1. Texte cité in *Histoire des provinces de France*, t. II, *Alsace-Lorraine-Franche-Comté*, Paris 1982, p. 165.

2. J.J.C. Grimmelshausen,*Les Aventures de Simplicius Simplicissimus*, 2 vol., Paris, 1974, préface de M. Colleville, t. I, p. 24.

brûlaient les lits et les tables, les chaises et les bancs, alors qu'il y avait dans la cour bien des cordes de bois sec... Notre servante subit dans l'écurie de tels traitements qu'elle ne pouvait plus marcher pour en sortir... Quant au valet de ferme qu'ils avaient garrotté, ils l'étendirent par terre, lui mirent en travers de la bouche un morceau de bois, et lui entonnèrent dans le corps un plein seau d'un affreux purin : c'est ce qu'il appelaient "boire une rasade à la suédoise"... On se mit alors à retirer de l'écrou des pistolets les pierres à feu pour les remplacer par les pouces de paysans et torturer ainsi les pauvres hères, comme s'il s'agissait de brûler des sorcières. D'ailleurs, les soldats avaient déjà jeté dans le four un des paysans faits prisonniers et ils travaillaient à le chauffer, sans considérer s'il avait avoué. À un autre, ils avaient attaché autour de la tête une corde qu'ils serraient avec un garrot, et, à chaque tour, le sang lui jaillissait par la bouche, le nez et les oreilles. Bref, chacun inventait un nouveau genre de torture pour ces pauvres paysans et chaque victime avait ainsi son supplice particulier[1]... »

Tous les aspects de cette guerre faite de violence gratuite sont évoqués dans ce passage de Grimmelshausen. Et ce témoignage d'un homme, qui lui-même a servi dans les armées impériales dès 1635-1636, est confirmé par tous les autres récits des contemporains. Le pasteur du petit village alsacien de Morsbronn près de Woerth, Philippe Kirchner, nous décrit dans des termes à peu près identiques ce qui s'est passé dans sa région lors du passage des armées : « Dès que je fus nommé dans la paroisse de Morsbronn en 1632, la misère commença. Le presbytère avait été incendié par des soldats. Je dus, sur l'ordre du bailli, m'installer à Woerth. Là, je dus subir le cantonnement et le pillage des troupes françaises et impériales. La petite ville fut prise d'assaut par les Croates. De nombreux habitants furent tués ou blessés. Moi-même, je fus fait prisonnier. On me serra la tête jusqu'à ce que le sang coulât de mon nez et l'on me prit mes vêtements. Je fus obligé de transporter leur butin jusqu'à Mitschdorf. Le soir, les prisonniers furent reconduits à Woerth... Au lever du jour, nous fûmes surpris par des soldats qui nous chassèrent sur une haute tour au pied

1. J.J.C. Grimmelshausen,*Les Aventures de Simplicius Simplicissimus*, *op. cit.*, p. 59.

de laquelle coule la Sauer et nous forcèrent à sauter du haut de la tour dans la rivière[1]... »

La Lorraine, elle aussi, en 1635 et 1636, connut des « heures douloureuses » avec le passage des Suédois, des Impériaux et des Franco-weimariens. Le cas le plus tragique qui a surtout retenu l'attention fut celui de la petite ville de Saint-Nicolas-de-Port qui, au début de novembre 1635, fut livrée pendant une semaine aux mercenaires croates, hongrois et polonais de l'armée impériale. On y tua, tortura, viola en toute impunité. Les mutilations et tortures de toutes sortes furent monnaie courante : « Ils [les soldats] faisaient coucher leurs victimes sur le dos et leur faisaient boire de force des liquides nauséabonds jusqu'à distendre les estomacs sur lesquels, pour finir, ils s'élançaient à pieds joints. » Ailleurs, on allait même jusqu'à rôtir les gens à la broche. Près de Montmédy, la petite église de Meix-devant-Virton fut incendiée par les Croates avec les quelque trois cents personnes qui s'y étaient réfugiées croyant pouvoir y trouver un abri sûr[2]. »

On pourrait multiplier ainsi à l'infini les exemples de ces exactions, de ces massacres qui furent perpétrés dans toute l'Europe centrale et qui provoquèrent des pertes humaines importantes[3]. Le passage des armées provoqua dans un premier temps ces « morts directes » que nous venons d'évoquer par quelques exemples ponctuels. Mais le départ des armées et le retour à une situation « normale » ne mettait pas fin à l'hémorragie humaine. Aux « morts directes », il faut ajouter les « morts indirectes » qui furent de beaucoup les plus nombreuses. En effet, outre les violences faites aux personnes, les armées provoquaient sur leur passage des dégâts aux effets durables et aux conséquences très lourdes sur la démographie. Le passage et, à plus forte raison, le stationnement des armées, notamment lors de la prise des quartiers d'hiver, se traduisaient par la dévastation des

1. Texte cité in *Histoire des provinces françaises*, t. II, p. 47.

2. S. Gaber, *La Lorraine meurtrie*, *op. cit.*, p. 46-48.

3. Ces violences ne furent pas particulières à la guerre de Trente Ans ni même au XVIIe siècle. On les retrouve en France à l'occasion des révoltes populaires et de la répression qui les suivit. De même, le comportement des soldats républicains au cours de certains épisodes de la guerre de Vendée ne différa guère de celui des mercenaires de la guerre de Trente Ans. Et pourtant, on était alors au « siècle des Lumières » !

campagnes, le pillage des greniers, l'incendie des récoltes, la destruction des fermes. Les survivants qui avaient eu la chance d'échapper aux massacres en se réfugiant dans les forêts ou dans des grottes, se trouvaient dans un dénuement total tant dans le domaine alimentaire que sur le plan du simple logement. La famine provoquait inévitablement un surcroît de mortalité dans les mois et années suivantes. Les personnes âgées et les enfants étaient les premiers touchés, parce que déjà fragiles par essence, mais les adultes eux aussi étaient victimes de la famine, car, dans ces sociétés rurales, l'organisme humain était fragilisé par la sous-alimentation chronique due aux aléas des récoltes. La guerre et le passage des armées amplifiaient ainsi les carences alimentaires latentes.

La famine n'était pas la seule calamité qu'enduraient les populations. Déjà affaiblies par le manque de nourriture, elles étaient les victimes désignées des maladies de toutes sortes véhiculées par les armées en marche. La peste bubonique, ce fléau qui avait provoqué la mort d'un tiers de la population d'Europe occidentale au milieu du XIVe siècle et dont les résurgences se firent plus rares dans les siècles suivants, réapparut brutalement à l'époque de la guerre de Trente Ans dans toutes les régions traversées par les armées et par la cohorte de brigands, de mendiants et de pillards qui les accompagnaient d'ordinaire. La Lorraine fut frappée à partir de 1630 par diverses épidémies, dysenterie, typhus, puis, de 1635 à 1638, par une nouvelle et très grave reprise de peste qui provoqua de nombreux décès. Rien qu'à Metz, elle causa la mort de plus de trois mille personnes, le tiers de la population [1]. Le milieu urbain, avec l'entassement des populations et le manque d'hygiène, était propice à la diffusion de la maladie, si bien qu'un peu partout, les autorités municipales interdisaient aux paysans l'accès de leur ville pour éviter la propagation des épidémies. Ainsi, à Verdun, en janvier 1630, « le magistrat fit afficher aux portes de la ville... la liste des localités touchées par l'épidémie et interdit à leurs habitants de franchir l'enceinte sous peine de mort [2]. » Il en fut de même à Nancy la même année. La

1. F. Ribadeau-Dumas, *Histoire secrète de la Lorraine*, Paris 1979, p. 197 ; d'autres sources parlent de 6 000 décès !

2. S. Gaber, *La Lorraine meurtrie*, *op. cit.*, p. 50.

capitale lorraine et sa banlieue furent durement touchées ; rien que dans la petite localité voisine de Malzéville, on releva en 1630 plus de trois cents décès [1]. L'épidémie reprit de plus belle l'année suivante avec son cortège de morts. De 1630 à 1636, la mortalité en Lorraine augmenta dans des proportions considérables à cause de la peste.

Ce que nous venons de voir en Lorraine s'est manifesté également dans toute l'Allemagne où la peste, conséquence de la guerre et des famines qu'elle entraînait, provoqua sans doute plus de décès que la guerre elle-même malgré sa brutalité. L'exemple de Nordlingen le montre clairement : l'épidémie de 1634 multiplia par six la mortalité [2]. Ce n'est pas un cas isolé ; on observe des situations comparables dans le bas-pays saxon, en Mecklembourg, en Thuringe, bref, partout où sont passées les armées. En revanche, les régions montagneuses de la périphérie, le Vorarlberg, la principauté épiscopale de Salzbourg, ou bien certaines enclaves privilégiées du nord de l'Allemagne comme la principauté d'Oldenbourg ou les villes hanséatiques de Lübeck ou de Hambourg, épargnées par la guerre, ont également échappé aux épidémies et à leurs effets sur la mortalité [3]. L'augmentation brutale de la mortalité dans toutes les régions éprouvées a toujours été accompagnée d'une diminution sensible de la nuptialité et d'une baisse encore plus marquée de la natalité. Partout, le taux d'accroissement naturel, déjà faible dans les sociétés d'ancien régime démographique en temps normal, est devenu fortement négatif.

Rien d'étonnant dans de telles conditions à ce que l'on ait assisté à une diminution spectaculaire de la population dans tous les pays qui ont subi la guerre, et plus particulièrement en Allemagne. Pour reprendre la formule du P. Mols, la guerre de Trente Ans constitua « le plus grand cataclysme démographique » de toute l'histoire de l'Allemagne.

Il demeure toutefois bien difficile de donner une évaluation chiffrée précise du bilan humain de la guerre. Les dénombrements réalisés à cette époque par les autorités sont souvent incomplets et ne concernent qu'une région bien délimitée, parfois même seulement une ville. D'autre

---

1. *Ibid.*, p. 51 et ss.
2. G. Parker, *La Guerre de Trente Ans*, *op. cit.*, p. 311.
3. V.L. Tapié, *La Guerre de Trente Ans*, *op. cit.*, p. 424-425.

part, les témoignages des contemporains ne sont pas toujours fiables car on y trouve une certaine exagération de leur part, bien compréhensible quand on connaît l'ampleur des dévastations dont ils furent les témoins. Un fait cependant est indiscutable. La guerre, les famines surtout qui l'accompagnèrent, les destructions de toutes sortes qu'elle provoqua, les épidémies causèrent de telles pertes humaines en Allemagne qu'il fallut plus d'un siècle pour en effacer les traces. Alors qu'au début du XVIIe siècle la population du Saint Empire était estimée à dix-neuf ou vingt millions d'habitants, celle-ci serait tombée à un chiffre légèrement supérieur à sept millions au lendemain de la guerre, pour remonter finalement à vingt millions... mais seulement vers 1750.

Les travaux de G. Franz [1] permettent de mieux apprécier dans le détail les pertes humaines dans certaines régions de l'Allemagne. On constate par exemple que l'Allemagne du Nord à subi des pertes humaines considérables, plus particulièrement dans toutes les régions comprises entre l'Elbe et l'Oder. Le Holstein, le Mecklembourg, la Poméranie et le Brandebourg furent les régions les plus éprouvées. On estime qu'en Poméranie, la population aurait diminué de 65 pour cent entre 1618 et 1648 ; il en fut de même au Mecklembourg. Dans cette région qui fut parcourue et pillée par les armées de Gallas et de Baner, le général suédois reconnaissait que « dans cette province, il n'existe plus rien que du sable et de l'air. Tout est ravagé jusqu'au sol, les villages et la campagne sont remplis de bêtes crevées, les maisons sont pleines de cadavres humains, la misère est impossible à décrire [2]. » Le Brandebourg, lui aussi, paya un lourd tribut humain ; dans la province de l'Altmark, au centre de l'Électorat, la population diminua de 40 pour cent dans les campagnes et d'au moins 50 pour cent dans les villes. Et quand on dispose de données précises pour une localité, les estimations globales sont confirmées. Ainsi, la population de Spandau est passée de 3 600 habitants en 1618 à 1 500 en 1654, celle de Cölln de 12 000 à 6 200 au

1. G. Franz, *Der dreissigjährige Krieg und das deutsche Volk*, Stuttgart, 1979.

2. Cité par M. Vénard, *Les Débuts du monde moderne*, *op. cit.*, vol. 1, p. 550.

cours de la même période. Plus à l'est de l'Electorat, le recul est encore plus significatif : c'est ainsi qu'entre 1618 et 1654, la population de Francfort-sur-Oder est passée de 13 000 habitants à 2 400[1].

L'Allemagne du Nord ne fut pas la seule dépeuplée. Les pays rhénans, l'Alsace et le Breisgau notamment, le Wurtemberg, la Hesse-Kassel, la Franconie, la Bavière subirent elles aussi de lourdes pertes humaines. Pour l'Alsace, nous disposons d'informations précises pour un certain nombre de villes. À Wissembourg, la population entre 1618 et 1648 tomba de 1 500 à 140 habitants. À Haguenau, on dénombrait en 1618 1 300 « bourgeois », ils n'étaient plus que 250 en 1654 ! À Turckheim, il ne restait plus que 15 familles en 1648, mais, dans ce cas, la fuite de la plupart des habitants vers la Suisse explique ce quasi-dépeuplement de la cité. La ville de Colmar elle-même, bien que protégée par ses remparts, vit également diminuer sa population : 1 300 « bourgeois » en 1618 et seulement 800 en 1648[2] !

Sur la rive droite du Rhin, on retrouve la même désolation. Ainsi, entre 1618 et 1648, la population de Fribourg-en-Brisgau est passée de 10 000 habitants à 3 500. Un peu plus au nord, le Palatinat rhénan perdit, lui, près de 70 pour cent de sa population, tout comme le landgraviat de Hesse-Kassel. Le Wurtemberg, pour lequel nous disposons de statistiques globales, ne fut pas mieux loti. Sa population passa de 445 000 habitants en 1622 à 97 000 en 1639 et ne dépassait guère les 80 000 habitants à la fin de la guerre. Pour la Franconie, l'étude de H. Woltering sur la ville libre d'Empire de Rothenburg-ob-der Tauber nous donnent des renseignements précis sur l'impact de la guerre dans un petit district rural qui fut tour à tour occupé par les Suédois, les Impériaux et leurs alliés bavarois, et par les Franco-Weimariens. Dans la ville elle-même, plantée sur son piton rocheux et abritée par de puissantes fortifications, les pertes humaines s'établissent à près d'un tiers de la population, et dans les campagnes qui l'entouraient — un territoire de près de quatre cents kilomètres carrés —, les pertes furent beaucoup plus importantes. Ainsi, le nombre des familles

1. G. Livet, *La Guerre de Trente Ans*, *op. cit.*, p. 56-57 ; et J. Bérenger, *Histoire de l'empire des Habsbourg*, *op. cit.*, p. 325-327.

2. *Histoire des provinces de France*, *op. cit.*, t. II, p. 48 et ss.

imposables vivant dans la centaine de villages et hameaux qui dépendaient de Rothenburg passa de 1 503 en 1618 à 447 en 1641. Ce chiffre a vraisemblablement encore diminué après l'enquête de 1641, car la région a été parcourue par les armées franco-suédoises lors des campagnes de 1646-1648. Le cas du petit village de Linden, au nord-est de Rothenburg, est bien typique de la désolation qui régnait dans la région : en 1618 il comptait 900 familles imposables ; en 1641, il ne restait plus personne, et c'était le cas dans une vingtaine d'autres villages [1].

Les États patrimoniaux des Habsbourg subirent également des pertes humaines importantes. La Silésie perdit le quart de sa population. Les pertes en Bohême et en Moravie furent importantes, mais, là, aux conséquences humaines de la guerre s'ajoutaient les effets de l'émigration à partir de 1627, de plusieurs dizaines de milliers de familles appartenant à toutes les catégories sociales. À la veille de la guerre de Trente Ans, la Bohême proprement dite comptait 1 700 000 habitants, et la Moravie 800 000 ; en 1654, les chiffres sont respectivement de 950 000 et de 600 000. Beaucoup de petites villes furent réduites à l'état de simples villages. À Tabor, près de 80 pour cent des maisons étaient inhabitées à la fin de la guerre. Et, dans les campagnes, de nombreux villages avaient été désertés par leurs habitants, si bien que, encore à la fin du XVIIe siècle, dans certaines régions, près de 30 pour cent des terres jadis cultivées étaient encore à l'état de friches [2]. Dans l'ensemble, au milieu du XVIIe siècle, 20 pour cent des terres serves de Bohême et 25 pour cent en Moravie se trouvaient à l'abandon [3].

Hors du Saint Empire, on constate la même diminution de la population dans les régions qui furent affectées par la guerre. Ainsi, à l'époque de la guerre dite de « dix ans » (1635-1644), la Franche-Comté a vu sa population passer

---

1. H. Woltering, *Die Reichstadt Rothenburg-ob-der Tauber und Ihre Herrshaft über die Landwehr*, Rothenburg, 1968, p. 32 et ss ; et G. Parker, *La Guerre de Trente Ans*, *op. cit.*, p. 307-309.
2. A.J. Macek et R. Mandrou, *Histoire de la Bohême des origines à 1918*, *op. cit.*, p. 189 et p. 220 et ss.
3. P. Belina, P. Čornej et J. Pokorný, *Histoire des pays tchèques*, *op. cit.*, p. 226 et ss.

de 41 000 à 20 000 habitants[1]. La Lorraine aurait perdu la moitié de sa population entre 1618 et 1648, et plus particulièrement au cours des années trente : au milieu du XVIIe siècle, sa population ne dépassait pas 500 000 habitants[2]. La ville de Nancy, qui comptait 16 000 habitants en 1628, n'en avait plus que 4 ou 5 000 en 1645 ; trente-six villages de son bailliage avait été complètement rayés de la carte et il n'y avait plus personne sur place après la guerre pour les reconstruire[3].

Si, vue d'une façon globale, la population de l'Europe centrale avait perdu plus de 60 pour cent de ses effectifs à l'époque de la guerre de Trente Ans, il n'en reste pas moins vrai que certaines régions furent épargnées par la guerre et par les ruines qu'elle provoqua. En Allemagne du Nord même, pourtant la région qui fut la plus durement touchée, le comté d'Oldenbourg demeuré hors de la zone de passage des armées et sa population fut ainsi épargnée. Il en fut de même aussi dans certaines villes hanséatiques où les autorités municipales préférèrent acheter à prix d'or leur sécurité. Ce fut le cas de Hambourg et de Lübeck dont le nombre des habitants crût sensiblement alors que, non loin de là, les populations étaient décimées. La population de Hambourg passa en effet de 40 000 habitants en 1620 à 60 000 en 1650, celle de Lübeck de 22 000 à 31 000. Les régions méridionales de l'Empire eurent aussi leurs havres de paix. Les régions montagneuses du Vorarlberg et du Tyrol, les possessions du prince-évêque de Salzbourg, elles aussi, continuèrent à jouir des bienfaits de la paix alors qu'on se battait, qu'on tuait et qu'on pillait dans la Bavière voisine[4].

*

Le véritable drame humain qu'ont vécu la plupart des populations de l'Europe centrale — mais pas elles seules exclusivement — a provoqué chez elles un immense désarroi moral, un besoin de se raccrocher à l'espoir de jours

1. *Histoire des provinces de France*, *op. cit.*, t. II, p. 269.
2. *Ibid.*, p. 90-91.
3. *Histoire de Nancy*, *op. cit.*, p. 177.
4. V.L. Tapié, *La Guerre de Trente Ans*, *op. cit.*, p. 425-427.

meilleurs. La réaction émotionnelle de ces populations s'est traduite par un besoin de spirituel et de merveilleux pour compenser et oublier les malheurs endurés. Cette aspiration au spirituel et au merveilleux s'est réalisée en Bavière et dans les États patrimoniaux de la Maison d'Autriche, et notamment en Bohême, grâce au catholicisme rénové par la réforme tridentine et diffusé par l'action évangélisatrice et éducatrice des Jésuites et des Capucins. Ces ordres nouveaux, liés à la réforme catholique et destinés à l'origine à enrayer les progrès du protestantisme, se sont attelés patiemment à la reconstruction morale et spirituelle de la société dans les pays traditionnellement catholiques ou récemment recatholicisés, pendant et surtout après la guerre. Les paysans, les petites gens qui avaient tant souffert des malheurs de la guerre, se sont raccrochés à la religion et au culte marial dont la diffusion connut une ampleur jamais égalée dans les États de la Maison d'Autriche. Processions, pèlerinages, érection de colonnes en l'honneur de la Vierge au cœur des villes et de calvaires le long des routes ou à la croisée des chemins, se multiplièrent dans toute l'Europe centrale catholique au lendemain de la guerre de Trente Ans : témoignages de reconnaissance pour la paix enfin revenue et symboles d'une espérance dans des jours meilleurs. L'art baroque, avec ses églises ornées de statues richement colorées, une liturgie renouvelée où alternent cantiques en langue populaire et chants grégoriens dans une atmosphère saturée d'encens, tout cela a apporté aux populations meurtries par la guerre, joie, émotion et réconfort[1].

L'Église et les ordres religieux ne se sont pas bornés à participer à la reconstruction morale et spirituelle de la société. Ils ont aussi assisté les populations victimes de la guerre. Dans des conditions souvent difficiles, l'Église a apporté son aide aux populations démunies. Ainsi, en Lorraine, l'action de saint Vincent de Paul et des Lazaristes en faveur des pauvres, des blessés et des malades, fut particulièrement importante. Les Lazaristes installèrent des maisons à Toul, Saint-Mihiel, Bar-le-Duc, Nancy, Verdun, Metz où ils accueillaient les déshérités et à partir desquelles ils parcouraient les campagnes avoisinantes pour apporter un peu de réconfort aux populations abandonnées. En dépit

1. V.L. Tapié, *Baroque et Classicisme*, *op. cit.*, p. 136-137.

du malheur des temps et de la destruction de nombreuses églises, on assista dans toute la Lorraine à un véritable renouveau de la ferveur religieuse qui s'exprima notamment lors des pèlerinages qui rassemblaient des milliers de participants. Et ce renouveau spirituel se prolongea bien au-delà de la fin de la guerre [1].

Dans les pays protestants où l'expression de la foi était beaucoup plus discrète et où, pour des raisons politiques, la laïcisation de l'État devenait une réalité, le besoin de spiritualité de la population et de certaines de ses élites se traduisit par le développement de groupes de prières plus ou moins marginaux par rapport à l'Église officielle, et par la lente émergence de mouvements plus ou moins ésotériques qui devaient s'affirmer au siècle suivant, tandis que, au contraire, une autre partie des élites mettait tous ses espoirs dans la raison et la science avec Otto von Guericke et Leibnitz. Tout cela n'était que la conséquence de la grave crise morale qu'avait provoquée la guerre de Trente Ans.

La guerre de Trente Ans et les traités de Westphalie ont accéléré le processus en cours qui devait aboutir à la naissance de l'État moderne. Comme l'a remarqué Pierre Chaunu, le XVIIᵉ siècle fut « funeste aux empires archaïques. Le Saint Empire en témoigne qui achève sa décomposition pendant la guerre de Trente ans ». À la vieille conception héritée du Haut Moyen Age d'un Empire chrétien universel — c'est-à-dire européen — dont le souverain, l'empereur, exerce une sorte de primauté sur les autres monarques se substitue la notion d'État. L'Europe devient ainsi un ensemble d'États disposant de frontières précises et reconnues par les autres États, et sur lesquels le prince ou le monarque exerce sa pleine et entière souveraineté. Ce modèle politique, qui était déjà largement enraciné en France et en Espagne depuis le XVIᵉ siècle, s'affirme maintenant en Europe centrale où, sur les ruines du Saint Empire, « des Allemagnes se reconstituent autour des États ».

Si, au nord, l'Électorat de Brandebourg — qui allait bientôt devenir le royaume de Prusse —, apporte à l'Allemagne protestante « le bienfait d'un État moderne », au sud, l'Autriche, avec les Habsbourg, devient « le pôle fédérateur de

1. S. Gaber, *La Lorraine meurtrie*, *op. cit.*, p. 75-78.

l'Allemagne catholique[1] ». Grâce aux avantages territoriaux obtenus par les traités de Westphalie, les Hohenzollern, autour de l'Électorat de Brandebourg, ont constitué un État territorial puissant, centré sur les plaines du nord de l'Allemagne, avec une avancée en Rhénanie septentrionale. L'Électeur Frédéric-Guillaume, décidé à relever rapidement ses États dévastés par la guerre, s'est attaché à mettre en place dès les premières années qui suivent la fin du conflit une administration moderne et centralisée, héritage de la tradition de l'ordre Teutonique ; en même temps, il a jeté les bases d'une armée permanente, aux effectifs modestes à ses débuts — dix-huit cents hommes en 1653 —, mais qui comptera trente mille hommes à la mort du Grand Électeur[2].

Les Habsbourg, après avoir échoué dans leur tentative de transformer le Saint Empire en une monarchie centralisée, ont recentré leur autorité sur leurs possessions patrimoniales. Malgré le caractère multinational des États héréditaires de la Maison d'Autriche et leur différence de statut — monarchie absolue tempérée par l'existence des Diètes provinciales dans les provinces d'Autriche et en Bohême, monarchie constitutionnelle en Hongrie —, les Habsbourg sont parvenus au lendemain de la guerre de Trente Ans à faire de leurs États patrimoniaux un ensemble cohérent et centralisé, disposant lui aussi d'une armée permanente ; celle-ci est composée de neuf régiments d'infanterie et dix de cavalerie, complétés des milices et des gardes-frontières hongrois destinés à assurer la sécurité de la Hongrie royale face aux Turcs[3].

La constitution d'armées permanentes est l'aboutissement de la prise de conscience par les États des insuffisances et des méfaits du système de mercenariat qui avait été la règle quasi générale au cours de la guerre de Trente Ans. En France, où il y avait déjà un embryon d'armée permanente, le système fut amélioré à partir des années trente pour aboutir, dans la seconde moitié du XVIIe siècle, à une armée de professionnels. On est passé ainsi d'une « armée d'entrepreneurs » à une « armée de métier ». Au début du

1. P. Chaunu, *La Civilisation de l'Europe classique*, *op. cit.*, p. 43.
2. M. Vénard, *Les Débuts du monde moderne*, *op. cit.*, vol. 2, p. 455.
3. E. Zöllner, *Histoire de l'Autriche des origines à nos jours*, *op. cit.*, p. 219.

XVIIe siècle, les effectifs de l'armée permanente étaient de l'ordre de dix mille hommes ; ils atteignent les cent mille hommes un siècle plus tard, et l'on commence à mettre en place peu à peu un système de casernement et d'intendance[1]. L'armée moderne était en train de naître dans une Europe qui avait souffert dans sa chair des méfaits des armées de mercenaires et d'aventuriers. Dans le domaine militaire également, la guerre de Trente Ans annonçait la naissance d'un monde nouveau.

Le rapport des forces, dans cette Europe moderne qui s'est peu à peu affirmée au cours de la guerre de Trente Ans, s'est sensiblement modifié par rapport à la situation au début du XVIIe siècle, et le Congrès de Westphalie a jeté les bases d'un certain « équilibre européen ». L'Espagne, à qui pendant longtemps l'or et l'argent des Amériques avaient fourni les subsides nécessaires à l'entretien de ses armées à travers toute l'Europe et les moyens de mener une politique extérieure active, est sortie très affaiblie de cette guerre qui, pour elle, ne s'achève qu'après la paix des Pyrénées. C'en est fini désormais de la « prépondérance espagnole », même si, par son influence aux Pays-Bas et en Italie, elle reste une grande puissance.

Face au déclin de l'Espagne, la France, sortie de la guerre considérablement renforcée dans son territoire et consolidée à l'intérieur en dépit des incessantes révoltes dans les provinces et de la Fronde, devient peu à peu la puissance dominante de l'Europe occidentale, avec Louis XIV qui prend personnellement en main la direction des affaires peu après la paix des Pyrénées. A la « prépondérance espagnole » succède la « prépondérance française », ce qui n'empêche pas les Habsbourg de Madrid de disposer encore de solides atouts. Le fait nouveau, c'est qu'il y a maintenant un certain équilibre entre les puissances françaises et espagnoles, alors que, au début du XVIIe siècle, la balance penchait fortement en faveur de l'Espagne. Dans le Saint Empire, où l'empereur n'est plus que « le chef d'une noble république de princes », un équilibre est en train de s'établir entre les Hohenzollern qui s'affirment dans l'Allemagne du Nord protestante et les Habsbourg qui, grâce à leurs États patri-

1. P. Chaunu, *La Civilisation de l'Europe classique*, *op. cit.*, p. 60.

moniaux, disposent d'une puissance incontestable dans l'espace danubien.

À côté de ces quatre États, qui sont déjà ou qui sont en passe de devenir « des grandes puissances », apparaissent ce que l'on pourrait appeler les « puissances moyennes ». Le cas de la Suède est ambigu. Par son vaste empire qui s'étend de part et d'autre de la Baltique, la Suède pourrait être considérée comme une grande puissance. Mais elle est pauvre en hommes et en ressources financières. Pour être en mesure de mener une politique extérieure active, elle a besoin d'avoir recours à l'aide financière d'éventuels alliés. En Europe occidentale, les puissances moyennes sont représentées par les Provinces-Unies qui sont parvenues à arracher à l'Espagne la reconnaissance de leur indépendance et qui, par leurs activités commerciales et maritimes, sont présentes partout en Europe et dans le monde. L'Angleterre appartient encore à cette catégorie des moyennes puissances en dépit de son expansion coloniale, mais la crise intérieure, qui débouche sur la guerre civile de 1641 à 1649 et la formation d'une éphémère république sous Cromwell, l'a écartée au moins pour un temps des grandes affaires européennes.

En Europe orientale, les deux puissances voisines et rivales que sont la Pologne et la Russie se sont tenues à l'écart de la guerre de Trente Ans. Les Vasa de Pologne sont sortis affaiblis de leur long conflit avec leurs cousins suédois, et la Pologne s'est peu à peu engagée sur la voie du déclin. Quant à la Russie, les Romanov sont surtout préoccupés de consolider un pouvoir qui demeure fragile et encore mal assuré ; ils n'ont pas renoncé cependant aux visées de leurs prédécesseurs sur la Baltique et les vieilles terres d'Ukraine tenues par les Polonais.

Dans cette Europe qui s'est reconstituée et équilibrée à Münster et à Osnabrück, les diplomates, lors de l'élaboration des traités, avaient principalement pensé en termes de sécurité, d'avantages territoriaux, d'intérêts commerciaux. Pour ces diplomates, seul comptait le concept d'État territorial ; l'idée d'État national leur était encore étrangère. Pourtant, la guerre de Trente Ans avait çà et là suscité l'apparition d'une certaine prise de conscience nationale dans une partie au moins de la population. Ainsi, en 1636, à Paris, on répondit en masse à l'appel du roi pour défendre le pays menacé par l'envahisseur espagnol, même si, au même moment, d'autres complotaient avec l'Espagne contre Richelieu. En Catalogne, en 1640, c'est contre le pouvoir castillan, un pouvoir étranger, que se sont soulevées les populations jalouses de leur autonomie ; et à Naples, en 1647, c'est contre l'occupation espagnole que la population a réagi. En Bavière, au printemps 1648, ce sont les paysans qui ont pratiqué la politique de la « terre brûlée » pour empêcher l'envahisseur franco-suédois de trouver sur place vivres et fourrages. Et la même année, à Prague, c'est toute la population de la Vieille Ville qui est venue prêter main forte à la garnison pour défendre sa cité contre l'envahisseur suédois, alors qu'elle était demeurée passive en 1620 au lendemain de la Montagne blanche. C'est là la preuve qu'au moins une partie des populations commence à prendre conscience de son appartenance à une communauté nationale, à une nation.

Les élites, elles aussi, prennent à cette époque conscience du fait national. Dans son *Introductio in universam geographiam* publiée en 1629, un protestant allemand de Dantzig, professeur à l'université hollandaise de Leyde, Philippe Clavier, se fait le défenseur de l'idée d'une grande Allemagne qui s'étendrait des Flandres et de l'Alsace jusqu'à la Scandinavie et la Livonie, et dont le trait d'union serait la langue commune [1]. Ce rôle de la langue comme facteur d'unification est souligné dans ce discours prêté au poète Simon Dach par le romancier Günter Grass : « Allemagne, où vas-tu ? Par meurtre et pilleries, voici trente ans bientôt que tu te supplicies » ; il faut que « notre voix, jusqu'à présent demeurée secrète, se fasse entendre ; car ce que nous avons à dire, ce ne sont pas des fadaises francisantes, mais en notre langue [2] ». Et, du côté français, les géographies publiées à partir de 1631 évoquent les liens historiques entre la Gaule et la France ; on y insiste sur le passé gaulois pour justifier au nom de l'Histoire d'éventuelles annexions territoriales [3]. En ce milieu du XVIIe siècle, alors que s'achève la guerre de Trente Ans, émergent lentement des idées, des concepts qui trouveront leur pleine expression à l'époque des Lumières.

1. R. Mousnier, « *Les XVIe et XVIIe siècles* », *op. cit.*, p. 174-175.
2. G. Grass, *Une rencontre en Westphalie*, p. 30-31.
3. Cf. note 1 page 22.

BIBLIOGRAPHIE

Outre les ouvrages des grandes collections d'histoire générale (Halphen-Sagnac, Nouvelle Clio, Le monde et son Histoire, Histoire des relations internationales) et les grandes Encyclopédies (Universalis, Encyclopaedia Britannica, Mourre), nous indiquons ici les titres principaux, étant entendu que l'abondance extrême des travaux publiés sur le sujet, et particulièrement en langue allemande, nous oblige à en limiter le nombre.

1. OUVRAGES PORTANT DIRECTEMENT SUR LA GUERRE DE TRENTE ANS

En français :

G. LIVET, *La Guerre de Trente Ans*, Paris, 1963 ; 1991 (5e éd.).

G. PAGÈS, *La Guerre de Trente Ans*, Paris, 1949.

G. PARKER, *La Guerre de Trente Ans*, Paris, 1987.

H. SACCHI, *La Guerre de Trente Ans*, 3 vol., Paris, 1991.

V.L. TAPIÉ, *La Guerre de Trente Ans*, Paris, 1989.

En langues étrangères :

G. BARUDIO, *Der Teutsch Krieg 1618-1648*, Frankfurt a. Main, 1985.

G. FRANZ, *Der Dreissigjährige Krieg und das Deutsche Volk*, Stuttgart, 1979.

P. LIMM, *The Thirthy Years's War*, London, 1984.

G. SCHORMANN, *Der Dreissigjährige Krieg*, Göttingen, 1985.

P. CHAUNU, *La Civilisation de l'Europe classique*, Paris, 1970.
F. LEBRUN, *Le XVIIe siècle*, Paris, 1967.
R. MOUSNIER, « *Les XVIe et XVIIe siècles* », in *Histoire générale des civilisations*, Paris, 1954.

III. HISTOIRES NATIONALES OU RÉGIONALES TRAITANT OCCASIONNELLEMENT DE LA GUERRE DE TRENTE ANS

Saint Empire et monde allemand

Ph. DOLLINGER, *La Hanse*, Paris, 1964.
J.F. NOËL, *Histoire du peuple allemand des origines à la paix de Westphalie*, Paris, 1975.
— *Le Saint Empire*, Paris, 1993, (3e éd.).
H. PINNOW, *Histoire d'Allemagne*, Paris, 1931.
P. RASSOW, *Histoire d'Allemagne des origines à nos jours*, t. I, Roanne, 1969.

Maison d'Autriche et possessions héréditaires des Habsbourg

J. BÉRENGER, *Histoire de l'empire des Habsbourg*, Paris, 1990.
Histoire de l'Autriche, Paris, 1994.
D.G. MAC GUIGAN, *Les Habsbourg : histoire politique et galante*, Paris, 1968.
V.L. TAPIÉ, *Monarchie et peuples du Danube*, Paris, 1969.

ainsi que :

F. BELINA, P. ČORNEJ et J. POKORNÝ, *Histoire des Pays tchèques*, Paris, 1995.
H. BOGDAN, *Histoire de la Hongrie*, Paris, 1966.
G. CASTELLAN, *Histoire des peuples d'Europe centrale*, Paris, 1994.
B. KÖPECZI, *Histoire de la Transylvanie*, Budapest, 1992.
J. MACEK et R. MANDROU, *Histoire de la Bohême des origines à 1918*, Paris, 1984.
L. MAKKAI, *Histoire de Transylvanie*, Paris, 1946.
M. MOLNÁR, *Histoire de la Hongrie*, Paris, 1996.
G. STADTMÜLLER, *Geschichte Südosteuropas*, München-Wien, 1976.
E. ZÖLLNER, *Histoire de l'Autriche des origines à nos jours*, Roanne, 1965.

L'Espagne et ses dépendances

J. Descola, *Histoire d'Espagne*, Paris, 1979.
M. Devèze, *L'Espagne de Philippe IV*, Paris, 1970.
J.H. Elliott, *Olivarès*, Paris, 1992.

ainsi que

P. Geyl, *The Netherlands in the Seventeenth Century 1609-1648*, London, 1961.
F. van Kalken, *Histoire de la Belgique et de son expansion coloniale*, Bruxelles, 1954.

Europe du Nord

I. Andersson, *Histoire de la Suède des origines à nos jours*, Roanne, 1973.
P. Jeannin, *Histoire des pays scandinaves*, Paris, 1956.
— *L'Europe du Nord-Ouest et du Nord aux* XVIIe *et* XVIIIe *siècles*, Paris, 1969.
R. Svanstrom et C.F. Palmstierna, *Histoire de Suède*, Paris, 1944.

France

A. Corvisier, *La France de Louis XIV (1643-1715)* , Paris, 1979.
Ph. Dollinger (sous la direction de), *Histoire de l'Alsace*, Toulouse, 1970.
S. Gaber, *La Lorraine meurtrie*, Nancy, 1979.
M. Méthivier, *Le Siècle de Louis XIV*, Paris, 1950.
— *La Fronde*, Paris, 1984.
B. Porchnev, *Les Soulèvements populaires en France de 1623 à 1648*, Paris, 1963.
R. Reuss, *Histoire d'Alsace*, Paris, 1912.
V.L. Tapié, *La France de Louis XIII et de Richelieu*, Paris, 1952.
R. Tavenaux (sous la direction de), *Histoire de Nancy*, Toulouse, 1978.

IV. TRAVAUX DIVERS

J. Bérenger, *Turenne*, Paris, 1987.
M. Blancpain, *Le Mardi de Rocroi*, Paris, 1985.
M. Carmona, *Richelieu*, Paris, 1983.
A. Corvisier, *Armées et Sociétés en Europe de 1494 à 1789*, Paris, 1976.
R. Mousnier, *L'Homme rouge ou la vie du cardinal de Richelieu*, Paris, 1992.
V.L. Tapié, *Baroque et Classicisme*, Paris, 1969.

Les héritiers de Charles Quint
Les Habsbourg d'Espagne et les Habsbourg d'Autriche

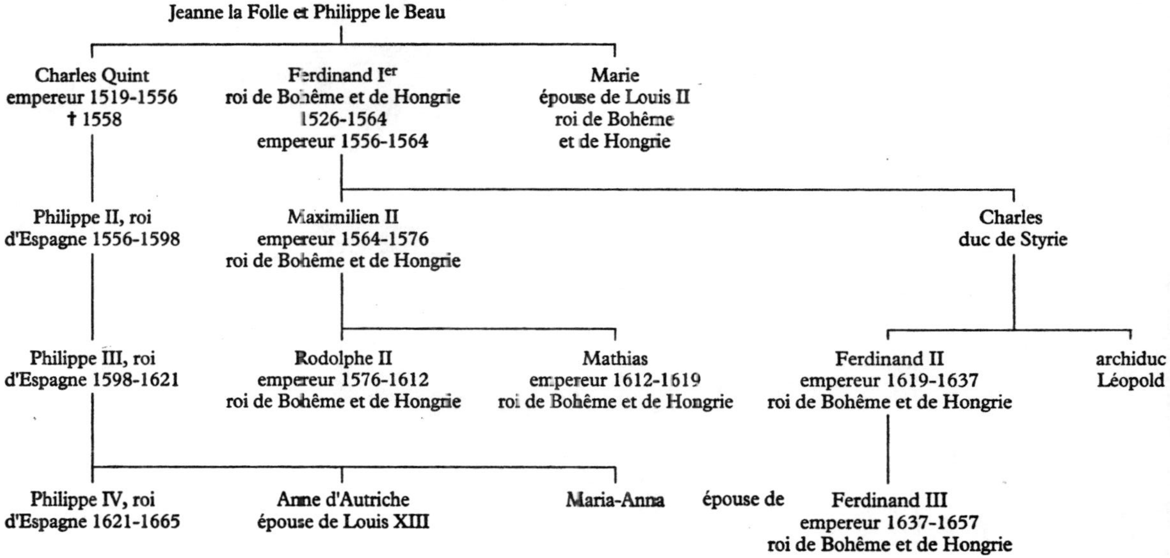

LE SAINT EMPIRE LORS DE L'INTERVENTION SUÉDOISE 1630

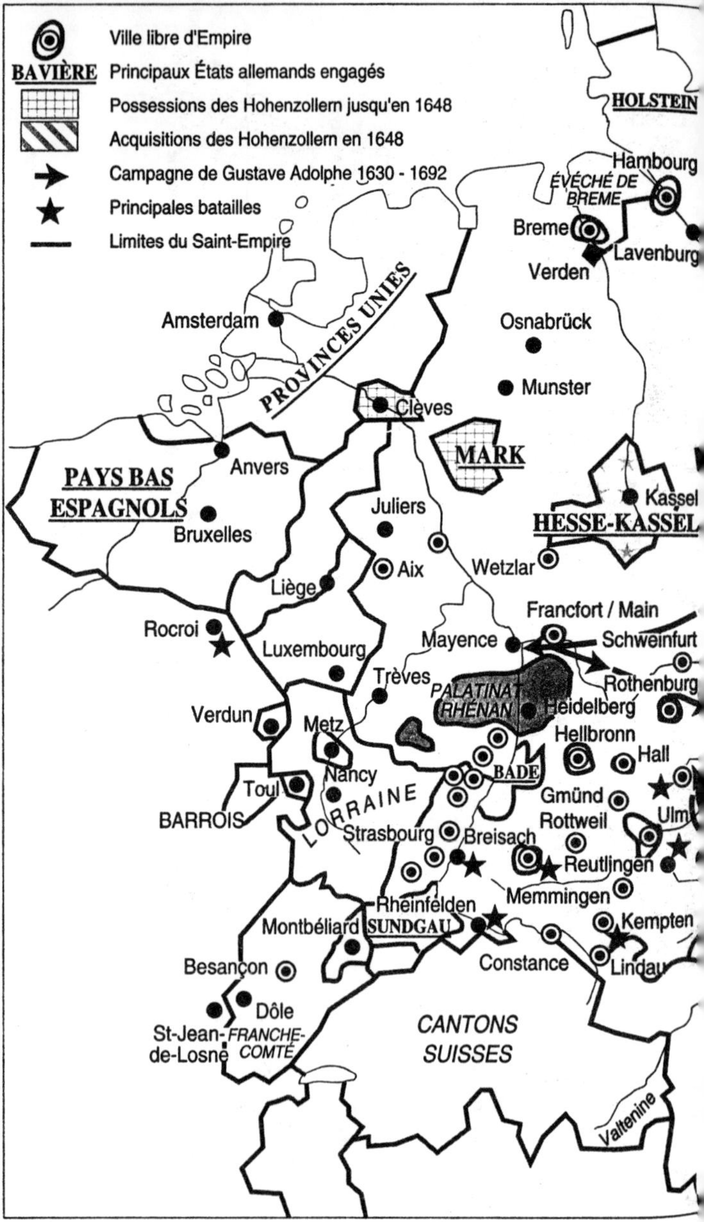

1632

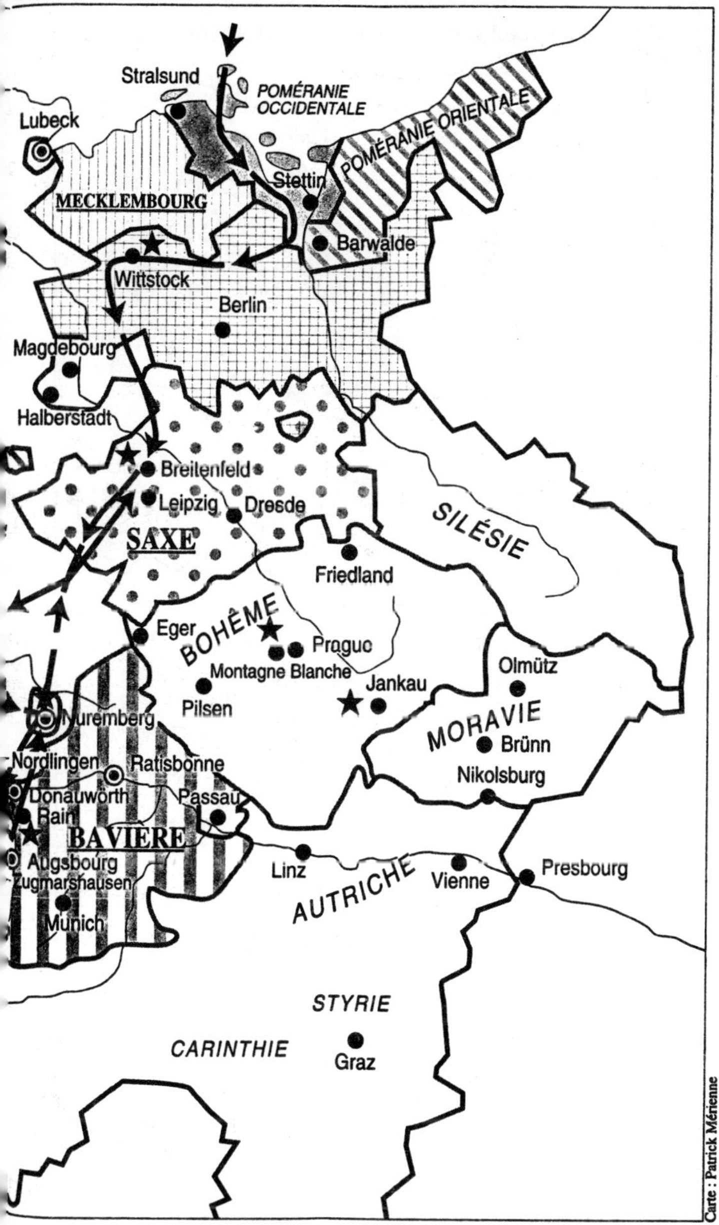

Carte : Patrick Mérienne

L'EUROPE À LA VEILLE DE LA GUERRE DE TRENTE ANS

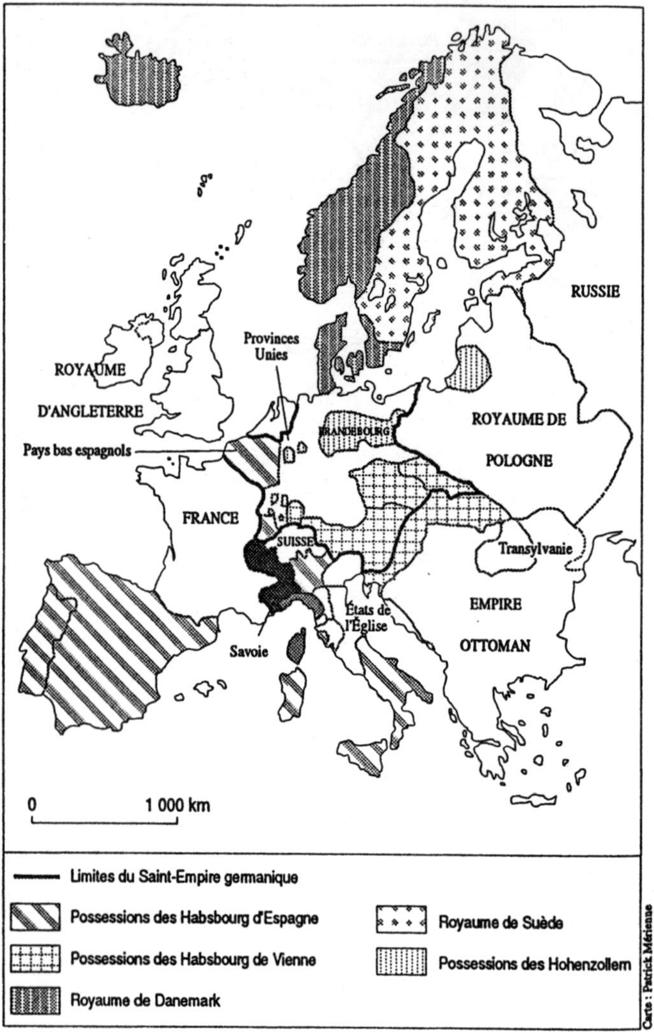

LA LORRAINE ET L'ALSACE À L'ÉPOQUE DE LA GUERRE DE TRENTE ANS

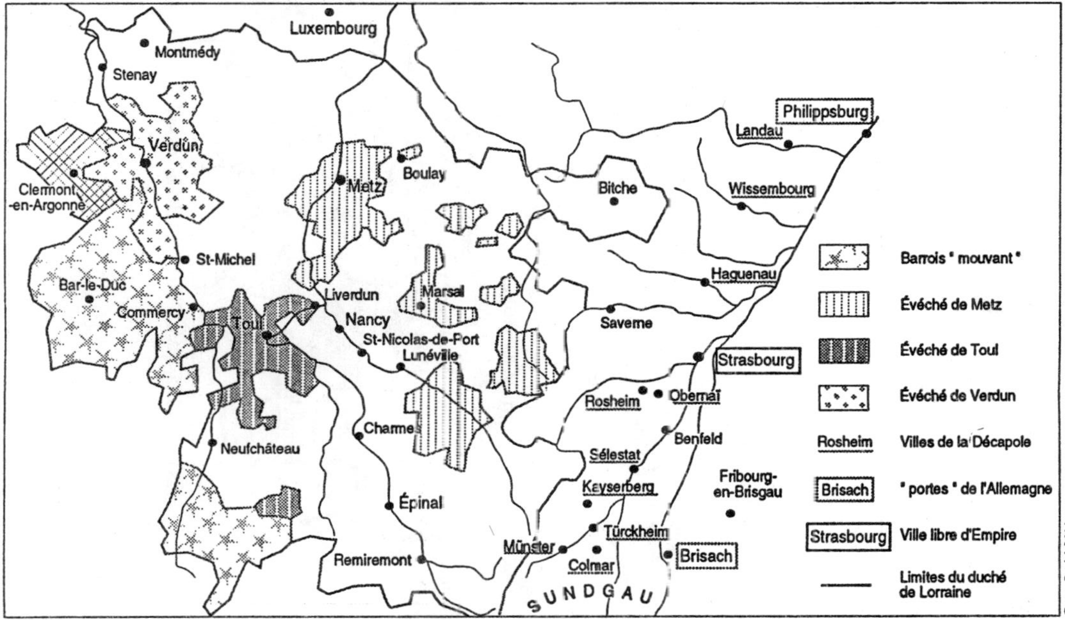

Carte : Patrick Mérienne

L'ITALIE À L'ÉPOQUE DE LA GUERRE DE TRENTE ANS

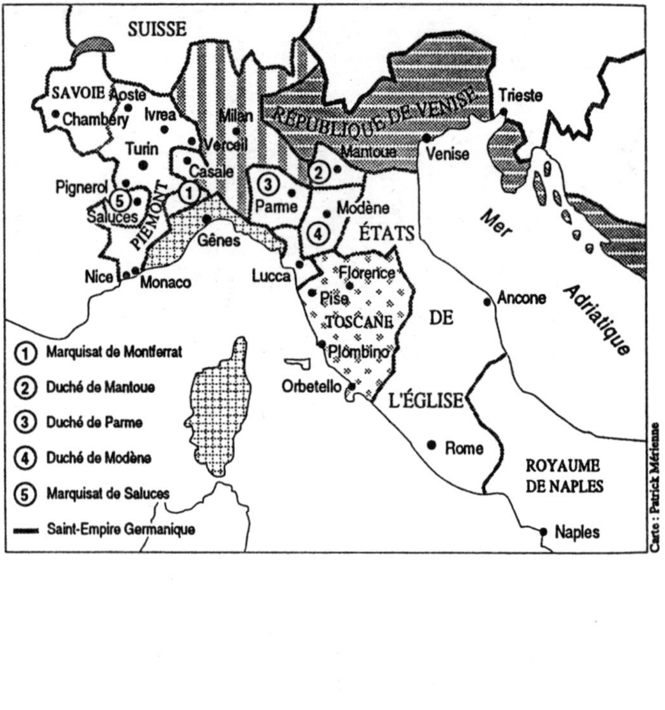

LES CAMPAGNES EN ALLEMAGNE DU SUD

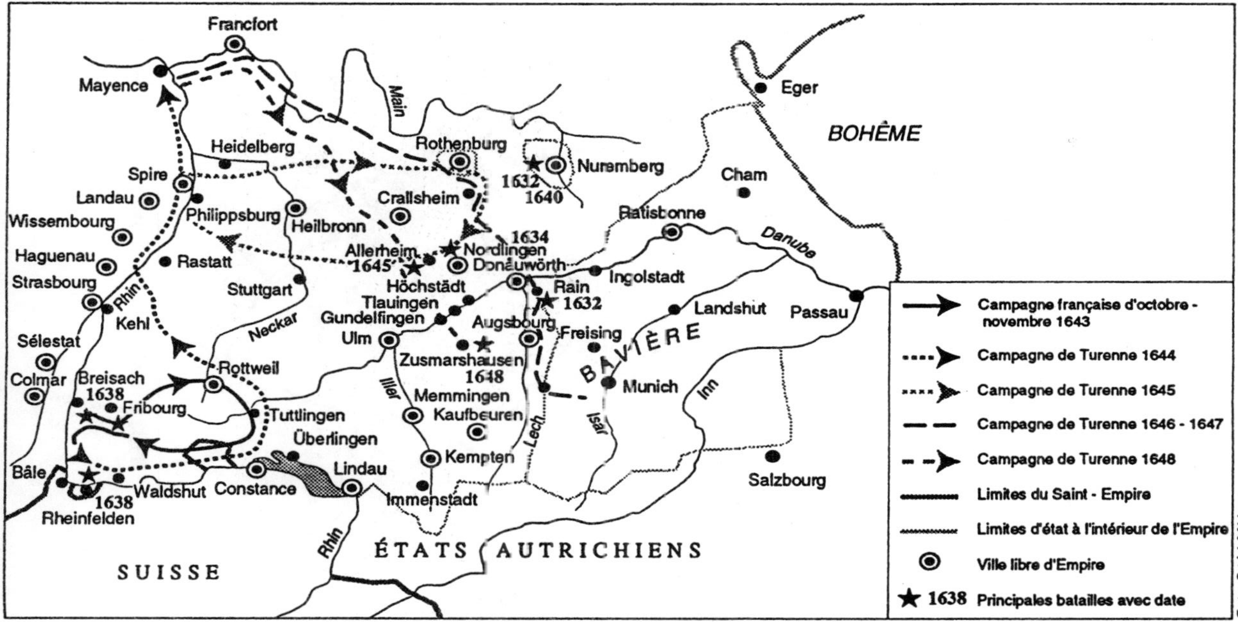

Carte : Patrick Mérienne

LES ÉTATS SCANDINAVES AU MILIEU DU XVIIe SIÈCLE

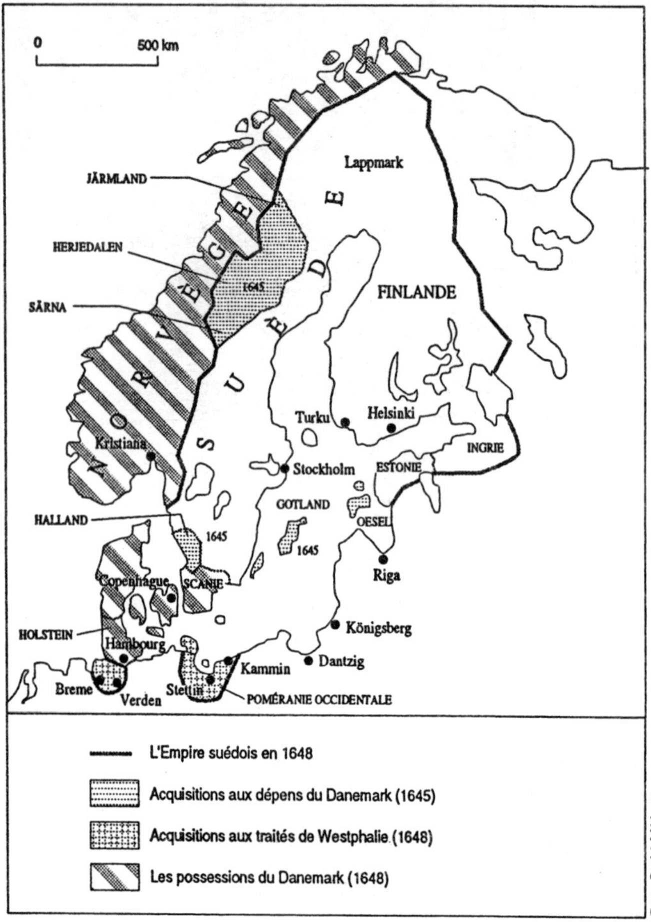

Carte : Patrick Mérienne

LE DÉVELOPPEMENT DE LA PUISSANCE DES HOHENZOLLERN

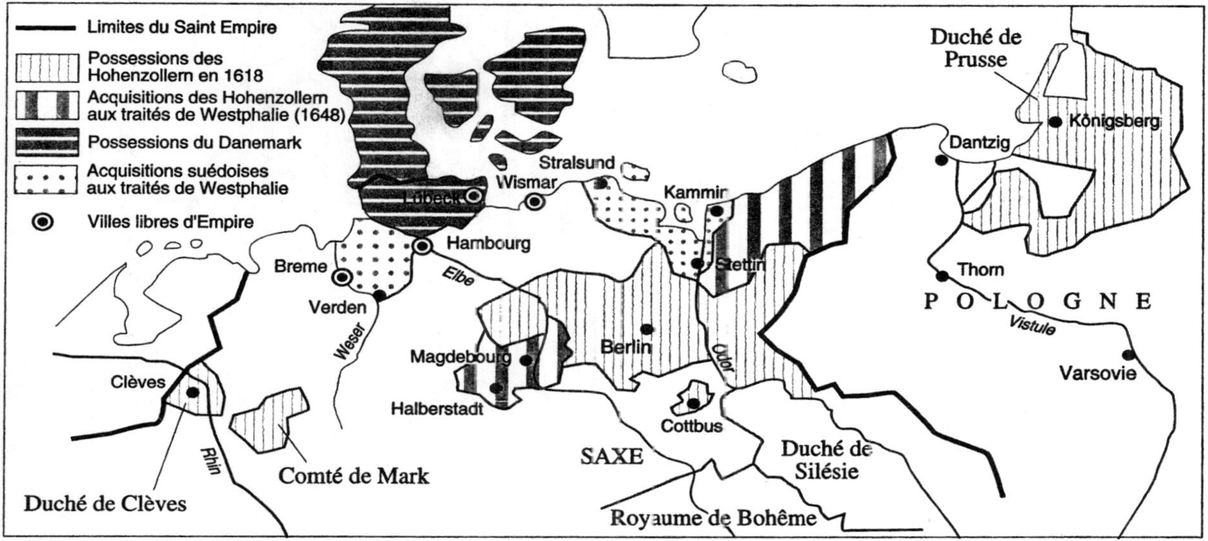

Carte : Patrick Mérienne

LES ÉTATS DE LA MAISON D'AUTRICHE EN 1648

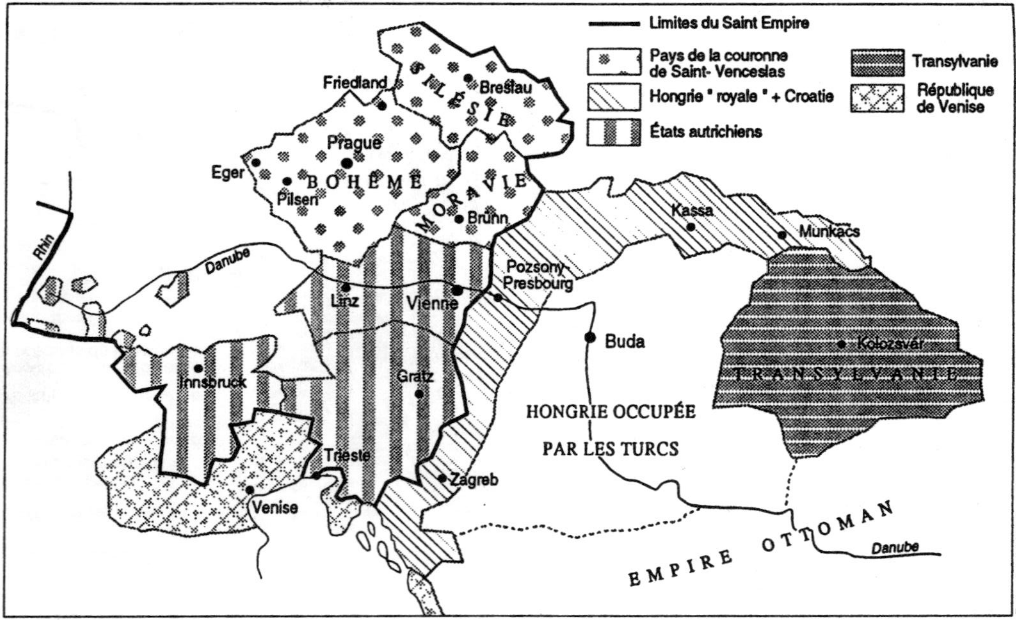

Carte : Patrick Mérienne

INDEX DES LIEUX

TABLE

collection tempus
Perrin

DÉJÀ PARU

1. *Histoire des femmes en Occident* (dir. Michelle Perrot, Georges Duby), *L'Antiquité* (dir. Pauline Schmitt Pantel).
2. *Histoire des femmes en Occident* (dir. Michelle Perrot, Georges Duby), *Le Moyen Âge* (dir. Christiane Klapisch-Zuber).
3. *Histoire des femmes en Occident* (dir. Michelle Perrot, Georges Duby), *XVIe-XVIIIe siècle* (dir. Natalie Zemon Davis, Arlette Farge).
4. *Histoire des femmes en Occident* (dir. Michelle Perrot, Georges Duby), *Le XIXe siècle* (dir. Michelle Perrot, Geneviève Fraisse).
5. *Histoire des femmes en Occident* (dir. Michelle Perrot, Georges Duby), *Le XXe siècle* (dir. Françoise Thébaud).
6. *L'épopée des croisades* – René Grousset.
7. *La bataille d'Alger* – Pierre Pellissier.
8. *Louis XIV* – Jean-Christian Petitfils.
9. *Les soldats de la Grande Armée* – Jean-Claude Damamme.
10. *Histoire de la Milice* – Pierre Giolitto.
11. *La régression démocratique* – Alain-Gérard Slama.
12. *La première croisade* – Jacques Heers.
13. *Histoire de l'armée française* – Philippe Masson.
14. *Histoire de Byzance* – John Julius Norwich.
15. *Les Chevaliers teutoniques* – Henry Bogdan.
16. *Mémoires, Les champs de braises* – Hélie de Saint Marc.
17. *Histoire des cathares* – Michel Roquebert.
18. *Franco* – Bartolomé Bennassar.
19. *Trois tentations dans l'Église* – Alain Besançon.
20. *Le monde d'Homère* – Pierre Vidal-Naquet.
21. *La guerre à l'Est* – August von Kageneck.
22. *Histoire du gaullisme* – Serge Berstein.
23. *Les Cent-Jours* – Dominique de Villepin.
24. *Nouvelle histoire de la France*, tome I – Jacques Marseille.
25. *Nouvelle histoire de la France*, tome II – Jacques Marseille.
26. *Histoire de la Restauration* – Emmanuel de Waresquiel et Benoît Yvert.
27. *La Grande Guerre des Français* – Jean-Baptiste Duroselle.
28. *Histoire de l'Italie* – Catherine Brice.
29. *La civilisation de l'Europe à la Renaissance* – John Hale.
30. *Histoire du Consulat et de l'Empire* – Jacques-Olivier Boudon.
31. *Les Templiers* – Laurent Daillez.

32. *Madame de Pompadour* – Évelyne Lever.
33. *La guerre en Indochine* – Georges Fleury.
34. *De Gaulle et Churchill* – François Kersaudy.
35. *Le passé d'une discorde* – Michel Abitbol.
36. *Louis XV* – François Bluche.
37. *Histoire de Vichy* – Jean-Paul Cointet.
38. *La bataille de Waterloo* – Jean-Claude Damamme.
39. *Pour comprendre la guerre d'Algérie* – Jacques Duquesne.
40. *Louis XI* – Jacques Heers.
41. *La bête du Gévaudan* – Michel Louis.
42. *Histoire de Versailles* – Jean-François Solnon.
43. *Voyager au Moyen Âge* – Jean Verdon.
44. *La Belle Époque* – Michel Winock.
45. *Les manuscrits de la mer Morte* – Michael Wise, Martin Abegg Jr. & Edward Cook.
46. *Histoire de l'éducation,* tome I – Michel Rouche.
47. *Histoire de l'éducation,* tome II – François Lebrun, Marc Venard, Jean Quéniart.
48. *Les derniers jours de Hitler* – Joachim Fest.
49. *Zita impératrice courage* – Jean Sévillia.
50. *Histoire de l'Allemagne* – Henry Bogdan.
51. *Lieutenant de panzers* – August von Kageneck.
52. *Les hommes de Dien Bien Phu* – Roger Bruge.
53. *Histoire des Français venus d'ailleurs* – Vincent Viet.
54. *La France qui tombe* – Nicolas Baverez.
55. *Histoire du climat* – Pascal Acot.
56. *Charles Quint* – Philippe Erlanger.
57. *Le terrorisme intellectuel* – Jean Sévillia.
58. *La place des bonnes* – Anne Martin-Fugier.
59. *Les grands jours de l'Europe* – Jean-Michel Gaillard.
60. *Georges Pompidou* – Eric Roussel.
61. *Les États-Unis d'aujourd'hui* – André Kaspi.
62. *Le masque de fer* – Jean-Christian Petitfils.
63. *Le voyage d'Italie* – Dominique Fernandez.
64. *1789, l'année sans pareille* – Michel Winock.
65. *Les Français du Jour J* – Georges Fleury.
66. *Padre Pio* – Yves Chiron.
67. *Naissance et mort des Empires.*
68. *Vichy 1940-1944* – Jean-Pierre Azéma, Olivier Wieviorka.
69. *L'Arabie Saoudite en guerre* – Antoine Basbous.
70. *Histoire de l'éducation,* tome III – Françoise Mayeur.
71. *Histoire de l'éducation,* tome IV – Antoine Prost.
72. *La bataille de la Marne* – Pierre Miquel.
73. *Les intellectuels en France* – Pascal Ory, Jean-François Sirinelli.
74. *Dictionnaire des pharaons* – Pascal Vernus, Jean Yoyotte.

75. *La Révolution américaine* – Bernard Cottret.
76. *Voyage dans l'Égypte des Pharaons* – Christian Jacq.
77. *Histoire de la Grande-Bretagne* – Roland Marx, Philippe Chassaigne.
78. *Histoire de la Hongrie* – Miklós Molnar.
79. *Chateaubriand* – Ghislain de Diesbach.
80. *La Libération de la France* – André Kaspi.
81. *L'empire des Plantagenêt* – Martin Aurell.
82. *La Révolution française* – Jean-Paul Bertaud.
83. *Les Vikings* – Régis Boyer.
84. *Examen de conscience* – August von Kageneck.
85. *1905, la séparation des Églises et de l'État.*
86. *Les femmes cathares* – Anne Brenon.
87. *L'Espagne musulmane* – André Clot.
88. *Verdi et son temps* – Pierre Milza.
89. *Sartre* – Denis Bertholet.
90. *L'avorton de Dieu* – Alain Decaux.
91. *La guerre des deux France* – Jacques Marseille.
92. *Honoré d'Estienne d'Orves* – Etienne de Montety.
93. *Gilles de Rais* – Jacques Heers.
94. *Laurent le Magnifique* – Jack Lang.
95. *Histoire de Venise* – Alvise Zorzi.
96. *Le malheur du siècle* – Alain Besançon.
97. *Fouquet* – Jean-Christian Petitfils.
98. *Sissi, impératrice d'Autriche* – Jean des Cars.
99. *Histoire des Tchèques et des Slovaques* – Antoine Marès.
100. *Marie Curie* – Laurent Lemire.
101. *Histoire des Espagnols,* tome I – Bartolomé Bennassar.
102. *Pie XII et la Seconde Guerre mondiale* – Pierre Blet.
103. *Histoire de Rome,* tome I – Marcel Le Glay.
104. *Histoire de Rome,* tome II – Marcel Le Glay.
105. *L'État bourguignon 1363-1477* – Bertrand Schnerb.
106. *L'Impératrice Joséphine* – Françoise Wagener.
107. *Histoire des Habsbourg* – Henry Bogdan.
108. *La Première Guerre mondiale* – John Keegan.
109. *Marguerite de Valois* – Eliane Viennot.
110. *La Bible arrachée aux sables* – Werner Keller.
111. *Le grand gaspillage* – Jacques Marseille.
112. *« Si je reviens comme je l'espère » : lettres du front et de l'Arrière, 1914-1918* – Marthe, Joseph, Lucien, Marcel Papillon.
113. *Le communisme* – Marc Lazar.
114. *La guerre et le vin* – Donald et Petie Kladstrup.
115. *Les chrétiens d'Allah* – Lucile et Bartolomé Bennassar.
116. *L'Égypte de Bonaparte* – Jean-Joël Brégeon.
117. *Les empires nomades* – Gérard Chaliand.
118. *La guerre de Trente Ans* – Henry Bogdan.

119. *La bataille de la Somme* – Alain Denizot.
120. *L'Église des premiers siècles* – Maurice Vallery-Radot.
121. *L'épopée cathare,* tome I, *L'invasion* – Michel Roquebert.
122. *L'homme européen* – Jorge Semprún, Dominique de Villepin.
123. *Mozart* – Pierre-Petit.
124. *La guerre de Crimée* – Alain Gouttman.
125. *Jésus et Marie-Madeleine* – Roland Hureaux.
126. *L'épopée cathare,* tome II, *Muret ou la dépossession* – Michel Roquebert.
127. *De la guerre* – Carl von Clausewitz.
128. *La fabrique d'une nation* – Claude Nicolet.
129. *Quand les catholiques étaient hors la loi* – Jean Sévillia.
130. *Dans le bunker de Hitler* – Bernd Freytag von Loringhoven et François d'Alançon.
131. *Marthe Robin* – Jean-Jacques Antier.
132. *Les empires normands d'Orient* – Pierre Aubé.
133. *La guerre d'Espagne* – Bartolomé Bennassar.
134. *Richelieu* – Philippe Erlanger.
135. *Les Mérovingiennes* – Roger-Xavier Lantéri.
136. *De Gaulle et Roosevelt* – François Kersaudy.
137. *Historiquement correct* – Jean Sévillia.
138. *L'actualité expliquée par l'Histoire.*
139. *Tuez-les tous ! La guerre de religion à travers l'histoire* – Elie Barnavi, Anthony Rowley.
140. *Jean Moulin* – Jean-Pierre Azéma.
141. *Nouveau monde, vieille France* – Nicolas Baverez.
142. *L'Islam et la Raison* – Malek Chebel.
143. *La gauche en France* – Michel Winock.
144. *Malraux* – Curtis Cate.
145. *Une vie pour les autres. L'aventure du père Ceyrac* – Jérôme Cordelier.
146. *Albert Speer* – Joachim Fest.
147. *Du bon usage de la guerre civile en France* – Jacques Marseille.
148. *Raymond Aron* – Nicolas Baverez.
149. *Joyeux Noël* – Christian Carion.
150. *Frères de tranchées* – Marc Ferro.
151. *Histoire des croisades et du royaume franc de Jérusalem*, tome I, *1095-1130, L'anarchie musulmane* – René Grousset.
152. *Histoire des croisades et du royaume franc de Jérusalem*, tome II, *1131-1187, L'équilibre* – René Grousset.
153. *Histoire des croisades et du royaume franc de Jérusalem*, tome III, *1188-1291, L'anarchie franque* – René Grousset.
154. *Napoléon* – Luigi Mascilli Migliorini.
155. *Versailles, le chantier de Louis XIV* – Frédéric Tiberghien.
156. *Le siècle de saint Bernard et Abélard* – Jacques Verger, Jean Jolivet.

À PARAÎTRE

Juifs et Arabes au XXᵉ siècle – Michel Abitbol.
Par le sang versé. La légion étrangère en Indochine – Paul Bonnecarrère.
Napoléon III – Pierre Milza.
L'URSS de Staline – Nicolas Werth.

Impression réalisée sur Presse Offset par

CPI
Brodard & Taupin

La Flèche (Sarthe), le 30-05-2008
pour le compte des Éditions Perrin
11, rue de Grenelle
Paris 7e
N° d'édition : 2075 – N° d'impression : 47727
Dépôt légal : janvier 2006
Imprimé en France